서나 가든의 촛불

서나 가든의 촛불

2013년 2월 27일 1판 1쇄 발행

지은이·유숙자 | 발행인·이선우
펴낸곳·도서출판 선우미디어
등록 | 1997. 8. 7 제300-1997-148호
110-070 서울시 종로구 내수동 75 용비어천가 1435호
☎ 2272-3351, 3352 팩스: 2272-5540 sunwoome@hanmail.net
Printed in Korea ⓒ 2013 유숙자

값 10,000원

※ 잘못된 책은 바꿔 드립니다.
※ 저자와 협의하여 인지 생략합니다.

ISBN 978-89-5658-335-8 03810

서나 가든의 촛불

유숙자 수필집

선우미디어

작가의 말

새끼를 꼬는 마음으로

 계절을 잊은 듯 피어 있는 한 송이 장미가 고고하다. 추운 겨우내 기다려온 꽃이 화사하게 꽃망울을 터뜨렸다. 사철의 구별이 분명치 않은 캘리포니아의 밝고 그지없이 맑은 햇살과 뜨겁던 불의 열기를 안으로 삭이며 가장 고운 색채만을 응집하여 펼친 세상. 꽉 찬 생의 희열을 만끽하며 한가롭게 흔들린다. 저 여유로움을 내 것으로 삼고 싶다.
 첫 수필집 『백조의 노래』를 내고 7년 만이다.
 무슨 생각에서였는지 평생에 한 권의 수필집만 내겠다고 고집하여 첫 수필집을 내기까지 10년 이상 걸렸는데 다시 긴 세월이 흘렀다.
 2006년에 출간한 첫 수필집 『백조의 노래』가 한국문화예술위원회에서 우수문학 도서로 선정되었기에 두 번째 수필집을 내기가 조심스러웠다.

책을 출판하는 것을 염두에 두지 않기로 했다. 온갖 가능성에 나를 열어 놓고 극히 작고 미미한 일에도 열정을 기울였다. 한 자 한 자 모여 쓰인 수필이 내 영혼의 울림이었음을 확신할 때까지. 삶이 외롭고 허전할수록 글 쓰는 일 이외에 다른 것에 마음 두지 않기로 했다.

겸손한 마음으로, 기도하는 마음으로 컴퓨터 앞이 앉는다. 글의 씨앗이 싹이 나고, 잎이 돋고, 꽃 피고, 열매 맺기 간절히 소망하면서. 내 글 속에서 운명적인 만남을 경험하며 미지의 독자들과 대면을 기다리면서 길이 남는 글이었으면 하고 바라본다. 정신 내면 깊숙이에서 솟아나온 글이라면 그것이 비록 감동의 글로 무르익지 않더라도 안타까워하지 않을 것이다. 삶과 문학이 신앙 안에서 바로 서야 비로소 빛을 볼 수 있음을 체험하면서 한 가닥씩 새끼를 꼬는 마음으로 조심스럽게 글을 빚었다.

수필집 『서나 가든의 촛불』에는 유럽에서 경험한 다양한 삶과 나의 정신적 지주인 음악, 외지에 살면서 주운 삶의 편린들과, 일간지에 발표한 칼럼 일부를 담았다.

서평을 써 주신 윤재천 선생님께 진심으로 감사드린다. 수필집이 나오기까지 정성과 수고를 아끼지 않은 선우미디어 이선우 사장과 직원들께 감사드린다. 음악 속에서 살 수 있도록 배려해 준 남편과 아들 Richard에게 고마운 마음을 전한다.

2013년 봄 Glendale 우거에서

유숙자

| 차례 |

작가의 말 | 새끼를 꼬는 마음으로 … 4

| 1부 | 서나 가든의 촛불

12 시간의 선물
17 보석의 집
20 보파드에서 만난 슈베르트
25 장미의 정(精)
31 코번트리의 전설
36 서나 가든의 촛불
40 샤넬의 향기
43 낯선 얼굴
48 무언가(無言歌)
53 정직이 생명

| 2부 | 그리움이여, 노래여

- 58 하나밖에 없는 사랑
- 64 입양 손녀 빅토리아
- 69 그리피스 파크의 신부
- 74 그리움이여, 노래여
- 78 인생은 불공평한 것
- 84 발트뷔네 콘서트
- 91 달아, 너 본 지 오래구나
- 95 비상(飛上)
- 102 시간이 부서지는 소리
- 106 음악을 그리다
- 113 백조와 함께 춤을 추리라

| 3부 | 가을 수채화

- 118 유심한 마음 한 자락
- 123 가을 수채화
- 132 첫눈
- 137 그리움이라 부를 수 있는 것

144 들꽃 향기 가득히
148 살아있는 감동
152 사랑하는 사람을 만날 때처럼
157 꽃과 순대
161 내리사랑
166 오지 않은 봄

| 4부 | 레드 카펫을 밟으며

174 레드 카펫을 밟으며
178 오, 나의 알프레도여
183 꿈꾸는 봄
188 선생님의 첫사랑
192 음악은 나의 모든 것
198 블랙 스완
206 가을 나들이
215 연둣빛 아지랑이
220 현실이 될 수 있는 미래의 꿈
225 명성과 찬사와 불멸성 이상의 것

| 5부 | 마음이 쉬는 의자

234 어린 병사
238 마음이 쉬는 의자
242 멋있는 사람
247 엘머
251 첫 번째 계명
255 엄마의 규격품
259 글을 쓰고 있을 테니까
262 감사하는 마음
266 자기야
270 감사로 영광을 돌려 드리나이다

275 **윤재천** / 유숙자의 진정성을 바탕으로 한 수필세계
　　　대상에서 찾아낸 도발적 은유, 그 창조적 삶의 기술

1부

서나 가든의 촛불

시간의 선물
보석의 집
보파드에서 만난 슈베르트
장미의 정(精)
코번트리의 전설
서나 가든의 촛불
샤넬의 향기
낯선 얼굴
무언가(無言歌)
정직이 생명

시간의 선물

　가을비가 추적추적 내리는 날, 큰아들과 함께 드라이브를 나갔다. 아들은 결혼 후, 해마다 어느 하루를 택해 시간을 선물했다. 평소 내가 가보고 싶었지만 선뜻 나설 수 없었던 곳으로 떠나는 모자지간의 여행이다. 아들과 나는 비교적 코드가 잘 맞는 편이라 말수가 적은 남편과 다닐 때와는 분위기가 다르다.
　"엄마는 딸이 없어 나이 들어가며 많이 외로울 것"이라는 말을 아들은 자주 했다. 씩씩하게 잘살고 있는데도 나이 들어가는 엄마의 모습이 쓸쓸해 보였나 보다.
　아들은 성품이 자상한 편이라 좋은 책을 읽고 나면 권해 주기도 하고, 독후감을 나누기 좋아했다. 결혼 전, 헨리 데이빗 소로의 『월든(Walden)』이나 제이 알 알 톨킨의 『반지의 제왕(The Load of the Ring)』을 가지고 밤을 새워가며 이야기를 나누기도 했다. 학부에 있을 때 아들은 이따금 고색창연한 벨에어를 거쳐 집으로 오는 길을 택하곤 했다. 그런 날이면 방금 거쳐 온 드라이브 길을 다시 함께 즐기러 나갔다. 예전에 살았던 템즈 강변의 마을을 잊지 못하는 나에게 고풍스러운 유럽 스타일의 풍물을 간접 경험시키려는 마음에서일 게다.

오늘, 활엽수가 누렇게 물든 거리를 달리며 비 오는 날의 낭만에 젖는다. 도시의 먼지를 말끔히 씻어주는 빗소리가 싱그럽다. FM라디오에서 쇼스타코비치의 '로망스(Romance Suite from 'The Gadfly' Op. 97a)'가 흘러나온다. 웅장한 비극적 분위기의 멜랑콜리한 풍취를 담고 있는 첼로의 음률이 매혹적 애상을 더한다.

영화 '등에(Gadfly)'에 삽입되어 우리에게 더욱 가까이 다가온 곡, 고독의 슬픔이 잦아드는 낮고 깊은 멜로디가 온몸으로 스며들어 비 오는 날 들으면 제격이다. 가슴을 에우는 음악이 차 안에 늪처럼 고인다. 허밍으로 따라 부르며 아들을 쳐다본다.

"아들, 쇼스타코비치의 로망스다." 아들은 이미 알고 있었다는 듯 얼굴에 미소가 번진다. 그 미소의 의미를 나는 안다. 엄마의 옛 버릇이 도진 것을 알아차렸다는 무언의 표현이라는 것을.

아이들이 어렸을 때 남편과 오랫동안 떨어져 살았던 적이 있다. 가장 감수성이 예민할 초등학교 시절, 유럽 지사에서 근무하는 아빠가 그리울 때면 아이들은 나란히 잔디에 누워 하늘을 향해 목청 돋워 노래를 불렀다.

"흙냄새 피어나는 잔디에 누워, 새파란 하늘과 흰 구름 보면, 가슴이 저절로 부풀어 올라, 즐거워 즐거워 노래 불러요."

아마도 새파란 하늘 저편 다른 나라에 계신 아빠에게 구름이라도 타고 두둥실 떠가고 싶은 마음에서였는지 모른다. 아이들과 함께 힘차게 부르다가 끝대목에서 눈가에 눈물이 번지곤 했다. 또 있지. 잘 알아듣지도 못하는 아이들에게 클래식 소품을 감상시키며 해설을 덧붙이곤 했지.

"어이 아들, 이 곡은 베토벤의 '엘리제를 위하여'야, 드보르자크의 '유모레스크'다." 하며 듣건 안 듣건, 관심이 있건 없건 꼭 곡명을 말해 주고 짧게나마 해설을 곁들였던 시절, 그때는 귀찮아 건성으로 들었는데 세월이 지나고 나니 마음속에 남아 있더라는 말을 훗날 아들에게서 들었다.

아들의 미소는 잔소리 같았던 그때를 떠올렸으리라. 누가 아들이고 누가 엄마인지 모를 정도로 철없이 살았던 그때를. 이제 아들은 장년이 되었고, 아직도 철이 덜 든 엄마는 첼로의 선율에 푹 빠져 예전의 그 버릇을 되풀이하고 있다.

'로망스'는 곡의 중반을 넘어서며 분위기를 한껏 고조시킨다. 조가 바뀌니 연주가 활기차다. 아들은 쇼스타코비치의 음악을 좋아한다. 쇼스타코비치를 떠올리면 탄압받는 지식인의 고뇌에 찬 표정이 뇌리에 각인되어 있다고 한다.

그는 작곡을 통해 러시아인들의 공통된 불행과 운명을 나누어 가졌고 당시 러시아 제도와 체제에 저항한 음악인이기도 하다. 그의 음악 속에는 소비에트 사회주의 체제하에서의 억눌리고 고단했던 삶의 여정이 고스란히 묻어 있다는 평을 듣는다. 그는 자신의 고뇌와 번민을 대변하듯 비애와 아름다움이 공존하는 유려한 곡들을 작곡했다.

이 음악을 처음 들었을 때, 폐부에 와 닿는 낮고 깊은 멜로디가 가을의 우울을 연상케 했다. 누군가에게 가슴을 열고 싶은 무언의 하소연, 눈물이 말라버린 가슴에서 쏟아내는 조용한 신음 같았다. 쇼스타코비치가 23년을 함께한 아내 니나 와실리에브나의 죽음으로 말미암은 쓸쓸함과 허망함을 진하게 담았기에 우러나는 슬픔인 것을 나중에야 알게 되었다.

구스타프 클림트가 그린 명화 'Kiss'의 배경 음악으로 선보이며 그림과 음악의 절묘한 묘미를 더했고, 로맨틱한 분위기의 극적 상황을 연출했다. 음악이 끝났다. 3분 13초. 나는 꿈을 꾸고 있었다. 쇼팽의 마주르카가 분위기의 흐름을 확 바꿔 놓는다.

어느덧 차가 퍼시픽 코스트 하이웨이로 접어든다. 하늘도 바다 같고, 바다도 뿌연 하늘같다. 차가 눈에 띄게 한적한 길로 접어들자 아들은 그동안 밀어 두었던 이야기를 꺼낸다. 며느리와 함께 세운 계획과 실현의 가능성에 대해 진지하게 말한다.

아, 이런 거구나! 동상이몽이란 말이. 아들은 원대하게 펼쳐질 미래를 생각하며 거침없이 이야기하는 반면, 나는 물빛 젖은 소중한 추억의 시간 속에 잠겨 있었다. 내 감상이 갑자기 진부하고 쑥스럽게 여겨졌다. 젊은이들은 꿈을 먹고 살고, 나이 든 사람은 추억을 먹고 산다는 말이 이렇게 맞을 수가.

자세를 고쳐 앉았다. 헛기침을 두어 번 한 후 "아들, 다시 한 번 말해 주지 않겠니? 너희 계획을." 나는 진지하게 아들의 말을 경청했다. 그래 이거다. 마음은 미래를 향한 것이야. 인생은 70부터라 하지 않던가. 아들의 정신세계 속으로 내가 들어가는 거야.

따끈한 커피가 마시고 싶을 즈음 마침 길가에 커피숍이 보인다. 커피숍으로 들어가는 아들의 뒷모습이 듬직하다. 저 아들과 음악을 듣고 친구처럼 대화를 나누고 노을을 보고 별을 헤이며 얼마나 많은 추억을 만들었던가. 딸이 없이 외로울까 봐 바쁜 시간을 할애한 아들, 시간을 선물하도록 배려한 며느리의 마음 씀이 고맙다. 이제는 내가 아들 며느리에게 어느 하루를 선물해야겠다.

행복했던 하루가 저물고 있다.

(2011.)

보석의 집

석류를 샀다.

붉고 윤기나는 것, 크고 흠집이 없는 것으로 골랐다. 깨끗이 씻어 대바구니에 담아 놓는다. 싱싱하다. 실하다. 바라보기만 해도 뿌듯하다. 한여름을 잉태한 수고만큼 튼실한 열매로 성장한 모습이 대견하다. 가슴을 열어 보일 왕관이 한쪽도 떨어짐 없이 꼿꼿한 걸 보니 갓 따온 것임이 틀림없다.

석류를 가른다.

알알이 맺힌 열매의 군락들. 잘 익은 알맹이들이 빼곡하다. 마치 루비를 박아 놓은 것처럼 황홀하다. 어느 사랑의 열매가 저토록 아름다울까. 알맹이를 털어내기 전 보석들을 감상한다. 형형하게 빛난다. 한 개씩 둥지를 틀고 앉아 있는 모습이 질서 정연하다. 한 집에 둘도 없고, 빈집도 없다. 곱다. 장관이다.

늦은 봄, 갸름한 꽃 한 개 피어나서 여름 동안 작열하는 태양과 바람과 노닐더니 그 속에서 수많은 보석을 탄생시켰다. 얼마나 경탄스런 생명의 신비인가. 한 개의 씨앗 속에 들어 있는 잎과 꽃과 열매. 꽃 한 송이가 변해서 세상을 펼쳤다.

겉보다 속이 아름다운 석류를 보면 숙연해진다. 속보다 겉을 더 치장하는 내가 아니던가. 석류는 미세한 세공의 손놀림처럼 일정한 규격의 결정체로 내공을 쌓아 마침내 완성에 이르는데 나는…, 주어진 삶에 충실하며 나름대로 열심히 살아가려 애를 쓰지만 때로는 한결같은 모습으로 이어져 가지 못하고 있다. 있는 그대로의 모습보다 조금 더 차원 높게 보이고 싶었던 적이 얼마나 많았나. 그것은 진정한 내가 아니라 가식의 누더기였을 것, 하나씩 벗어버리고 진정 석류의 마음이 되고 싶다. 생명의 과일, 지혜의 과일이라는 석류를 닮고 싶다. 영혼을 비옥하게 할 순수하고 아름다운 열매 앞에 나를 돌아본다.

원산지가 페르시아인 석류는 고대로부터 신성한 식물로 귀중하게 여겨졌으며, 권위의 상징이었다. 기원전 522년에 아케메네스 왕조(Achaemenid Dynasty)의 대왕 다리우스(Darius) 1세가 페르세폴리스(Persepolis) 궁전을 건립할 때에는 석류나무의 꽃과 잎의 디자인을 궁전에 도입하고 다리우스 자신의 의복과 장신구에도 그 문양을 사용하였다고 한다.

우리나라에서도 혼례복이나 활옷에 석류 문양이 많은데, 이는 많은 종자가 들어 있기에 다산의 상징으로 표현되었고 귀부인들의 예복이나 장신구 등에도 석류 문양을 사용했다.

기독교 미술에서는 에덴동산의 생명의 나무로 묘사되고 아리아인 (Aryan)들은 천국의 과일, 신이 선사한 선물로서 소중하게 키웠다. 열매는 핑크, 자주색, 황색, 녹색 등이 있고, 가장 대중적인 것이 빨간색으로 맛도 여러 가지다.

석류를 보면 해맑은 미소가 보기 좋은 J시인이 떠오른다. 인생을 진지하게 살아가는 사람, 남을 배려하는 마음 때문에 때로 자신이 아픈 사람, 정이 많은 사람, 갓 따온 석류를 건네며 "석류알이 아주 곱죠? 이렇게 털어야 잘 떨어져요." 시범을 보이던 그가 그립다.

시인의 집 석류나무는 크지는 않았지만 열매가 실하고 달았다. 표피가 터질 듯 무르익기 시작하면 시인의 대바구니에는 석류가 담겨 나를 찾아오기에 분주했다. 가장 좋은 것으로 주고 싶어하는 한결같은 마음, 보석처럼 가슴에 품고 있는 고운 마음이 석류알보다 붉다.

근래는 몸이 약해져 마음을 먼저 보내온 시인. 육신의 고통을 승화시켜 시를 빚으며 그 산고 끝에 태어나는 보석이 있기에 그는 행복하단다.

시인의 정성으로 알알이 익은 석류, 그의 시처럼 아름다운 석류가 익어가는 뜰로 편지를 띄운다.

"석류가 익었지요? 그 뜰로 나를 초대해 주세요. 기다립니다."

J시인의 집 앞을 서성이고 있는 내 마음은 시인과 석류를 만날 기대로 부풀고 있다.

(2010.)

보파드에서 만난 슈베르트

보파드(Boppard)에서 맞은 새벽은 여느 여행지와 사뭇 달랐다. 보랏빛 여명 속에 대지가 기지개를 켤 때, 사방에서 뭐라 표현할 수 없는 미묘한 소리가 비밀스럽게 수런대기 시작했다. 그것은 숲이 잠을 깨는 소리, 삶이 지니는 영혼의 노래였다. 꽃 한 송이, 풀 한 포기에서도 생명의 신비와 심장의 떨림을 의식할 수 있었다.

울창한 나무 사이로 빛은 산산이 부서져 흩어지고 하얗게 쏟아지는 아침 햇살이 누적된 피로를 맑혀 준다. 신선한 정기로 몸과 마음이 가볍다. 여행을 값진 것으로 만들어 주는 것은 낯설음과 미지에 대한 기대와 발견이다. 발코니에서 내려다본 모젤 강이 비늘처럼 반짝인다.

보파드는 로렐라이 언덕과 모젤 강이 라인 강에 합류하는 지점의 도시 코플렌츠 중간에 있다. 라인 강 둑을 따라 형성되어 있는 강변 도시로 카페, 레스토랑, 호텔들이 즐비하다.

보파드는 노을이 스러질 무렵부터 활기를 띤다. 회색빛 어둠은 사물을 낮과 다르게 보여주며 부드럽고 신비에 찬 밤으로 이끈다. 하늘에서 별이 하나 둘 눈을 뜨듯이 형형색색의 불빛이 돋아나 도시 야경이 장관을 이룬다. 빛의 물결은 삶의 아름다움을, 인간과의 따뜻한 교감을 말해 주는 연결고리 같다. 공원에서, 맥줏집에서 주민과 관광객이 뒤섞이어 감미로운 생음악과 댄스를 즐긴다. 이곳 주민들은 친절하고 낙천적이어서 여행객과 지기처럼 격의 없이 잘 어울린다.

음악의 보고 Musik를 찾았다. 클래식 음악 섹션에는 제법 많은 음반이 갖추어져 있었다. 슈베르트 CD 몇 장을 고르던 중 '피아노 트리오 아다지오(Piano trio in E Flat D. 897 Nottumo Op. Posth. 148 Adagio)'가 있어 더없이 반가웠다. 슈베르트의 많은 연주곡 가운데 유독 '피아노 트리오 내림나장조'가 흔치 않은데 내가 선호하는 슈투트가르트의 연주였다.

슈투트가르트 피아노 삼중주는 1968년에 창립하여 1969년 베를린에서 열린 멘델스존 컴퍼티션과 뮤니히에서 열린 국제 라디오 컴퍼티션에서 우승한 이래 세계 많은 도시에서 공연했다. 투명한 울림과 순도 높은 실내악적 섬세함을 특기로 하는 이들은 주로 페스티벌에서 인지도를 높였다. 구성원으로는 피아노에 모니카 네온하드, 바이올린에 레이너 구스몰, 첼로에 클라우스 캉기서이다.

이 피아노 트리오 897은 슈베르트 불멸의 명작으로 평가된다. 아름다운 서정성과 센티멘탈리즘이 어느 것에도 견줄 수 없을 만큼 뛰어나고 감동적이다.

　슈베르트는 자신의 31세 생일을 자축했다. 그는 생명이 몇 개월밖에 남지 않았음을 알면서 1000번째 작곡에 손을 댔다. 이때까지 작곡한 걸작이 많지만, 그는 '사람들이 아직 들어보지 못한 것'이라는 자랑스러운 자부심으로 이 곡을 펴냈다. 연주될 기회가 그리 많은 것은 아니어도 슈베르트 실내악 장르에서는 귀중하게 취급되는 작품이다. 단일 악장으로 구성되었으며 죽음을 예감하고 있는 우울함이 농도 짙게 투영된 곡임을 실감케 한다. '내 모든 행복은 산산이 흩어졌다. 한때나마 내가 지녔던 모든 것이 사라졌다. 오직 찌터(Zither) 하나만 내 곁에 있을 뿐. 그러나 아직도 나는 즐겁게 부유하는구나!'

　슈투트가르트의 연주는 마치 연못에 번지는 파문 같은 피아노 반주 위로 바이올린과 첼로의 주제가 절절히 파고든다. 바이올린과 첼로의 피치카토에 피아노의 명징한 선율은 더욱 매혹적으로 빨아들인다. 한없이 여리게 잦아드는 피아노 연주가 계속되며 바이올린과 첼로의 강렬함 속에서도 피아노는 보석처럼 부서져 내린다. 반복되는 선율로 이렇게 가슴이 아프도록 파고들다니, 아름다워 눈물이 날 것 같다. 슈베르트는 어쩌면 저토록 감미로운 심성을 지녔을까. 선율에서 가히 천부적으로 타고난 천재였다는 매혹적인 곡 속에서 가난에 처절했던 슈베르트의 음성을 듣는다.

　"형님, 오선지를 보내주십시오, 오선지를. 추운 겨울 땔감이 없어도, 식량이 떨어져 며칠씩 굶어도 얼마든지 견뎌 낼 수 있습니다.

그러나 악상이 떠오를 때마다 그려 넣을 오선지가 없음이 나를 절망케 합니다. 형님, 제발 오선지를 보내주십시오."

그의 절규가 음악에 섞이어 흐느끼고 있다. 악상은 샘처럼 풍부하게 넘쳐흐르고 아름다움은 주옥처럼 빛나고 있으나 악보를 그려 넣을 오선지가 없었다. 모차르트보다 짧은 생애, 모차르트보다 더욱 심한 가난에 거의 굶어 죽다시피 한 그 침상에는 겨우 몇 푼의 돈이 남아 있을 뿐이었다. 고단한 육체가 문을 닫는 그 순간에.

'노투르노(Notturno)', 차분하고 아름다워 낭만주의 성격이 물씬 풍기는 일종의 야상곡이라는 해석이 있다. 그것을 배제하는 경우, 18세기 이탈리아에서 크게 유행했던 다악장으로 구성된 세레나데와 같은 범주로 생각하면 된다는 주장도 있다. 이는 이 작품을 영국의 작곡가 필드에 의해서 창시된 '녹턴'과 같은 의미로 보아서는 안 된다고 역설한다.

슈베르트가 세상을 떠나기 1년 전인 1827년에 완성되었고 이듬해 1월 28일, 죽마고우 요제프 스파운(Joseph Spaun)의 살롱에서 열린 스파운과 뢰너 양의 약혼식에서 초연되었다. 이 작품과 비슷한 시기에 작곡한 '겨울 나그네'에서 보듯 죽음을 예상하고 있는 슈베르트의 심각한 우울이 농도 짙게 투영되어 듣는 이의 심장을 세차게 흔든다. 특히 단악장의 주제는 작곡자에 의해 은유적인 노랫말로 설명될 만큼 절망적인 성격이다. 슈베르트가 세상을 떠난 훨씬 뒤인 1845년에 출시되어 비로소 알려지기 시작했다.

친구 그로브는 "창작하고 싶다는 한결같은 마음이 슈베르트만큼 강한 사람을 본 적이 없다. 그처럼 불행한 천재를 이전에는 본 적이 없다."라고 말했다. 베토벤에게 인정된 것은 베토벤의 죽음 직전이었는데, 왜 좀 더 일찍 슈베르트를 알지 못했던가 한탄했다 한다.

31세의 짧은 생애 동안 많은 명곡을 남긴 슈베르트.

"음악은 여기에 풍려한 보배와 그보다 훨씬 귀한 희망을 묻었노라. 프란츠 슈베르트, 여기 잠들다."

그의 묘비처럼 그는 희망을 묻고 떠났다.

그는 들에 핀 한 송이 꽃과 같은 생애를 보냈다. 오로지 예술에만 정진하다가 자연의 냉엄한 운명에 쓸쓸히 지는 들꽃처럼 세상을 떠났다. 꽃은 덧없이 졌지만, 그 향기는 남아 세인들의 가슴 속에 영원히 살아 숨 쉰다.

슈베르트의 '피아노 트리오'를 듣는다. 신비의 정기가 감돌던 보파드의 아침이 떠오른다. 보석 같은 음반을 만나게 해준 도시이기에 그리움이 솟는다. 처절했던 가난과 고독과 아픔을 온전히 음악으로 위로받았던 그의 예술혼으로 깊숙이 들어가 가슴으로 음악을 듣는다.

밤이 흐른다. '노투르노'와 함께 나도 흐른다.

(2012.)

장미의 정(精)

로맨틱 발레 '장미의 정(Le Spectre De La Rose)'을 처음 관람한 것은 이화여고 노천극장에서였다. 임성남과 제자들이 가을을 수놓은 공연이었다. 나도 가을 공연을 앞두고 있던 터라 관심 있게 보았다. 여고생들의 공연이라 할 수 없을 정도로 기교가 뛰어나 관람객은 물론 바람도 잠시 흐름을 잊은 듯하여 나뭇잎들마저 숨죽이며 공연을 관람했다.

베버의 음악 '무도회의 권유(Invitation to the Dance OP. 65)'가 경쾌하게 흐르는 가운데 섬세한 테크닉의 소녀와 몽환적 분위기의 '장미의 정', 스승과 제자가 따로 없었다. '장미의 정'은 그날 이후 내 꿈의 발레였다. 언젠가 나를 찾아올 것 같은 그 배역을 위해 더욱 연습에 몰두했다.

몇 년이 지난 후 '장미의 정'을 공연하게 되었을 때, 꿈속에 그리던 그 배역은 나에게 주어지지 않았다. 소녀 역을 후배가 맡았기에 무척 섭섭했다. 스승님께서 내 마음을 아셨는지 쇼팽의 레실피드 중에서 왈츠를 추게 하셨다. 다른 사람들이 나를 부러운 듯 쳐다보았다.

'장미의 정'은 1911년 4월 19일, 베버의 음악에 미하엘 포킨의 안무로 디아 길레프 발레단에 의해 몬테카를로에서 초연되었다. 프랑스의 시인 고티에의 시 '나는 장미의 요정, 어젯밤 무도회에 당신이 나를 데려가 주었다'에서 떠오른 영감이 작품의 바탕이 되었다. 낭만적 스타일과 정교한 구성, 니진스키와 까르사비나의 완벽한 춤으로 대단한 성공을 거두어 발레의 고전으로 자리매김했다.

'무용의 신'으로까지 일컬어지는 니진스키는 발레 역사상 가장 훌륭한 남성 무용수로서 불후의 명작을 남겼는데, '장미의 정' 초연 당시 그는 인간의 한계를 넘어선 듯한 발롱(Ballon)*을 실현해냈다. 새처럼 날아오르듯 창문을 빠져나갈 때 보인 포즈 발롱은 수수께끼로 남는 발레계의 전설로 전해진다.

베버의 '무도회의 권유'는 1819년, 베버가 33세 때 생일을 맞은 사랑하는 아내 카롤리네에게 바치기 위해 작곡한 피아노곡이다. 평소 몸이 약해 춤추기 어려웠던 베버는 아내와 함께 춤추고 싶은 마음을 이 곡에 우회적으로 표현했다. 처음 만난 남녀가 춤을 추게 되기까지의 과정과 즐겁게 춤추는 정경, 나누는 대화를 보며 자신과 카롤리네를 떠올렸을 것이다.

이 곡을 1841년, 베를리오즈가 관악으로 편곡한 것이 더 아름다워

---

* 발롱(Ballon) : 도약하는 동안 공중에 머물러 있는 듯 보이게 하는 기술

널리 연주되고 있다. 베버의 기악곡 중에 가장 유명한 것에 속하며 낭만주의 시대 독일 신사의 기사도와 시정을 표현한 우아한 곡이다.

'장미의 정'은 첼로의 독주 음률이 흐르며 막이 오르면 넓은 공간의 내실이 나타난다. 가구는 우아하나 검소하게 보이고, 흰색 톤으로 장식한 방은 주인의 취향이 청순함을 말해준다. 구석진 곳에 침대가 있고 다른 쪽에 하프가 놓여 있다. 방의 뒤 모퉁이에는 커다란 프랑스식 창문이 열려 있다.

처음 무도회에 참석하고 한 송이 장미를 가지고 돌아온 소녀는 지난밤의 무도회를 생각하며 소파에 앉아 졸고, 쥐고 있던 장미 송이가 힘없이 떨어진다.

그때 장미 꽃잎을 몸에 감은 아름다운 '장미의 정'이 창문을 통해 들어온다. '장미의 정'은 잠든 소녀의 주위를 돌며 춤을 추고 의자 뒤에서 부드러운 표정으로 그녀를 쓰다듬어 깨운다. 소녀는 꿈과 현실의 중간에서 '장미의 정'과 춤을 춘다.

그들은 꿈결같이 흐르는 즉흥적인 파 드 되(pas de deux)*를 춘다. 그 왈츠는 순수하고 로맨틱한 환희의 이미지이며, 반 인간의 모습을 지닌 장미와 춤을 추는 어린 소녀에 의해 더욱 시적인 분위기로 이끈다. 소녀는 무아지경에 도취해 춤을 추다가 의자로 돌아와 깊숙이 잠들고, 정령은 황홀한 표정 속에 아쉬움을 간직한 채 창문 너머로

---

* 파 드 되(Pas de deux) : 여성 제1 무용수와 남성 제1무용수 두 사람의 춤이라는 의미. 아다지오, 바리에이션, 코다의 3부분으로 고전 발레에는 반드시 삽입된다.

사라진다. 그 순간 소녀는 눈을 뜨고 주위를 둘러본다. 꿈에 보았던 '장미의 정'을 떠올리며 마룻바닥에 떨어진 장미를 집어 사랑스레 입맞춤한다는 내용이다.

발레의 유래는 15세기 밀라노에서 결혼식 막간극으로 시작하여 이탈리아에서 크게 융성했다. 이후로는 프랑스로 옮겨 1581년, 세계 최초의 발레단(Le Ballet Comique de Reine)이 생기며 루이 14세의 전폭적인 지지로 파리가 궁중 발레의 메카로 자리 잡아 낭만 발레의 꽃을 피웠다. 발레 전문 용어를 프랑스어로 사용하는 것도 이와 무관하지 않다.

러시아 황실은 낙후된 러시아 문명을 근대화하기 위해서 발레에 파격적인 지원을 했다. 서구화의 가장 빠른 길이 발레를 도입하는 것으로 믿었던 표트르 대제가 적극적인 문화 진흥책을 폈다. 그 후 예카테리나 대제가 계속해서 발레 중흥정책을 강력하게 추진했다. 혁명 후 프랑스에서 차츰 시들어가던 발레는 한동안 이탈리아로 그 중심지를 옮겼다가 러시아에서 찬란하게 꽃피웠다. 19세기에 이르러 러시아에서는 프랑스 안무가 프티파를, 이탈리아의 체케티를 초청하여 발레 육성에 전력을 쏟았다. 20세기를 찬란하게 장식했던 파블로바, 까르사비나, 포킨, 니진스키, 발란신 등 거장들이 배출된 것은 러시아 대제들의 문화 정책의 결정이라 하겠다.

가장 큰 감명을 준 '장미의 정' 공연은 마고트 폰테인과 미하엘 바리시니코프가 탄생시킨 로열 발레다. 세계적인 영국의 발레리나 폰

테인과 소련에서 망명하여 한창 신기에 가까운 테크닉을 선보이던 바리시니코프는 더할 수 없는 환상의 호흡이었다. 마치 내가 첫 번 무도회에서 돌아와 '장미의 정'과 춤을 추는 것 같은 간접 경험을 체험했다. 젊은 시절 꿈에 그리던 배역이었기 때문만은 아니다. 그들이 연출하는 분위기가 사뭇 몽환적이었다.

　우리나라에 발레가 들어온 것은 1931년 3월, 서울 YMCA 강당에서 열린 러시아 무용수 슈하로프의 공연이다. 그 후 일본에서 발레를 공부한 한동인이 1946년 귀국하여 '서울 발레단'을 창단하고 처음으로 '장미의 정령'을 공연했고, 이어 '라 실피드'를 선보였다. 한동인은 한국판 니진스키라고 말해도 손색이 없을 정도로 기교가 뛰어났다. 그가 6·25 때 월북하면서 한동인을 계승한 사람이 임성남이다. 임성남은 일본으로 발레 유학을 떠나 발레단 활동까지 경험하고 돌아온 유학파 무용수로 대단한 실력의 화려한 면모를 보였다. 1955년 '임성남 발레 연구소'를 설립하고 1956년 한국 최초로 '백조의 호수' 2막을 공연했다. 우리 시대는 그에 의해 발레리나들의 선망인 '장미의 정'이 공연되었다. 임성남은 1962년 국립무용단의 단장, 1974년 국립극장이 명동에서 장충동으로 옮길 때 '국립발레단'이라는 이름을 지었다.

　일찍이 발레를 공부했으나 포기할 수밖에 없었던 나. 놓쳐버린 대상이었기에 더욱 큰 미련에서 벗어나지 못했으나 지금 생각해 보면 어쩌면 그것은 축복이 아니었을까. 발레가 황무지나 다름없던 시절이었으니 열정과 야망으로만 될 수 없는 부분이 너무 많았다. 내 자질을 미리 아셨던 전능자께서 평생 바라보며 그리워하는 쪽을 택하게 해주신 것 같다. '장미의 정'을 내 꿈속의 발레로 남게 해주시려고.

고요가 사위에 가득한 밤, '무도회의 권유'를 듣는다.

불현듯 내게 잊힌 가슴의 고동이 되살아나고 삶이 또다시 한 번 더 아름답게, 매혹적인 모습으로 투영되어 온다. 밤은 낮과 다르게 부드럽고 신비에 찬 환영으로 다가온다.

밤의 비밀스러운 속삭임이 들린다. '장미의 정'이 창문을 통해 들어온다. 내게 손을 내민다. 이 떨림은 대체 무엇이란 말인가. 아직도 푸른 빛을 잃지 않고 있단 말인가. 이 순간이 내게 주어지기를 얼마나 기다렸던가. 지금도 느낄 수 있고, 영원히 그릴 수 있는 그리움. 사라진 지 이미 오래된 옛 꿈을 더듬으며 그를 향해 안타까운 마음으로 파 드 부레(Pas de Bourree)*한다.

스포트라이트가 눈처럼 쏟아지는 무대를 향해 힘차게 비상한다. 황홀한 도취, 짧은 만남의 긴 여운. 첼로의 음률이 밤의 고요 속에 잠긴다.

(2010.)

---

*파 드 부레(Pas de Bourree) : 촘촘하게 종종걸음으로 움직이는 스텝.

코번트리의 전설

　아침에 마시는 커피에 하루가 담겨 있다. 신선한 향기를 날리며 목젖을 뜨겁게 적시는 한 모금 커피는 필터로 거른 정수처럼 머리를 맑힌다. 커피를 들고 버릇처럼 창가로 간다. 정지가 잘 된 장미 줄기에서 빨간 새순이 쭉쭉 뻗어 오른다.
　시야 가득 펼쳐진 하늘이 보기 좋다. 완만한 곡선의 비행운이 한가롭다. 이 시간이 좋다. 고요가 살포시 내려앉은 내밀한 공간의 주인이 되어 조용히 흐르는 음악을 들으며 사색할 수 있는 분위기를 사랑한다. 꽃잎이 벙그는 소리, 지나가는 바람의 속삭임이 들리는 이 아침의 은총에 감사한다. 이들이 내 삶에 향기와 윤기를 더해준다.
　내가 커피를 처음 맛본 것은 중학교 때였다. 어머니가 이따금 즐기셨는데, 호기심에 어쩌다 한두 모금 마시면 그 쓴맛에 진저리가 쳐질 정도였으나 향기는 오래 남아 있었다. 맛을 느끼기 이전에 풍겨오는 표현할 길 없이 묘한 향기에는 쓴맛을 익숙하게 만드는 어떤 끌림이 있었다. 나는 커피의 맛보다 향에 취하기를 더 즐겼다. 요즈음처럼 종류가 다양하지도 않고 인스턴트커피였는데 그 향기가 종일토록 몸속에 남아 있는 것 같아 기분이 상쾌했다.

많은 세월을 지나며 다양한 종류의 커피를 맛보았지만 내가 가장 선호하는 커피는 '고다이바'이다. 맛과 향기가 특이하여 커피를 내릴 때면 집안 전체가 커피 향기에 잠긴다. 마치 사랑의 묘약처럼 깊이 빠져들게 하는 뭔가가 있다.

고다이바 커피를 처음 대했을 때 이제까지 봐왔던 어느 브렌드의 커피보다 향기롭고 감미로워 향기가 몸에 배어드는 듯한 환각조차 일으켰다. 용기도 고급스러웠다. 황금색 두꺼운 알루미늄 포일로 만든 용기 앞면에 벌거벗은 여인의 그림이 새겨 있는 것도 특이했다. 고개를 갸울인 채 금발을 길게 늘이고 말 위에 앉아 있는 로고. 유심히 살펴야 눈에 들어오는 상단의 작은 그림이 '레이디 고다이바'이다. 첫 잔을 내릴 때 남편이 고다이바의 전설을 얘기해 주었다. 커피의 향보다 더 향기로운 한 영혼이 찻잔에 머문다.

코번트리(Coventry)의 '트리니티 대성당' 앞에는 근엄한 분위기와 어울리지 않는 나체의 여인이 말을 타고 있는 동상이 있다. 그 동상이 11세기 영국 코번트리의 영주였던 백작 레오프릭 3세의 부인 고다이바(Godiva)이다. 레오프릭 백작은 당대의 가혹한 탐관오리로 가뭄이 심하여 흉년이 계속되는데 백성에게 과도하게 세금을 징수해 원성이 자자했다. 고다이바는 그런 남편의 처사를 부당하게 여겨 세금을 감면해 줄 것을 호소했으나 백작은 응하지 않았다. 아내의 끈질긴

요청이 계속되자 백작은 엉뚱한 제안을 했다.

"만일 당신이 벌거벗고 이 성을 한 바퀴 돈다면 나에게 부탁한 청을 들어주겠다."

레이디 고다이바에게는 감당하기 어려운 제안이었으나 백성을 위해 결행하기로 했다. 알몸으로 백마를 타고 금발의 긴 머리로 부끄러운 곳을 가린 다음 성을 돌았다. 거사를 치르던 날, 주민들은 부인의 나신을 보지 말자고 결의하여 창문을 모두 닫고 커튼을 내리어 엄숙하게 부인의 순례를 도왔다. 이때 Tom이라는 사람이 창틈으로 몰래 훔쳐보다가 눈이 멀었다. 영국에서는 남의 사생활을 몰래 훔쳐보는 사람을 'Peeping Tom(엿보는 톰)'이라 했는데, 이 말의 어원이 이때부터 생긴 것이다.

70세가 넘은 레오프릭 영주는 백성을 사랑하는 아내의 진심 어린 마음에 감동하여 세금을 내려주었다. 그때 고다이바 부인은 16세였다. 어린 나이에도 코번트리 백성을 긍휼히 여기는 마음에서 무언의 항거인 나신의 순례를 감행했다. 그녀의 행동은 많은 사람의 가슴에 감동이라는 물결을 흐르게 했고, 꺼지지 않는 사랑의 불씨 하나를 심어 놓았다.

이 소문이 바다를 건너 벨기에의 초콜릿 장인 '조셉 드랍'이 알게 되었다. 그의 부인은 이 미담을 적극 살려 숭고한 고다이바의 뜻을 받들기로 했다. 그 유명한 초콜릿을 탄생시킨 유래의 교훈적 상징이다.

고다이바 부인의 아름다운 마음과 희생정신을 기리는 고다이바 행진은 1678년부터 코번트리 박람회의 정기 행사가 되어 수년마다 치러지고 있다. 18세기 이후 코번트리 시는 레이디 고다이바의 전설을 상품화했고 말을 탄 여인의 형상을 마을의 로고로 삼았다. '공중의 행복을 위하여(Pro Fonopopul Ico)'라는 문구가 조각되어 있음도 물론이다.

영국의 지배 계급은 역사적으로 '귀족은 더 많은 책임을 진다'는 사회적 소명의식이 철두철미하다. 빈자나 병자를 위한 자선 사업을 적극 펼치고, 전시에는 앞장서서 최전선에 나가 목숨 바치는 희생을 감수해 왔는데 그런 귀족 정신이 고다이바의 핏속에 살아 있었다.

16세의 어린 부인으로서는 순교나 다름없는 나신의 순례. 그것이 미담에 그치지 않고 지금까지 살아 있음은 근원적인 목마름을 풀어 주려 했던 한 여인의 드높은 정신을 귀하게 여긴 코번트리의 영원한 전설이기 때문이다. 오늘날 그림으로 볼 수 있는 고다이바 부인은 영국의 고전주의 화가 존 콜리어(John Collier)에 의해 그려진 '레이디 고다이바(Lady Godiva 1898, Courtesy of the Herbert Art Gallery & Museum Coventry)'의 초상이 대표적이다.

살아가며 많은 미담을 접한다. 감동한다. 남에게 별로 도움을 주지 못했던 나는 '무엇을 하며 세월을 보냈을까.' 하는 회의가 앞선다. 잠시 머물다 가는 세상에서 나도 누군가에게 힘이 되고, 위로가 되고, 기쁨이 되었으면 하고 바라본다. 사랑이 샘처럼 넘쳐 이웃에게까지 나눌 수 있는 여유로운 마음의 소유자가 되기를 소망한다. 하루하루가 성실과 믿음으로 이어지기를 기원한다.

고다이바 향기로 가득한 거실에 5월의 햇살이 은총으로 부어지고 있다.

(2009.)

서나 가든의 촛불

하루가 저물며 서서히 땅거미가 내릴 때쯤이면 버릇처럼 집을 나선다. 빛과 어둠이 교차하는 시간, 사물이 희미하게 실루엣만 보이는 저물녘의 산책을 나는 좋아한다.

전에는 아침 시간에 걸었으나 언제인가 노을의 황홀경에 취한 후부터 해질 무렵이면 누군가 나를 부르는 것 같은 충동이 인다. 진줏빛 분홍과 선홍색 노을이 함께 어우러져 장관을 이루고 검붉은 잔영을 남기며 차츰 스러져가는 빛의 그림자 속에 빠져듦도 좋다. 어스름이 안개처럼 퍼지기 시작하면 별이 하나씩 눈을 뜨듯이 여기저기 주택가에서 빛이 살아난다. 세월 저편, 어느 창가에서 보았던 감동의 불빛이 그리움되어 어른거리는 것도 이 저물녘이다.

우리 가족이 영국에서 살 때이다. 처음 자리한 곳이 '선버리 언 템즈(Sunbury on Thames)'로 런던에서 약 15마일 떨어진 도시였다. 집을 소개하는 사람의 권유에 따라 그곳까지 들어갔는데, 안정감 있는 조용한 주택가였다. 우리가 살던 집은 지은 지 127년이 되었다고 하는데 바람이 심한 겨울에도 틈새가 없이 견고했다.

그 동네의 집들은 모두 고색창연하여 자연의 일부처럼 보였다. 족히 몇 백 년은 됨직한 고목이 집 앞 양쪽 길에 가로수처럼 이어져 있고, 울창한 잎들이 아치를 만들고 하늘을 덮어 터널을 이루었다. 당시 남편은 퇴근 시간이 일정하지 않아 늦는 날이 많기에 아이들에게 일찌감치 저녁을 차려 주고 황혼녘이면 동네를 걸었다. 3분 거리에 템즈 강이 있어 산책하기 좋았다.

어느 날이었나, 처음으로 강변길 '서나 가든(Sunna Gardens)'을 따라 걷다가 우연히 창가에서 식사하는 노부부를 보았다. 자주색 우단과 흰색 레이스가 겹쳐진 커튼이 보기 좋게 드리워진 창가였다. 촛불이 식탁을 밝혀 주어서인지 실내가 아늑해 보였다. 이야기를 주고받으며 식사하는 표정이 무척 평화로웠다. 그들의 식사는 내가 1시간 남짓 걷고 다시 그 창가를 지날 때까지 계속되었다. 갓 결혼한 신혼부부가 연상될 정도로 행복한 모습이었다.

분위기가 마치 어느 영화의 한 장면을 보는 것 같았다. 알 수 없는 감동이 일었다. 촛불을 켜놓고 식사한다는 것을 상상이나 해 보았을까. 아마도 특별한 날이리라. 생일이거나 결혼기념일쯤 되겠지.

다음 날도 여전히 촛불을 밝혀 놓고 식사했다. 이따금 웃는 소리가 밖에까지 새어 나왔다. 창가의 식사는 그들이 평생을 그 집에서 살며 보여주는 일상이라는 것을 그 앞을 지나며 알게 되었다.

이제 나의 저녁 산책은 그 창가를 보기 위해 나서는 것 같았다. 남의 집안을 들여다보거나 기웃거리는 것이 예의에 어긋난다는 것을 알면서도. 붉은 벽돌담에 보기 좋게 얽혀 있는 담쟁이덩굴과 창가에 우아하게 늘어진 커튼, 촛불과 노부부가 아주 잘 어울려 그곳을 지날 때면 걸음을 멈추고 한참씩 바라보았다. 실례인 줄 알면서도 고개가 저절로 돌려짐을 어쩔 수 없었다.

노부부의 식탁을 보기 전까지 촛불은 전기 대용이라 생각했다. 가끔 정전되던 시절에 살았던 나는 촛불은 빛을 밝히는 것 이외의 다른 의미로 다가오지 않았었다.

어쩌다 외국 영화에서 촛불이 놓인 식탁을 보았으나 그것은 영화의 한 장면일 뿐이었다. 실제 생활에 연관지어 본다는 것을 상상하지 못했다. 그런 환경에서 살다가 우연히 바라보게 된 정경은 경이로움 그 자체였다.

그 도시에 살면서 어느덧 초와 친숙해져 갖가지 예쁜 모양의 초를 모으기 시작했다. 정전의 대용으로 알았던 내 의식에서 분위기를 연출하는 것으로 이보다 더 좋은 장식품이 없다고까지 생각하게 되었다. 나도 촛불을 밝혀 놓고 저녁식사를 하고 싶었다. 꽃으로, 촛불로 집안을 멋있게 장식하고 남편을 기다리는 날이면 으레 출장자들 탓에 귀가가 늦었다. 집에 들어서는 순간 밝혀 놓은 촛불을 보며 감격하는 남편의 모습이 보고 싶었으나 결국 몇 번의 기회를 놓치고부터는 우리 가족들만을 위한 빛나는 식탁의 꿈은 흐려져 버렸다.

나이 들어가며 식사시간이 묵상 시간처럼 되어버린 우리 부부를 느낄 때면 서나 가든의 어느 창가가 떠오른다. 일상의 나날을 특별한 날처럼 넘치는 행복 속에 살아온 노부부의 삶이 얼마나 아름답고 따뜻한 삶이었나를.

매일은 아니지만 흐린 날이면, 음악과 빗소리가 어우러지는 날이면, 또 손님을 맞게 되는 때면 나는 촛불을 켠다. 오래된 다기에 친구가 보내준 지리산 화개골의 '예전 차'를 준비한다. 촛불의 분위기에서 마시는 차라면 커피보다는 전통 차가 제격이다. 차향에 스며드는 초의 향기, 초 속에 녹아드는 차향이 은은할 때쯤이면 서나 가든의 불 밝은 창가에서 행복한 모습을 선사해 주던 노부부처럼 행복해진다.

스스로 자신을 태워 빛을 발하는 한 자루의 촛불을 바라보며 깊고 은은한 차향 속에 마음 따뜻한 사람과 함께 하는 날, 이보다 더 큰 축복은 없으리라.

해질녘이면 서나 가든의 노부부는 촛불을 밝히며 내게로 온다.

(2008.)

샤넬의 향기

　몇 년 전 친구가 가져다준 선인장을 들여다본다. 10여 년간 미국에 살면서 두 번밖에 꽃을 보지 못했다는 이 선인장에 '사랑'이라는 이름을 붙여 주고 떠났다. 몸체가 워낙 작고 빈약하여 사랑을 충분히 해주어야 비로소 꽃을 피운다 했다. 이 선인장에 유독 이런 말이 붙여진 것은 그만큼 꽃 피우기가 어렵다는 의미이리라.
　친구는 이따금 전화했다. 꽃 소식을 앞세운 친구의 음성에는 그리움이 배어 있었다. 왜 그렇지 않겠는가. 50대 중반에 미국에 와서 대학 강단에 10여 년을 섰다가 떠났는데. 나이 들어 보낸 시간은 생의 어느 때보다 더 살뜰하고 의미 있었을 터인데, 어느 한순간을 떠올려도 그립지 않은 것이 있을까. 나도 친구처럼 선인장 사랑이를 보듬다 보니 제법 식구를 늘려 해를 거듭할수록 소복이 작은 돔 모양으로 퍼져 나갔다.
　유난히 더웠던 여름을 지나며 활엽수들이 푸르름을 잃을 때쯤 선인장은 몇 개의 작은 꽃망울을 이파리 사이에 달았다. 내 호기심은 극에 달했다. 어떤 꽃을 피워낼까 몹시 궁금했다.

　한동안 꽃망울을 물고 있던 이파리가 드디어 꽃잎을 활짝 열어 보였다. 노란 빛깔의 꽃, 빗살처럼 가녀린 앉은뱅이꽃이다. 마치 노랑나비가 날개를 펴고 앉아 있는 것 같다. 꽃잎의 섬세한 모양이 말의 표현을 거부한다. 이같이 화사하고 고운 모습을 보이려고 세월을 기다린 것 같다. 바라보기만 해도 꽃잎이 흩어질 것 같다.

　어떤 사람은 '꽃 가까이에 코를 대고 향기를 맡는 것처럼 야만스런 행동은 없다.'고 했으나 나는 그 야만스러움을 행동으로 옮기고 말았다. 시간을 두고 피워낸 꽃의 향기가 궁금해서다. 은은한 향기. 먼 곳으로부터 이는 바람결에 살며시 실려 온 듯 미세한 '샤넬의 향기'가 꿈결처럼 흐르고 있었다.

　결혼 전부터 나는 향수를 애용했다. 그 중에도 오리지널이라는 일본 향수를 좋아했다. 어떤 형태이건 자연스러운 것이 가장 아름다운 것이겠지만 여인은 자신의 향기 하나쯤 가지고 있어도 괜찮을 것 같아 즐겨 애용했다. 몇 년 후, 그 향수가 품귀를 빚어 안타까워하고 있을 때 남편이 생일 선물로 '샤넬 NO. 5'를 사다 주었다. 향이 은은해서 좋아할 것이라며 손에 쥐여준 향수는 놀랍게도 향기가 거의 비슷했다. 세월이 지날수록 그 향기에 매료되어 지금은 '샤넬 NO. 5'가 나의 향이 되었다. 아이들이 어릴 때 엄마 품을 파고들면서 '음, 엄마 냄새 좋다'며 코를 벌름거렸다. 아이들은 샤넬의 향기를 엄마 냄새로 알고 있었다.

　선인장은 아침이면 노랑 꽃잎을 활짝 열고 저녁이면 오므리기를 며칠 반복하더니 다문 입을 다시 열지 않았다. 오랜 기다림에 비해 순간을 머물다 스러졌다. 몇 년을 웅크리고 뿌리에서, 줄기에서, 잎에서, 가장 고운 색채만을 응집하여 마침내 피워낸 꽃, 그 단명이 너무 애처롭다. 짧은 만남이 아쉬워 마른 향이라도 간직할 양으로 꽃을 따서 책갈피 속에 눌러 놓았다.

　한 번 노래를 부르기 위해 필사적으로 노력하는 가시나무 새. 날카로운 가시나무에 가슴을 찔리고 처절한 고통 속에서 죽어가며 가장 아름다운 목소리로 노래 부른다는 새를 선인장 꽃과 비교하고 싶음은 왜일까.

　잠시 스쳐 지나는 것이 어찌 이 선인장 꽃뿐이랴. 영겁을 두고 볼 때 우리 인생도 그 삶이 찰나에 불과한 것. 꽃은 기다린 보람만큼 아름다운 모습으로 피어났다 스러지지만 나는 어떤 모습으로 잠시 머물다 가는 삶을 표현하고 있는 것일지, 숙연해진다.

　긴 기다림 끝에 보여 준 꽃의 미소, 내게 찾아와 꽃피운 선인장은 귀한 인연이며, 멀리 있기에 더욱 그리운 친구의 모습이다. 혼곤히 잠이 든 마른 꽃잎에서 노란색 우정을 본다. 선인장 꽃향기가 꿈결처럼 내 주위를 감돈다.

(2006.)

낯선 얼굴

며칠 전 친구와 재미있는 이야기를 나누었다. 화장했을 때와 민낯일 때의 엄청난 차이에 대해 말하면서 얼마나 웃었는지, 그날 엔도르핀이 무척 많이 나왔을 것 같다.

친구가 이사 와서 처음으로 집 근처 세탁소를 찾았던 때 일이다. 마침 결혼식이 있어 나가던 길에 세탁물을 맡겼단다. 일주일 후 세탁물을 찾으러 갔을 때 주인 말씀이 "이번에는 어머니가 오셨군요." 하더란다. 일면식도 없던 사람이기에 화장한 모습과 민얼굴을 구별하지 못한 것이다. 친구가 계속 어머니와 딸로 1인 2역을 하자면 이따금 화장을 곱게 하고 가야 하는데, 친구 성격으로 보아 그냥 어머니 노릇만 할 것 같다.

여권 갱신에 필요한 사진을 찍었을 때의 일화를 나도 털어놓았다. 전 같으면 정성 들여 화장하고 사진관에서 찍었을 텐데, 무슨 맘으로 그랬는지 민얼굴에 루주만 바르고 집 가까이에 있는 COSTCO로

갔다. 아직 눈이 처지지 않았으니 이목구비만 선명하면 괜찮을 것 같고, 일부러 멀리 가지 않아도 되니 편해서였다.

한 시간 후 사진을 찾았는데 내 얼굴과 딴판이었다. 아무리 화장을 하지 않았다 해도 팔십 노인이 따로 없었다. 말 그대로 경악이다. 사진기가 낡아서 그렇게 나왔을까. 초보 직원이 찍어서 그런 것일까. 나이보다 젊어 보인다는 말을 종종 들었는데, 이건 아니었다. 사진의 얼굴은 호떡같이 둥글고 넓적하여 10년 후 내 모습을 미리 보는 것 같았다. 거울 앞에 서서, 얼굴 옆에 사진을 대고 함께 보았다. 사진은 분명 본래의 모습과 달랐다. 어째서일까. 내가 보고 있는 실제 얼굴과 왜 판이할까. 사진은 주름살도 없이 팽팽한데 알 수 없는 미스터리다. 다시 찍을까? 이번에는 화장을 곱게 하고.

한동안 기분이 찜찜했으나 다시 찍지 않기로 했다. 다시 찍어도 이 사진과 별반 다르지 않다면 늙은 내 모습을 확인하는 결과밖에 되지 않을 것 같아서다. 거울로 보는 얼굴은 다소 입체감이 있겠으나 평면지에 올려 있는 모습, 어쩌면 이것이 본래의 내 모습일 수도 있겠다 싶었다. 누구에게 자주 보일 것도 아니고, 이따금 일면식도 없는 공항 직원에게 잠시 보여 줄 것인데 싶어 마음에 두지 않기로 했다. 남편의 여권 사진이나 증명사진이 잘 나오지 않았을 때 우스갯소리로 인민군 포로처럼 생겼다고 놀렸으나 이번 내 여권 사진이야말로 그 말에 딱 맞는 모습이었다.

몇 달 후 서울을 방문했다.

입국 순서를 밟느라 공항 직원에게 여권을 제시했다. 직원은 친절한 어조로 몇 가지 묻고 여권을 건네주었다.

"실물과 사진이 좀 다르시네요." 하고 웃는다.

"그래요?" 하고 나도 배시시 웃었다.

그럼 그렇지, 여권 사진이 잘못 나온 거야. 여권을 받아들고 얼굴을 약간 위로 치켜들며 젊은 사람처럼 씩씩하게 걸었다. 짐을 찾으러 가는 발걸음이 날아갈 것처럼 가벼웠다.

짐 찾는 곳에 사람이 많아 도무지 뚫고 들어갈 틈새가 없다. 겨우 고개만 디밀었다. 여기저기서 자신의 가방을 발견하고 들어 올리는데, 내 것은 좀처럼 나올 생각을 하지 않는다. 그도 그럴 것이 배웅 나온 분께 미안하여 제일 먼저 출국 절차를 밟았으니 짐이 맨 밑에 놓여 있음이 자명했다. 빙빙 돌고 있는 가방들을 보고 있자니 차츰 어지럼증이 일었다. 가만히 서 있는데 내가 돌아가는 것 같다. 40여 분쯤 되었을까, 짐들이 거의 다 나왔을 막판이 되어서야 굴러 떨어지는 가방을 보았다. 도저히 들어 올릴 기운이 없다. 가방을 두 바퀴째 돌리고 나서야 겨우 들어 올렸다. 좀전에 보무도 당당하게 걷던 사람은 어디 갔을까.

그 후로 나이보다 젊게 보인다는 말을 들을 때면 여권 사진이 떠오른다. 내 여권 사진을 본다면, 하고 혼자 피식 웃는다. 젊게 보인다는 달콤한 말은 화장했을 때 아닌가. 화장하지 않은 모습이 본래 내 모습이다. 나이 들어 사진을 찍으면 자신의 실제가 보인다 하지 않던

가. 사진은 정직하기에.

　친구가 60세 때 일이다. 퇴근해 들어오던 남편이 부엌에 있던 친구를 힐끗 보더니 '나는 장모님이 서 계신 줄 알았네.' 하더란다. 80세가 훨씬 넘은 친정어머니와 언뜻 구별되지 않았다니, 친구 기분이 좋을 리 만무하였다. 더구나 남편이 동안이라 신경이 쓰이는데 그런 소리를 듣고 나니 맥이 빠지더란다. 그 후 얼마 지나지 않은 어느 날 거울 앞에서 옷매무시를 고치던 친구는 깜짝 놀랐단다. 정도의 차이는 있었으나 거울 속에 어머니가 서 계시더란다.

　나이 든 사람들이 '나이는 숫자에 불과하다'는 말을 종종 한다. 나이 들었다고 축 처져서 살지 말고 정신력으로 잘 버텨가라고 한다. 말하자면 용기와 힘을 북돋워 주려 생긴 말일 것이다. 인간은 호기심을 잃는 시간에 늙는다고 한다.

　좀 젊어 보인들, 나이보다 늙어 보인들, 그것이 내 삶을 변화시키는 것은 없다. 젊어 보이는 것과 젊은 것은 판이하기에. 외형의 변화보다는 이상과 열정, 삶에 대한 경이감을 잃지 않고 정신적인 것에 충실할 것을 염두에 두고 있었으면서도 잠시 실상보다 좀 더 나은 허상을 좇았다. '하나님의 형상대로 만든 우리'라는 말은 성경에 꼭꼭 숨겨두고, 사진 한 장에 갈대처럼 흔들렸던 일이 부끄러웠다.

　여권 사진 이야기가 나올 때면 "글쎄, 사진기의 오작동이었다니까?" 아직도 남편은 힘을 실어 주려 하지만 그 말이 조금도 달콤하게 들리지 않는 걸 보면 현실을 있는 그대로 편안하게 받아들일 준비를 이미 끝낸 것임에 틀림없다. 하나의 마디가 영글어가는 과정을 거치면서 나는 다시 맑고 향기로운 일상으로 돌아왔다.

(2012.)

무언가(無言歌)

언제부터 비롯된 버릇인지 몰라도 나는 창가에 앉기를 좋아했다. 이른 아침, 한 잔의 커피를 들고 창가로 가면 탁 트인 하늘이 가슴 깊숙이 들어와 앉는다. 커피를 마시며 음악을 들을 수 있는 이 시간이 좋다. 음률의 흐름에 마음을 싣는다. 차츰 고조되는 연주, 악기의 독특한 음색이 세분되어 들리고 전체적인 조화에 빠져든다. 같은 음악이라도 들을 때마다 감상과 감동이 다르다. 음악이 지니는 신비의 마력이다.

바다의 노래, 숲의 속삭임, 바람의 이야기가 들리고 이국의 어느 호젓한 호숫가나 설산을 헤매기도 한다. 음악은 꿈꿀 수 없는 것을 꿈꾸게 하고, 상상할 수도 없었던 것을 이해하게 한다.

리스트의 '사랑의 꿈'이 파도를 탄다. 아침마다 습관적으로 이 음악을 집어 드는 것은 하루가 꿈처럼 펼쳐지기 바라는 마음에서다.

'사랑의 꿈'을 처음 들었던 것은 여학교 시절이다. 저녁 늦게 무용

연습을 끝내고 나올 때면 누군가가 그때까지 피아노를 치고 있었다. 텅 빈 교정은 낙조와 함께 스며드는 어스름 속에 쓸쓸함이 번져 있었다. 열정을 다해 두드리는 음률이 시간을 정지시켰다. 비애가 넘치는 선율이지만 음 하나하나가 놀랍도록 살아 있었다. 분위기가 그래서 일까, 처음 듣는 곡인데도 극적인 감동을 선사해 준다. 가슴을 파고 드는 선율이 흐느낌처럼 잠시 허공을 머물다 스러진다. 소리를 삼켜 버린 공간에 아쉬움이 남는다. 정인을 두고 떠날 때처럼 차마 발이 떨어지지 않는다. 아름다운 음악을 누군가 들어줘야 할 것 같다. 그림자도 멀어져 가는 교정에서 피곤함에 지쳐 비척이고 있던 내 영혼에 서서히 생기가 감돈다. 단 한 사람의 관객이 되어 마음을 내려놓는다.

로맨틱 멜로디 '사랑의 꿈'을 듣고 있으면 가슴이 촉촉이 젖어 지나간 시절이, 잊혀진 가슴의 고동이 되살아난다. 독일의 노인들은 '사랑의 꿈'을 들음으로 다시 젊어진다고 표현한다. 그들이 즐겨 찾는 카페에서 누군가 연주하는 이 곡을 듣고 있으면 눈에 생기가 돈단다. 먼 옛날의 첫사랑을 회상하며 꿈꾸는 눈빛이 되는 것은 아닐까. 이 음악은 사랑하는 연인들이나 황혼기의 노인들에게 설렘을 맛보게 하는 신비한 곡이라 말할 수 있겠다.

가장 아름다운 소곡으로 알려진 '사랑의 꿈 제3번'은 독일의 혁명 시인 프라이리 그라트(Frailigrath)의 서정시 '오, 사랑이여'의 한 편에 곡을 붙인 것이다. 후에 피아노곡으로 편곡되어 가곡과 함께 유명해졌다. 시에 대한 감명과 멜로디에 중점을 두어 사랑의 진실을 노래한 무언가라고 보아야 할 것이며, 곡에 담긴 사랑의 감격은 매우 깊은 인상을 준다. 리스트의 피아노곡은 남성적인 색채가 짙다. 타오를 때는 불꽃처럼 타고, 조용해질 때는 얼음처럼 냉랭하다. 그 사이사이 흐르는 감미로운 음률로 마음을 설레게 하고 세인들의 가슴에 애상으로, 추억으로 다가든다.

'사랑의 꿈'의 원곡은 가곡 '고귀한 사랑', '가장 행복한 죽음', '오, 사랑하라. 그대가 사랑할 수 있는 한'이다. 리스트는 이 3곡의 가곡을 피아노 소품의 장르인 녹턴으로 편곡하여 1850년에 '3곡의 녹턴'이라는 타이틀로 내놓았다. 그중에서 3번째 곡만이 '사랑의 꿈'이라는 부제로 널리 알려지게 되었다.

원곡인 성악곡은 3곡 모두 소프라노나 테너를 위해서 작곡된 것이어서 그 선율이 지극히 서정적이고 아름답다. 이것이 피아노로 재현됨으로 리스트 피아니즘이 표현하는 지순한 아름다움에 빛을 더하게 된다. 고도의 연주 기법이 요구되는 화려한 작품이라 하겠다.

몇 년 전, 텔레비전 아트 채널(Arts Channel)에서 20세기 최고의 피아니스트 아더 루빈스타인(Artur Ruinstein)의 연주로 '사랑의 꿈'을 보여 주었다. 주로 음악과 발레를 선보이는 쿠르트 인터내셔널 필름의 1947년 작품이다. 그는 다소 근엄해 보이는 얼굴을 약간 치켜들고 시선을 지긋이 아래로 고정한 채 고요를 캐어내듯 건반을 두드리기 시작했다.

정 중 동이라 할까. 조용히 흐르는 음률. 마치 꿈속을 헤매는 듯 무아의 경지에 도달한 그의 표정은 이미 한 마리 새가 되어 건반 위에서 날고 있다. 중반부를 지나며 손등에 불끈 솟아오른 힘줄 만큼이나 활기찬 연주가 계속된다. 몸놀림이 갈대의 몸짓처럼 흔들리고 있다. 60세의 노인답지 않게 열정이 넘쳐났다. 이제까지 지내온 삶의 굴곡. 비바람 치는 계곡과 능선을 지나며 거친 바다의 일엽편주되어 파도와 풍랑과 맞서 싸우는 듯한 격정적인 연주였다. 이윽고 하반부로 접어들며 끝없이 펼쳐진 평원에서 휴식을 취하는 듯 안온함이 잔잔하다. 인생의 황혼에서 보여 줄 수 있는 넉넉함, 인생을 달관한 이의 모습에서나 찾을 수 있는 평화로움이 여운처럼 번진다. 그의 연주에 얼마나 깊이 심취되었던지 연주가 끝나자 저절로 긴 한숨이 새어 나왔다.

대가의 연주란 바로 이런 것이다. 팽팽한 긴장감에서 풀리는 여유로움. 우아한 영국의 장미라는 별명을 지녔던 첼리스트 재클린 뒤 프레가 그랬고 시대의 고난을 음악으로 승화시킨 피아노의 성녀 클라라 하스킬의 천의무봉한 연주가 그것이었다. 로맨틱한 연주로 정평 있는 지중해의 바이올리니스트 지노 프랑체스카티. 16세에 실명했음에도 바흐의 오르간 작품 전곡을 녹음하여 레코드 사상 불멸의 기념비를 세운 파이프 오르간 주자 헬무트 발햐의 연주를 듣고 있으면, 그 완벽함에 질려 전율이 인다. 새로운 토스카니니로 알려진 헤르베르트 폰 카라얀의 지휘 또한 신들린 자의 모습 같지 않던가. 가장 작은 몸놀림으로 거대한 우주를 삼키려는 듯한 폭넓은 연주는 거장이라는 말이 거저 나온 것이 아님을 보여 준다.

영속하는 기쁨을 누리려 순간을 포착하여 녹화해둔 '사랑의 꿈'을 다시 한 번 감상하며, 짧은 인생과 긴 예술을 실감한다.

'오, 사랑이여'의 흐름 따라 다시 한 번 사랑으로 꿈을 엮는다.

(2009.)

정직이 생명

　선친께서 생존해 계실 때 가장 많이 들려주셨던 말씀이 정직에 관해서였다. 우리 집 거실에는 선친께서 손수 쓰신 '정직이 생명'이라는 가훈이 걸려 있었다. 어린 시절에는 이솝 우화에 나오는 늑대 이야기를 자주 인용하셨고, 장성한 후에는 정직했기에 생명을 부지할 수 있었던 많은 인물, 목숨을 걸고라도 역사를 바로잡았던 사람들의 고사를 예로 드시면서 정직성을 강조하셨다.

　선친께서는 1·4 후퇴 이후, 누구보다도 먼저 서울로 들어오실 수 있었다. 그 두어 달 후 우리 가족도 집으로 돌아왔으나 막내동생이 천연두를 심하게 앓고 있었다. 극소수만이 서울로 들어올 수 있었던 시절이라 도시가 텅 비었고, 사람의 그림자도 보기 어려운 때 의원을 찾기란 보통 일이 아니었다. 세 살짜리 남동생은 약 한 첩 써보지 못하고 발병 13일 만에 세상을 떠났다. 온 식구가 슬픔 속에 장례 문제로 난감해 있을 때 난데없이 수세기가 우리 집을 찾아왔다. 그가 어떻게 이 빈 도시에서 살아남았는지 모르겠으나 마치 누군가 우리의 참담한 형편을 알고 보내준 것 같아 고마웠다.

"뭐 도와 드릴 일이 없을까 해서 찾아왔습니다." 하고 그가 말했다.

수세기는 전부터 동네를 떠돌며 허드렛일을 해주고 연명하던 홀아비였다. 인정 많은 어머니는 수세기가 들를 때마다 음식도 푸짐히 주시고 헌 옷가지도 챙겨주셨다. 수세기는 여러 날 굶어 허기지고 옷이 해져 살이 벌쭉벌쭉 드러날 때쯤이면 우리 집을 찾아왔다.

수세기는 관을 짜기 시작했다. 다행히 우리 집 뒤란에는 송판이 있어 쉽게 관을 짤 수 있었다. 관을 만들다 보니 송판이 모자라 관 뚜껑이 반만 덮였다. 수세기는 선친께 외딴곳에 있는 목재소가 폭격을 맞아 송판이 길가까지 널브러져 있는데 한 장 주워오겠다고 했다.

그때 선친께서는 "내 평생 살아오면서 부끄러운 행동을 한 적이 없거늘, 보는 이가 없다 해도 엄연히 주인이 있는 남의 물건을 마음대로 집어다가 쓸 수는 없는 일"이라 하셨다. 선친께서는 관 뚜껑이 반만 덮여 발이 보이는 관을 누비이불로 정성스럽게 싸매셨다. 동생은 관 뚜껑도 제대로 덮지 못하고 수세기의 등에 업혀 남산 어느 양지바른 곳에 그렇게 묻혔다.

영국에 살 때였다. 음반을 사려고 클래식 전문점에 갔다. 판을 고르던 중 의아한 점을 발견했다. 제작사와 연주자, 오케스트라와 지휘

자까지 같은데 각기 다른 정가를 책정해 놓았다. 정가가 낮게 표시된 것은 무슨 결함이 있는 것이 아닐까 하여 높게 책정된 것을 골라 들고 직원에게 물었다. 그때 직원의 말이 인상적이었다.

"정가가 낮게 책정된 음반은 가격이 오르기 전에 들여온 것이고 높게 책정된 것은 오른 후에 들여온 것이니 낮게 책정된 것으로 가져가세요."라고 했다. 오른 가격으로 팔아도 알 사람이 없는데도 원가에 대한 일정 금액만 자신들의 소득으로 취하는 그들의 정직성에 머리를 숙였다.

어떤 행사장을 가면 기념품을 받게 될 때가 있다. "한 가족당 한 개입니다." 해도 어엿이 부부가 한 개씩 들고 나오는 것을 본다. 이를 두고 누가 "당신은 왜 정직하지 못합니까?" 한다면 그들은 눈을 크게 뜰 것이다. 아니 이런 것에다가 정직을 운운하느냐고 할 것이다. 사소한 것에서부터 정직이 습관처럼 몸에 배어 있어야 한다는 것을 사람들은 잊을 때가 있는 것 같다.

세태가 혼탁해서인지 정직하게 행동하는 사람을 신선하게 보는 것이 아니라 "그렇게 산다고 누가 알아주나?"하는 말을 거침없이 한다. 지식은 공부를 많이 하면 얻을 수 있으나 지식을 얻기 이전에 갖추어야 할 덕목이 정직이라고 생각한다. 정직은 남을 의식하며 지키는 것이 아니라 자신의 인품에서 습관처럼 우러나와야 한다. 정직을 생명처럼 여기는 사람이 되고, 정직을 생명으로 여기는 사회가 된다면 비리나 부정, 부조리라는 말이 지구상에서 사라지게 되지 않을까.

선친께서 몸소 실천하며 보여주신 정직성은 금쪽같은 막내아들시신을 관 뚜껑도 제대로 덮지 못한 채 떠나보내야 했다. 하늘을 향해 반쯤 열려 있던 관, 세 살배기 동생이 너울너울 사라져가는 모습을 보는 내 눈에서 피가 펑펑 솟아 가슴을 흥건히 적시었다. 긴 세월을 살아오며 무엇보다도 정직을 염두에 둔 것은 선친의 살아 있는 교훈이 가슴 깊이 각인되어 있었기에 가능했다.

 정직을 유난히 강조하셨던 아버지, 정직을 말씀하실 때는 평소의 자애로운 모습은 간곳없던 아버지, 쩌렁쩌렁하게 큰 음성으로 훈시를 하실 때면 숨소리조차 크게 낼 수 없이 어렵기만 하던 아버지가 오늘따라 사무치게 그립다.

(2006.)

2부

그리움이여, 노래여

하나밖에 없는 사랑
입양 손녀 빅토리아
그리피스 파크의 신부
그리움이여, 노래여
인생은 불공평한 것
발트뷔네 콘서트
달아, 너 본 지 오래구나
비상(飛上)
시간이 부서지는 소리
음악을 그리다
백조와 함께 춤을 추리라

하나밖에 없는 사랑
― 손자 윌리엄 II

　윌리엄을 입양한 지 엊그제 같은데 벌써 3살이 되었다.
　자라면서 이목구비가 반듯하고 귀골로 생겨 '리틀 오바마'라는 별명을 얻었다. 아이가 영리할 뿐만 아니라 말도 잘하고 동작도 민첩하다. 사랑을 듬뿍 받고 자라서인지 씩씩하고 또래 아이들보다 키가 크다. 프리스쿨을 입학할 만큼 자랐다고 캔자스에 있는 윌리엄의 생부모에게 알려주었다. 작은아들 계획으로는 윌리엄이 틴에이져가 되면 친부모와 왕래까지도 고려중이란다.
　8년 전, 작은아들이 입양 이야기를 언뜻 비쳤다. 그 후, 잊고 지낼 만하면 드리없이 불쑥불쑥 말을 꺼내더니 성탄절 가족 모임 때 곧 아기를 데려올 수 있을 것 같다고 했다. 백인 아기는 입양아가 거의 없어 아무래도 아기를 많이 낳는 흑인일 가능성이 높다고 했다.
　갑자기 흑인이라는 말에 나도 모르게 "뭐, 흑인?" 하고 반문했다. 아들 내외는 인종에 대한 편견이 있느냐는 듯 눈을 커다랗게 뜨고 쳐다본다. 편견까지는 아니더라도 동양인 아빠, 백인 엄마라면 한쪽이라도 피부색이 같기 바라며 한 말이었는데, 선뜻 환영의 의사를 표하지 않자 이해할 수 없다는 듯 고개를 가로젓는다. 가난하여 기를 능력이 없어 불쌍하게 태어날 아이, 데리고 와서 잘 키워주고 싶다는데 왜 부모 표정이 저럴까. 아들 내외의 얼굴에 난감한 빛이 어렸다. 침착한 아들 내외가 몇 년을 두고 심사숙고하여 결정한 일인데 무슨 말을 할 것인가. 마음이 착잡했다.

집안일을 하다가도 이유 없이 우울해질 때 그 근원을 찾아가면 거기에 도사리고 있는 것이 입양 문제다. 한국에 계신 시어른들을 어떻게 이해시킬 것인가. 아직도 시댁에서는 봉제사를 조상에 대한 최고의 예의로 알고 계신 완고한 분들인데, 핏줄이 다르고 피부색마저 다른 그 아이를 쉽게 이해하고 받아들일 것 같지 않아 걱정이다.

아들 내외는 자신들이 입양하는 아기이니 모든 결정권이 본인들에게 있다고 생각하여 의논 없이 진행했다. 작은아들이 10살 되던 해 영국으로 이주했고, 미국에 와서도 부모 이외에는 한국 사람을 접할 기회와 환경을 갖지 못했다. 친족이 없어 서로 왕래하며 부딪치며 자연스럽게 익힐 수 있는 습관과 전통을 배울 기회도 없었다. 방학 때 잠시 집에 오는 것 이외에 학교에서 생활하고 있으니 개인주의가 팽배해 있는 전형적인 미국 청년으로 성장했다. 전학년 장학생으로 학업에 충실했고, 지금은 샌타바바라 대학에 근무하고 있어 외관적으로 나무랄 데 없이 잘 성장했기에 참견할 수 있는 처지도 아니었다.

그즈음 미국 대기업의 부사장 부인인 조안 여사의 인터뷰를 보았다. 자신의 자녀가 있음에도 지체부자유 어린이 6명을 입양했는데, 그 중 3명이 한국 아이라 한다. 남편이 회사 중역이어서 가정 경제를 감당할 수 있어 다행이라 했다. 8자녀의 보살핌이 쉽지 않은 일인데 그들 덕분에 기쁘고 보람 있게 살 수 있어 행복하단다. 조안 여사의 인터뷰는 내 안에 일고 있던 갈등을 단번에 날려 보낼 정도로 깊은 감동을 주었다. 내 생각이 너무 편협했던 것 같아 부끄러웠다.

작은아들이 입양을 생각한 것은 아내를 위한 남편의 배려다. 며느리가 꽃가루 알레르기가 심하여 처방 약을 계속 복용해야 하기에 아기를 가질 수 없다. 음식도 가리는 것이 많으니 영양 섭취가 골고루 되지 않아 몸이 약하다. 말을 해주지 않아서 그런 전후 사정을 알지 못했던 나는 결혼한 지 5년이 지나도 아기가 없자 넌지시 아들에게 물어보았다. 더구나 며느리가 아들보다 3년 연상이고 초산이 늦어지면 힘들 것 같아 배려하는 마음으로 조심스럽게 속내를 떠봤다. 그때 아들은 분명한 어조로 '그런 물음은 실례'라 하여 입을 다물게 했다. 부모가 자식의 2세를 기다리며 묻는 것이 실례라 하니, 다시는 아기에 대한 말을 꺼내지 않았다.

2005년 3월 22일, 캔자스 어느 가정에서 태어난 7번째 아기를 양자로 들였다. 아들이 산실에 들어가 탯줄을 자르고 아기를 품에 안았을 때 여린 심장의 박동이 가슴으로 전해져 눈물이 나더란다. 2주 후에 아기의 사진을 보내왔다. 건강해 보이는 남자 아기, 흑인 특유의 넓적한 코가 잘생긴 귀여운 아기였다. 아들네가 양자를 들이는데 5년여 세월이 흐른 것은 까다로운 조건 때문이다. 반드시 양부모가 있어야 하고, 출산 시 아들이 탯줄을 끊기 원해 그런 조건이 쉽지 않았다. 몇 년 동안 아기를 찾느라 경비도 만만치 않게 들었고, 입양 기관에서 애쓴 보람이 있어 마침내 아들네 조건에 맞는 아기를 찾아 주었다. 결혼한 지 5년이 지나면서부터 양자를 생각하던 아들 내외는 세월을 기다리며 찾은 끝에 결혼 10주년 선물로 아기를 얻게 되었다.

'William Tedros Yu' 내 손자 이름이다. 윌리엄의 법적 책임은 부모와 큰아들이 함께 져야 했다. 그럴 리야 없겠으나 만약에 작은아들 내외에게 사고가 생겨 양육할 수 없을 때 리걸 가디언(Legal Guardian)이 되어 아기를 책임진다는 쉽지 않은 법적 사인을 했다.

잠시 하나님께서 맡기신 아기, 사랑해 주고 보살펴 주고 정성을 다해 키워서 어엿한 사회인으로 내보내고 싶다는 아들 내외의 생각은 더없이 기특하지만 한 가족 문제로 끝나는 것이 아니기에 어려운 점도 있었다. 결국 아들이 원하는 방향으로 모든 것이 다 이루어졌는데도, 처음에 "뭐, 흑인?" 했던 나의 부주의한 한 마디로 아들 내외에게 섭섭함을 안겨주어 한동안 그애들은 나와 거리를 두었다. 그때 기쁘게 받아들여 격려해 주지 못한 것이 두고두고 마음 쓰인다.

혹자는 내가 흑인 손자 둔 것을 대단하다고, 이해심 많다고 감탄한다. 어떻게 그런 결단을 내릴 수 있었느냐고. 그것은 전혀 속사정을 모르는 말이다. 우리 내외의 의견보다는 1차적으로 부모가 될 아들 내외의 생각에 따라야 했기에 찬성하고 반대할 여지도 권한도 없었다. 내 영역 밖의 일이었다.

  작은아들 내외가 사는 샌타바바라는 백인들의 도시다. 그 가운데서 아들네는 피부 색깔이 저마다 다른데도 눈여겨보는 사람이 없고, 이웃과 자별하게 지낸다. 미국 부모들은 아이에게 입양 사실을 숨기지 않기에 이웃과도 그 면이 자유롭다. 아이가 사물을 이해할 정도 나이가 되면 입양 사실을 말해준다. 입양은 작은 아들네처럼 아이가 없는 예도 있고, 자신의 아이가 있음에도 입양하는 사람도 있다. 세상에 태어난 아이들은 누구나 보호와 사랑받으며 자랄 권리가 있다는 박애 정신이 철저한 덕이리라.

  지난해 한 언론사에서 아들네 가족을 취재하고 싶다는 의사를 비쳤다. 아들의 성격을 잘 아는 나는 정중하게 거절의 뜻을 표했다. 오래전 작은아들이 며느리와 약혼하고 결혼 임박해서 데리고 왔을 때 '한국 아이였으면 더 좋았을 걸.' 하고 혼잣말처럼 중얼거렸다. 아들은 '나는 여자와 결혼을 하는 것이지 인종을 생각해 보지 않았어요.' 했다. 아들이 흑인 아이를 입양했을 때도 아내를 맞을 때와 같은 심정이었을 것이다. 후에 아들 내외에게 조심스럽게 언론사의 의사를 전해 주었다. 아들은 13년 전의 말을 되풀이했다. "나는 단지 아기를 입양했을 뿐인데 그것이 왜 취재의 대상이 되는지 이해할 수 없어요." 아들의 정서가 이해되었다. 어릴 때 영국에서 살았고 11학년에 미국으로 왔다. 형과는 달리 한국말을 잘하지 못하는데다 아내마저 백인이어서 사고방식이 미국화 되었다. 어느 때는 내가 생각해도 좀 심하다 싶을 정도로 미국사람처럼 변한 아들이 낯설다.

윌리엄은 부모가 들인 정성만큼 잘 자란다. 사물을 판단하고 감정을 조절할 수 있는 나이가 되었다. 주말이면 윌리엄과 바닷가에 나가 공놀이를 즐긴다는 아들의 말을 들으면서 단란한 가정의 한때를 그려 본다. 나는 사랑하는 손자 윌리엄과 함께 여행도 하고 싶고, 가끔은 한인 타운에 데리고 가서 한국적인 것, 우리 고유의 음식을 맛보여 주고 또래의 아이들과 어울리게 하고 싶건만 아들 내외가 원치 않기에 마음뿐이다. 주변 사람들이 윌리엄에게 상처가 되는 행동을 보일까봐 조심하는 부모 마음일 것이다.

윌리엄이 건강하고 바르게 자랄 수 있도록 늘 기도한다. 사랑스러운 손자를 주신 하나님께 감사드린다. 아들이 입양을 생각했을 때의 소망대로 그 가정의 꿈나무로 튼실하게 자라 사회의 한 개체로서 성숙한 삶을 살 수 있게 되기 바랄 뿐이다.

아름다운 고장 샌타바바라에서 평화롭고 행복하게, 보람을 느끼며 사는 아들 가정이 보기 좋다. 그 가정에 윌리엄이 있기에 그들은 세상에서 하나밖에 없는 사랑을 확인하며 살고 있다.

(2008.)

입양 손녀 빅토리아

빅토리아 첫 돌잔치 때이다.

가족끼리 단출하게 치를 계획으로 준비하며 입양을 알선한 가슨 변호사를 초청했다. 변호사는 빅토리아 생일을 축하해 주고 싶어하는 사람들이 있으니 함께 초대해 줄 것을 원했다. 응당 입양기관에 있는 사람이려니 짐작했는데, 뜻밖에 샌타바바라에 거주하는 유지들이 왔다. 아기를 둘이나 입양하여 모범적으로 키우고 있는 아들네 소문이 근동에 자자하여 축하해 주러 온 손님들이다. 전혀 생각지 못했던 사람들의 방문으로 잔치 분위기가 한층 고조되었다.

미국은 아이를 입양하면 입양기관에서 철저하게 관리한다. 정기적으로 입양 부모들의 모임을 주선하고 교육한다. 입양아를 양육하며 겪는 과정을 토로한다. 윌리엄을 입양해 기른 경력이 있기에 며느리는 다른 입양 부모들보다 모든 면에 익숙하다.

윌리엄이 네 살이 되던 봄, 작은며느리는 낯선 사람으로부터 전화를 받았다. 자신을 가슨 변호사라 밝힌 그는 3주 후에 태어날 백인 아기가 있는데 혹시 입양할 의향이 있느냐 물었단다. 가슨은 이미 4년 전 윌리엄의 입양 사실을 알고 있었다. 작은며느리는 일면식도 없는 사람으로부터 한 번도 생각해 보지 않은 의외의 제안을 받고 당혹스러웠다. 생각해 보겠다는 말을 건네고 전화를 끊었다.

며느리는 몸이 약해서 오직 윌리엄 하나만을 잘 키우고 싶다는 일념으로 살았다. 그날 밤 아들 내외는 밤잠을 설쳐가며 고심했다. 오늘까지 윌리엄이 잔병치레 없이 잘 자라주어 늘 감사했는데, 의외의 전화는 평화롭던 아들 가정을 갈등과 혼란에 빠뜨렸다.

며칠을 고심하며 열심히 기도했단다. 일면식도 없는 변호사로부터 받은 제의가 심상치 않고 왜 갑자기 생각지도 않았던 입양문제로 신경을 써야 하는지 답을 구하기 위해 꼬박 일주일을 기도했다. 만약에 아기를 데려온다고 할 때 윌리엄이 어떻게 반응할지가 가장 큰 문제였다. 입양에 따른 제반 비용도 만만치 않은 경험을 했기에 갑자기 바위를 떠안은 듯 마음이 답답하고 무거워 일이 손에 잡히지 않더란다.

신중을 거듭한 끝에 아들 내외는 입양을 결심했다. 윌리엄은 5년간 기다리던 끝에 얻은 아기인데, 이번에는 하늘에서 선물로 주신 아기라 생각하고 감사했다. 10개월 동안 엄마의 피를 받고 자란 아기를 기를 수 없게 된 여인의 아픔이 마음속에서 떠나지 않더라 했다. 입양을 받아들이기로 작정하고 부지런히 절차를 밟고 서류를 작성했다.

3주 후, 작은며느리는 산모에게 산기가 돈다는 의사의 연락을 받고 곧바로 병원으로 달려갔다. 출산 경험이 없는 며느리는 두근거리는 가슴을 진정시키려 애쓰며 아기의 탯줄을 끊었다. 예쁜 딸을 품에 안았다. 눈물이 나더라 했다. 산모에게 아기와 작별할 충분한 시간을 갖게 한 뒤 아기를 데리고 왔다. 내 손녀로 연을 맺게 된 두 번째 아기 빅토리아다.

　빅토리아는 복 많은 아기다. 마침 그때 작은아들네는 차를 바꾸려고 쇼핑하러 다니던 때였다. 빅토리아는 새 차 대신 아들 집으로 들어온 선물이다. 기를 능력이 없는 아기, 받아 주는 것만으로 감사하지 않을까가 아니다. 입양 절차에 드는 비용이 적지 않다.

　빅토리아는 잔병치레 없이 잘 자랐다. 예민하여 아들 내외가 자주 밤을 새웠던 윌리엄 때와 달리 성격도 남자 같고, 잘 자고 잘 먹고 잘 놀아 매사가 순조로웠다. 그것은 첫 아기를 기른 후라 경험이 있어 좀 수월하게 여겨졌을 수도 있겠으나 워낙 아기가 무탈하게 잘 커 주었다.

　올해는 샌타바바라에 머문 시간이 많았다. 빅토리아가 프리스쿨 다닐 나이가 되었다. 외할머니가 손녀의 등, 하굣길을 도와주었는데, 그 기회를 내게 조금 나누어 주었다. 격주로 가게 되는 샌타바바라까지 편도 160km의 거리가 멀게 생각되지 않은 행복한 작업이었다. 잠시나마 손녀를 돌볼 수 있어 감사하고 행복했다. 빅토리아가 3살이 되면서 작은며느리가 다시 직장으로 복귀했기 때문이다. 또한,

온전히 외할머니 몫이었으나 사돈께서 나에게도 혜택을 주어 손녀 재미를 보게 되었다. 기뻤다. 행복했다. 언제 다시 이런 기회가 올 수 있을까. 내 아이를 기를 때는 경험 없이 부딪혀 어려움이 많았으나 손주는 사랑해 주고 보호해 주는 역할 뿐이다. 나머지는 엄마, 아빠의 몫이다. 불과 몇 달 동안이었으나 천진한 아이들에게서 때 묻지 않은 세상을 보았다. 아들 내외의 교육도 한몫이겠지만, 아이들 성품이 착해서 곱게 잘 자랐다.

영국을 거쳐 미국에서 산 지 30년이 넘었다. 작은아들은 어려서 한국을 떠났고, 미국인 아내와 미국 아이 둘을 입양했기에 삶의 방식이 미국식이다. 미국은 자유분방한 것같이 보이나 봉건적인 나라다. 아들 내외도 아이들에게 무척 엄격하다. 경제적 여유가 있음에도 철저하게 절약 정신을 가르친다. 방 정리, 청소를 담당케 하고 쉽게 얻어지는 것이 없다. 특히 어려서부터 말씨와 행동에 예의를 갖추도록 가정교육이 철저하다.

1년에 몇 번 가족 모임이 있을 때 보면 부산스럽지 않아 요즘 아이들 같지 않다고 칭찬해 주었는데, 함께 지내는 동안에 보니 엄한 부모의 가정교육과 아이들이 순종하며 잘 따라 준 탓이다. 내 아들 며느리가 낳아도 이보다 더 만족스러울 수 없을 정도로 귀엽고 사랑스럽다.

각각 다른 네 개체가 한가족이 되도록 준비하고 이끌어 주신 인연, 신앙 안에서 바른 교육을 위해 애쓰는 아들 내외의 모습이 아름답다.

손녀 빅토리아가 자신에게 생명을 주신 친부모님을 감사함으로 기억하고, 양부모님의 자녀로 행복한 삶을 누리기 소망한다.

(2012.)

그리피스 파크의 신부

집 가까운 곳에 그리피스 파크(Griffith Park)가 있다. 파크 하면 일반적으로 공원을 생각할 수 있으나 이름만 그렇지 규모가 제법 큰 산이다. 이 파크는 본래 그리피스라는 부호의 소유였으나 오래전 세상을 떠나며 시에 기증했다. 도심지에 있는데다가 경사도 완만하여 평일, 주말 할 것 없이 등산객들로 붐빈다.

그리피스 파크 초입에는 시원하게 펼쳐진 골프장이 있고, 공원 곳곳에 바비큐 그릴이 있다. 백여 개가 넘는 등산로 이외에도 깊고 호젓한 오솔길이 비밀스럽게 숨겨져 있다. 산 정상 천문대에서 내려다보면 멀리서도 볼 수 있도록 'HOLLYWOOD'라고 쓴 대형 표지판을 세워 놓아 영화의 도시임을 한눈에 알 수 있다. 일주일에 한 번 정도 집에서 가까운 쪽의 등산로를 따라 산에 오른다. 정상 가까이 이르면 길이 좁아지는 듯하다가 갑자기 확 트이며 새 둥지처럼 생긴 숲 속의 빈터가 나온다. 이곳을 지날 때면 나도 모르게 발걸음이 주춤거린다.

어느 해였나, 더위가 유난히 기승을 부리던 8월, 소리 소문 없이 청첩장이 날아들었다. 같은 교회를 섬기는 S였다.

"저 결혼해요. 처음 입어 보는 웨딩드레스입니다. 오셔서 축하해 주세요. 장소는 그리피스 파크입니다."

반가운 결혼 소식이었으나 장소가 그리피스 파크라는 것이 생소해 전화를 들었다. 예식장을 빌릴 돈이 없어 그리피스 파크로 정했단다. '돈이 없어.'라는 말이 가슴을 찔렀으나 '결혼한다'는 사실이 중요하기에 세상에서 누릴 수 있는 행복이 모두 그녀의 것이기를 바랐다.

그날, 기온이 90(F)도가 넘는 정오에 담임목사의 주례로 결혼식이 거행되었다. 파란 잔디 위로 쏟아지는 햇살이 마치 축복을 부어 주시는 신의 은총 같았다. 소담스럽게 피어 있는 들꽃이 꽃길을 만들었고, 병풍처럼 둘러 있는 나무들이 8월의 신부를 한껏 축하해 주었다.

딸의 호위를 받으며 입장하는 신부는 오랜 가뭄 끝에 해갈을 맛본 나무처럼 싱싱해 보였다. 20여 명의 하객이 그녀의 결혼을 진심으로 축하하며 힘찬 박수를 보냈다. 신랑은 인물이 준수하고 예의도 깍듯하여 호감을 주는 인상이다. 신부를 극진히 보살펴 주는 모습이 듬직했다. 고생 끝에 낙이라더니, 인생 후반은 서로 의지하며 잘살 것 같았다.

결혼 후, 가끔 전화를 주던 그녀로부터 언제부터인가 소식이 끊겼다. 신혼의 단꿈에 젖어 그러려니 했다. 우리가 얼마나 그녀의 행복을 바랐던가. 과거 10여 년 동안 크고 작은 일이 생길 때마다 미력이

나마 보태느라 애써오던 사람들은 이제 더는 걱정하지 않아도 될 것 같아 안도했다.

해가 바뀌고 다시 여름이 성큼 다가왔다. 오랜만에 그녀로부터 전화가 왔다. 음성이 밝지 않다. 남편이 흔치 않은 병에 걸린 것 같다며 울먹였다. 병원에서도 정확한 병명을 알 수 없다고. 게다가 엎친 데 덮친다고 서울에 계신, 아직 뵌 적도 없는 시어머니가 위암으로 입원하셨다는 연락이 왔단다. 병명도 모르는 남편의 간호와 시어머니의 입원 소식은 그녀의 좁은 어깨를 조여오는 이중고였다. 그녀의 남편이 외모는 반듯하나 애당초 무직자였다는 것을 그때 처음 알았다.

친지들은 잘살아 주기 바랐는데, 남편이 곁에 있다는 사실 이외에 아무런 도움이 되지 않음을 알고 실망했다. 그런 와중에 결혼 전에 저질렀던 모종의 사건이 발각되어 정부로부터 추방 명령을 받았다. 행복했던 삶은 결혼하고 1년 만에 기약 없는 생이별로 마무리 짓고 말았다.

삶은 바닥을 헤맸다. 매달 남편과 시어머니 약값을 송금하느라 세탁소 일 12시간도 모자라 밤늦게까지 식당에서 일했다. 그만큼 고생을 했으면 결혼을 신중하게 생각했어야지 결혼 1년 만에 이게 뭐람. 말은 하지 않아도 모두 이런 생각을 하고 있었다.

"이제 서울에 돈 보내는 일 그만 해요. 기약도 없는 사람이잖아. 정신 차리고 아이들과 살 궁리 해야지." 친지들은 나무람이라기보다 진정 연민의 마음으로 충고했다. 그녀도 그 말의 참뜻을 안다. 자신이 서울로 가서 산다면 모를까, 남편이 다시 미국 땅을 밟는다는 것은 불가능한 일이란 걸. 그러나 삶이라는 게 선택되는 것이 아니잖은가. 힘들어 쓰러질 것 같은 건 난데, 아무 도움도 되지 않는 말을 왜 그리 쉽게 하는가. 타는 가슴이 나만 할까. 자신을 조용히 지켜봐 주기 바라지만 주위의 관심은 끊이지 않았다. 주변 사람들은 그녀가 행복해지기를 간절히 소망했기에 불행해지는 것에 무관할 수 없었다.

 그녀의 첫 남자는 외국인이었다. 사실혼의 형식이었으나 동거인으로 살다가 헤어졌다. 서로 필요 때문에 만났기에 원하는 것을 해결했고, 그는 몇 년간 숙식을 편하게 받았다. 종일 일을 해도 힘든 줄 모르고 남편이라 받들며 살았다. 인간의 삶이란 수학적인 공식 같지 않기에 약속과 관계없이 아이들이 태어났다. 이것은 어쩌면 그녀가 원했기에 생긴 일이다. 비록 목적은 달랐으나 살다 보니 편했고 그런대로 별다른 인생이 있을까 싶었다. 상대방 의도를 한 번도 떠보지 않은 채, 아이 낳고 살았으니 가정을 이루었다 생각했다. 상대방도 같을 줄 알았다.

 동상이몽은 곧 현실로 나타났다. 그 남자는 계약에 충실했고 아이들은 그녀가 원하기에 베푼 자선쯤으로 생각했다. 결국, 계약 만기일이 지난 며칠 후, 그는 그녀와 가장 친한 친구 집으로 거처를 옮겼다. 단 한마디 이의도 제기할 수 없는 관계가 그렇게 끝났다.

 그녀의 허탈감은 극에 달했다. 그것을 메우려 알코올을 입에 댔고 급기야 음주 운전에 사고까지 겹쳐 차를 뺏기고 막대한 금전적 손해를 보았다. 생활은 최악이었다. 살아가는 게 아니라 죽지 못해 살았다. 그때 우리 곁으로 왔다. 미력하나마 10여 년간을 꾸준히 도와주었다. 세월이 지나며 그녀의 가슴에는 한이 쌓여갔다. 언젠가 좋은 사람을 만나게 된다면 하객들로부터 떳떳하게 인증 받는 격식을 갖춘 예식을 올리고 싶었다. 그 소망이 이루어졌으나 1년 만에 종지부를 찍고 말았다.

"하나님이 짝지어 주신 것을 인간이 가를 수 없나니."

주례 목사의 말씀은 그녀에게 계명이며 존재 이유다. 지금은 닿지 않는 먼 곳에 있으나 그리움으로 애태울 가슴이 있지 않은가. 언제가 될는지 알 수 없으나 다시 만날 수 있으리라는 희망이 있기에 살아갈 힘이 생긴다. 미국에 와서 산 지 23년 만에 그녀는 처음으로 휴가를 얻었다. 가장 한가한 1월에 귀국 준비를 서둘렀다. 그리움으로 한 켜, 두 켜 서리서리 싸놓은 이야기보따리를 밤을 새워가며 한 가닥씩 풀어내고 싶었다. 해가 바뀌고 두 번째 날, 그녀는 하늘이 무너지는 비보를 받았다. 투병 중이던 남편이 병고와 외로움을 견디다 못해 스스로 목숨을 끊었다는 것이다. 내가 세탁소를 찾았을 때 그녀는 남편의 양복을 품에 안은 채 멍하니 앉아 있었다.

"그 사람이 좋아하는 감색 정장이에요. 키가 작아서 많이 줄여야 해요. 이 양복을 입혀 놓으면 무척 멋질 텐데. 감색이 유난히 잘 어울리거든요. 좋아하는 모습이 눈에 선해요."

그녀의 입가에 자조적인 미소가 흘렀다. 눈에 섬뜩한 빛이 일었다.

(2007.)

그리움이여, 노래여

외국 생활 30여 년이 넘었어도 겨울에 서울 방문은 처음이다. 어디론가 훌쩍 떠나기에는 가을이 좋아 모국 방문은 주로 단풍의 계절에 이뤄졌었다.

6년 만에 본 서울은 세련미가 물씬 풍기는 도시의 면모를 더했다. 접하는 공간마다 멋지고 편리하고 고급스러웠다. 무엇보다도 나를 설레게 한 것은 지하철 역사에 흐르는 시였다. 탑승객의 안전을 위한 승강장 유리문에 시가 적혀 있었다. 눈 닿는 곳마다 시라고 해도 과언이 아닐 정도로 풍성했다. 시를 감상하며 그 여운을 즐길 수 있는 여유로움이 좋았다.

이번 서울행은 한국수필가협회에서 수여하는 해외수필문학상을 받기 위함이다. 눈의 계절에 갈 수 있어 좋았고 그리운 사람들을 만날 수 있어 설렜다. 무엇보다도 문학상 수상자로 참석할 수 있기에 행복했다. 해마다 먼 곳까지 초청장을 보내 주시는 Y선생님의 구름

카페 문학상 수상식에 참석할 수 있어 좋았다. 연말이기에 행사가 풍성했고 참여할 기회가 많아 겨울 방문의 보람이 있었다.

한 해의 끝자락이라 서울도 모두 바쁘게 돌아가고, 두고 온 미국도 집안 행사에 문학 행사가 많아 생각처럼 푹 쉴 수 없었다. 한가지 바람은 떠나기 전에 꼭 눈이 보고 싶었다. 눈 내리는 서울 거리를 걷고 싶었다. 눈이 내리지 않는 고장에서 사는 나는 겨울이면 알 수 없는 갈증에 시달렸다. 바로 눈이었다. 푸근히 내리는 눈을 볼 수 없는 겨울은 꽃이 피어 있어도 삭막했다. 물론 여행을 하면 볼 수 있으나 아침에 창문을 열었을 때 밤새 사락사락 내려 소복이 쌓여 있는 눈이 보고 싶었다.

앙상한 나뭇가지 사이로 꽃잎이 춤추듯 나풀거리며 내리는 눈을 맞을 수 있다면 더없는 기쁨이겠으나 떠날 날이 임박해도 눈 올 기미가 보이지 않았다. 눈을 보지 못하고 떠난다면 무척 서운할 것 같아 주변 사람에게 '왜 서울에 눈이 안 오지?' 하며 곧잘 눈 타령을 했다. 어린아이처럼.

젊은 시절, 눈이 내리던 날 곧잘 찾던 비원과 삼청동에 가보고 싶었다. 원 없이 걸어보리라. 차로만 움직여야 하는 답답함에서 벗어나 정처 없이 무작정 걷고 또 걸으리라. 가까운 교외로 나가 시골의 논두렁 밭두렁도 밟아 보고 싶었다.

서강 팔경에 사는 친구 조 시인을 만나러 가는 날은 칼바람이 매서웠다. 오랜 세월 떨어져 있어도 한결 같은 친구, 생일이 같다는 인연

이전에 동양화를 배우면서 아이들 학부형으로 가까워졌다. 조 시인은 섬세한 감성과 그만의 독특한 분위기가 있어 시를 쓰지 않았다 해도 시인의 향기가 물씬 풍겼을 친구다. 말 한마디, 행동 하나하나가 시다.

강변 연가 아파트는 강물 위에 떠 있는 배 같다. 철새의 도요지 밤섬이 바로 눈앞에 펼쳐져 있고 여의도가 한눈에 들어와 가히 서강 팔경이라는 이름에 손색이 없다. 이처럼 아름다운 곳에서 친구는 '시'처럼 살고 있다.

친구는 외지 생활 30여 년 동안 그리움을 담아 보냈던 카드로 앨범을 만들었다. 펼쳐 보이는 한장 한장마다 새삼 감회가 어린다. 친구는 이처럼 감동을 주는 멋있는 여인이다.

어느 해였나. 화분에 상추를 심어놓고 즉석에서 쌈을 싸주던 일이.

서울 방문을 알리자 화분에 상추 씨를 뿌렸다. 몇 개의 화분에다 심어 놓은 여린 상추 잎을 따서 쌈을 싸 입에 넣어 주던 친구, 그날 친구의 사랑을 받으며 가슴이 먹먹했다.

3주간의 고국 방문은 친구와 만남을 끝으로 아쉬움을 남겼다. 근래에는 '고도원의 아침 편지'에서 소개된 '부엉이 할머니'로 더욱 유명해진 조 시인. 헤어짐이 섭섭하여 살포시 안은 채 오래오래 서로 등만 토닥였다.

서울을 떠난 후 친구는 자신의 부엉이 방에 정감 어린 감상을 담아 놓았다.

친구가 머물렀던 모국에서의 일정을 관광열차로 생각하면 여행 끝자락쯤에는 한강과 여의도가 바라보이는 우리 집이 있었고, 그 다음 날에는 이번에 꼭 만나고 싶다던 흰 눈이, 따스한 느낌의 솔방울만한 함박눈이 마른 잎이나 흙먼지의 안부를 물으며 친구의 희망에 소복하게 내렸습니다. 잘 보시고 출국하셨으리라 믿어요.

올 한해가 뉘엿뉘엿 저무는 중에 절정을 이룬 친구가 향연을 펼쳤습니다. 친구는 한국수필가협회가 주최하는 '해외한국수필문학상'을 수상했습니다. 내 마음에 느껴지는 빛나는 모습, 그 월계관을 우러르고 존중으로 축하합니다.

우리 삶에서 여러 모습의 발자취를 볼 수 있겠으나 남다른 친구의 생활을 읽고 있으면 길고 긴 피륙에 감긴 비단의 짜임처럼 아름다움이 돋보여 절로 신비감이 듭니다. 어떤 힘이 친구의 마음을 움직여 이처럼 또렷이 무늬를 이루었을까요? 비결이 무엇인가요? 끝없는 노력에 감동하고 감탄합니다.

겨울비가 아침을 열고 있습니다. 깃털 같은 눈이 남아있는 산에도 작은 호수의 목마름에도 구슬비는 꿈꾸듯이 내립니다. 내 영혼에 담는 이야기들로 하여 먼 훗날 추억 끝에 태어나는 연가로 하여 거듭 위로를 받을 것입니다.

그리움이여! 노래여!

짧은 만남의 긴 여운. 서로의 가슴에 시들 줄 모르는 꽃 한 송이 피워 놓고, 끊임없이 솟아오르는 그리움의 샘 하나 파놓는다. 다시 기다림의 시작이다.

(2010.)

인생은 불공평한 것

　큰아들 내외가 결혼 5주년을 맞았다.
　아들 내외는 5주년에 특별한 의미를 두었는지 우리를 초대했다. 그 마음이 고마워 정성껏 꽃바구니를 만들었다. 며느리가 좋아하는 연분홍색 장미를 아들과 며느리 나이만큼 담았다. 예쁘고, 소담하고, 풍성했다. 꽃바구니가 흔들릴까봐 연방 뒷좌석을 돌아보느라 목이 뻣뻣해도 즐겁기만 하다. 아들 집이 가까울수록 가슴이 설렌다.
　미션비에호 아들 집 주변은 그림같이 아름답다.
　동네가 조용하고 넓은 공원이 많아 산책하기 좋다. 싱싱한 연초록의 잎사귀들이 도심에서 자란 나무와 빛깔이 다르다. 바람도 녹색을 띠었는지 어딜 봐도 푸르다. 2년 전, 이 집으로 이사 왔을 때나 지금이나 아들 집 문 앞에 서면 기도가 절로 나온다. 아늑하고 평화로운 곳에 보금자리를 주신 분께.
　아들 집 거실은 넓고 시원하다.

음계처럼 늘어져 있는 커튼과 벽에 걸려 있는 한 쌍의 도자기가 장식 전부다. 그리스, 로마 신화를 연상케 하는 용사가 그려진 도자기. 예전에 앤틱 박람회에서 산 것인데 거실 분위기와 잘 어울린다. 아들 내외가 신혼여행 중이었을 때 집안에 도둑이 들어 눈에 보이는 물건은 모두 가져갔기에 안쓰러워 걸어준 그림이다.

오랜만의 방문인데 별로 변화가 없다. 음악 시스템만 조금 갖추었을 뿐. 앰프와 음반을 다 잃고 서운했을 텐데, 쇼팽이 제일 먼저 자리를 잡았다. 아들은 쇼팽을 무척 좋아한다.

오래 전 학기를 마치고 집에 와 있을 때였다. 간식을 들고 방문을 노크했는데 쇼팽이 흐를 뿐 기척이 없다. 잠시 후, 문이 열렸다. 아들은 겸연쩍게 웃으며 음악의 볼륨을 낮췄다. 눈에 물기가 어려 있었다. 아름다운 시정과 정서가 어우러지는 프렐류드 15번이 방울져 내리고 있었다.

부엌에서 로스트비프 구워지는 냄새가 허기를 부른다. 소곤거리며 뭔가를 준비하는 아들 내외의 분주한 움직임이 보기 좋다. 이 집에서는 말 소리가 거의 들리지 않는다. 속삭임만 있을 뿐이다. 말러의 교향곡이 오후의 고요 속에 잠긴다.

6년 전 아들 내외가 신혼여행에서 돌아오는 날이다.

며칠 전부터 준비해서 만들어 놓은 음식들, 식탁에 올려놓기만 하면 되는데 공연히 분주하다. 공항에서 이미 도착을 알렸고, 집에 들러 짐을 부려 놓고 오겠다고 한 지 세 시간이 지났다. 불안해서 연락

해볼까 망설이고 있을 때 전화벨이 울렸다.

"엄마, 우리 집에 와주셔야겠어요." 음성이 지나치게 차분하다.

"왜 아직 안 떠났어. 무슨 일 있니?" 아직 아무것도 아는 것이 없는데 가슴이 두 방망이질 한다.

"도둑이 들었어요. 우리가 여행 간 사이에…." 전화기를 든 손에 힘이 빠진다.

코스타메사에 둥지를 튼 아들 내외는 신혼여행을 떠나기 전, 집 안팎을 꼼꼼하게 챙겼다. 2주간의 크루즈 여행이기에 저녁이면 시간에 맞춰 등이 켜지도록 해 놓고 현관과 창문에 특수 보안장치를 했다. 알람을 부착하려 했으나 그곳에서 오래 살았다는 친구 말이 이제껏 불미스러운 사건이 발생하지 않았다 하여 그만두었다. 이따금 집을 돌봐 달라고 부탁했으나 '알았다'는 말로 안심시키고 가지 않았다. 왕복 120마일이 넘고, 남편 퇴근길을 이용해야 하는데 그 시간대는 교통 혼잡이 심하다.

아들 집으로 향하는 길고 긴 시간 동안 가슴이 너무 아파 숨을 몰아쉬었다. 내가 약속을 지키지 않아 생긴 일 같다. 누군가 난입해 아직 시작도 하지 않은 보금자리를 휘젓고 갔다는 것을 어떻게 받아들일 수 있단 말인가. 이제껏 살아오면서 신혼여행에서 돌아와 보니 도둑이 들었더라는 말을 들어본 적이 없다. 불길한 생각이 스친다. 모든 것이 하나님의 뜻이고 그 주관하에 달렸음을 평소 굳게 믿는데, 불길하다는 생각을 떨쳐버릴 수 없었다.

'인생은 불공평한 것. 그것에 익숙해져라(Life is unfair. Get used to it).'는 말이 이렇게 가슴에 와 닿을 수 없다.

아들 집에 도착하니 실내가 몹시 어질러져 있었다. 집을 돌봐주지 못한 미안한 마음 때문에 아들 내외를 정면으로 쳐다볼 수 없었다. 바람조차 건드리지 않는 정적이 잠시 흘렀다.

여행에서 돌아와 열쇠를 넣고 돌리려는 순간 문이 스르르 열리더란다. 얼마나 놀랐을까. 기가 막혔을까. 남가주 11월은 우기의 시작이다. 아들 내외가 크루즈를 떠나고부터 폭풍을 동반한 비가 무척 많이 내렸다. 코스타메사, 그 동네는 나무가 많고 아들 집 정원에도 큰 나무가 몇 그루 있어 외부에서 보면 집이 반 이상 가려진다. 도둑은 그것을 이용한 것 같다. 테라스의 대형 유리문이 통째로 뜯겨 있었다. 견고하게 만든 창틀이라 뜯어내기 수월치 않았을 텐데 빗소리를 이용한 것 같다는 경찰의 견해란다. 테라스로 들어와 현관으로 당당하게 나갔다.

늦게 결혼을 한 아들은 집을 떠나 혼자 살던 10여 년 동안 제법 살림을 갖추어 놓았다. 음악을 좋아해 앰프의 질을 높였고 수백 개의 6~70년대 싱글 앨범과 LP는 오랫동안 수집한 것으로, 영국에서부터 가지고 있었던 음반들이다. 그 외에 손때가 묻어 있는 가구와 소장품들이 사라졌다.

언젠가 아들은 내게 이런 말을 했다. 세상에서 돈으로 해결할 수 있는 일이 가장 쉬운 것이라고. 살아가며 인간의 힘으로 해결할 수 없는 것이 얼마나 많으냐고. 생명을 돈으로 살 수 없고 진실과 희망에 값을 지급할 수 없다고. 그런 신념으로 살아가기에 주어진 현실을 그대로 받아들이며 더 나쁜 상황으로 치닫지 않은 것을 다행으로 여기는 것 같다. 허탈함이야 이루 말할 수 없겠으나 잃어버린 물건에 대한 애착을 드러내지 않았다. 브리태니커 백과사전(Encyclopedia Britannica)을 비롯해 서재에 빼곡히 꽂혀 있는 책들이 그나마 손을 타지 않은 것을 다행으로 여겼다.

신혼이기에 품을 수 있는 꿈이 있었을 것이나 자신의 현재 위치에서 그것을 초월하려 노력하는 모습이 역력했다. 인생의 여백 속에 있는 어려움을 일찍이 체험했던 때문일까. 꿈에 부풀어 서둘러 가던 발걸음이 진지하게, 사유하는 삶이 되었다. 이런 아들 내외의 모습이 무척 여유 있게 돋보였다.

은은한 호박 빛 촛불이 정다운 대화를 나누듯 너울거린다. 삶의 향기가 맑고 싱그럽게 피어난다. 축하와 감사의 기도가 이어진다. 잘 구워진 로스트비프에 욕셔 푸딩이 입맛을 돋운다.

첫 만남이었을 때처럼 발그레 상기된 아들 내외의 표정이 보기 좋다. 오늘 결혼 5주년을 맞는 이 가정, 감사하게 보낸 시간이 꿈과 기도로 잘 가꾸도록 시인의 염원을 나의 소망에 담는다.

언제나
쉼 없이 흐르게 하소서

맑은 물이 고여 시냇물이 되어 흐르고
강물이 되어 바다를 이루게 하소서

한마음으로 있으나
변화와 새로움으로 출렁이게 하소서.

아름다운 마음과 따스한 시선으로
모두의 마음 감동의 강물이 흐르게 하소서

고운 선율 속에
영혼의 기쁨과 환희의 물결이 넘치게 하소서

(2006.)

발트뷔네 콘서트

지난 주말 할리웃 보울에서 로스앤젤레스 필하모닉의 연주가 있었다. 5개의 차이콥스키 작품을 선택했는데 그날이 마침 광복절이라 '1812년 서곡'을 연주하며 내뿜는 축포와 불꽃이 8·15경축행사를 위한 것 같았다.

'피아노 협주곡 1번'을 루마니아 피아니스트 미하엘라 우루술레사(Mihaela Ursuleasa)가 연주했다. 뛰어난 재능을 인정받은 그녀는 활기 넘치는, 열정적 연주와 풍부한 감성을 보였다.

LA의 명소인 할리웃 보울은 세계 최대의 야외음악당으로 좋은 연주가 많아 시즌마다 한두 번은 찾게 되는 곳이다. 무대 전면에 대형 스크린이 설치되어 있고, 저렴한 가격의 티켓으로 만족스러운 공연을 볼 수 있다. 다만, 음악당으로 향하는 주변이 독일의 발트뷔네처럼 울창한 나무숲으로 둘러싸여 있다면 얼마나 운치 있을까 하는 아쉬움이 있다.

발트뷔네 콘서트는 연주도 연주려니와 그곳 너른 잔디밭에 앉아 낙조에 물들어가는 숲의 장관을 보며 관람할 수 있는 것이 행복이라 하겠다. 유럽에 살며 가장 즐거웠던 것은 거의 주말마다 크고 작은 음악회가 열리고, 야외 음악당이 곳곳에 있어 클래식 음악을 즐길 수 있는 점이다. 여행객이라도 기회를 잘 잡으면 콘서트 관람이 가능했다.

베를린 필하모닉은 일 년에 3번 특별연주회를 한다.

5월 1일, 베를린 필 창립기념일에 유럽의 유명건축물에서 갖는 '유럽 콘서트', 6월 마지막 일요일 베를린 발트뷔네에서 갖는 '픽크닉 콘서트', 12월 31일에 갖는 '송년음악회'다. 그중에서 특히 유명하고 사랑받는 콘서트가 '발트뷔네 픽크닉콘서트'다. 매년 최정상의 지휘자나 성악가를 초청하여 연주회를 갖는데, 주로 소품 위주의 대중적인 레퍼토리를 선정하여 인기가 있다. 발트뷔네(Waldbuhne)는 베를린 교외의 샤를로텐부르크(charlottenburg)에 있는데, 발트(Wald=숲), 뷔네(Buhne=무대) 라는 말 그대로 숲 속에 설치된 야외무대다. 근처에 있는 올림피아 파크와 함께 1935년, 히틀러가 나치의 선전활동을 위해 설립된 시설이다.

2만2천 명의 관객을 수용할 수 있는 이곳은 1936년 베를린올림픽에서 체조경기장으로 사용했다. 그 후 바그너가 이곳에서 '라엔치'를 공연하여 음악의 장소로 변했으나 전쟁으로 암흑기를 겪으며 폐허가 되었다. 1970년대에 보수해서 1980년에 다시 문을 열고 처음에는 주로 록 콘서트가 열렸으나, 1982년 무대 위에 지붕을 설치하고 조명도 음악에 맞게 배치했다. 1984년 베를린 필의 연주 이후로는 클래식 연주의 빈도가 높아졌다.

독일의 통일을 목전에 두고 1990년 6월 30일에 발트뷔네 야외음악당에서 다니엘 바렌보임 지휘로 베를린 필이 여름밤 공연을 열었다. 그때 이후 매년 6월 마지막 주 일요일로 고정해서 피크닉 콘서트를 개최한다. 피크닉 콘서트란 말에 어울리게 관객들은 캐주얼 차림으로 음식을 가지고 와서 먹고 와인잔을 기울이며 연주를 즐기는 것이 LA의 할리웃 보울과 비슷하다.

발트뷔네는 황혼이 장관을 이룬다. 해가 지기 전에 연주를 시작하여 서서히 빛이 잦아들며 변하는 노을과 나무의 실루엣이 묘한 조화를 이룬다. 이윽고 석양이 스러져 어둠에 묻힐 때까지 시시각각으로 변하는 주변 경관이 가슴이 뛸 정도로 아름답다.

밤이 이슥해지면 숲 속 풍경은 또 다른 분위기를 연출한다. 관객은 미리 준비한 불꽃을 하나둘 켜기 시작한다. 연주가 고조됨에 따라 불꽃이 파도처럼 너울대고, 음악과 불꽃과 검은 숲이 한데 어우러져 환상의 극치를 이룬다. 콘서트의 마지막은 항상 린케의 '베를린의 숨결(Berliner Luft)'로 마무리한다. 광활하게 펼쳐진 하늘엔 무수히 반짝이는 별들이 은가루를 뿌려 놓은 듯 흐르고, 발트뷔네의 관중은 연주와 하나되어 인간 물결을 이룬다.

역대 연주회 중 인상에 남는 것은 1996년, 클라우디오 아바도의

'이탈리안 나이트'이다. 그날 비가 내렸는데도 관중은 미동도 없이 우산을 쓰고 관람에 임했다. '윌리엄 텔 서곡'을 연주할 때에는 흥분의 극치를 이루어 우산을 들먹이며 장단을 맞추었다. 클라리넷과 플룻의 명연주가 번갈아 반복되는 모습을 클로즈 업 해서 기교가 돋보였다.

2001년 '스페니쉬 나이트'에서 사라 장이 사라사테의 '지고이네르바이젠'과 마스네의 '타이스의 명상곡'을 연주했다. 우아한 비취색 드레스로 성장한 사라 장은 가냘픈 몸매에서 도저히 뿜어 나올 것 같지 않은 열정으로 완벽에 가까운 기교를 보여 주어 관중을 매료시켰다. '지고이네르바이젠'은 비범한 기술을 필요로 하므로 사라사테 생전에 이것을 완벽히 연주해 낼 수 있는 사람이 없었다고 할 정도다.

제1부는 로맨틱한 멜로디에 집시의 우울을 내포하고 있으며 온화하고 섬세한 정취를 그려 준다. 제2부는 부드럽게 때론 난폭하게 집시들의 분방한 피와 격렬한 정열, 밑바닥에 흐르는 그들 특유의 애수와 우울을 담았다. 사라 장은 알레그로의 숨가쁜 연주 중에도 순간순간 지휘자의 호흡을 눈에 담는 달인의 경지를 보여 베를린 필하모닉 연주자들이 활을 두드리며 열광했다. 1950년대에 뛰어난 연주로 기교가 신기라고 할 만한 야샤 하이페츠 이후의 명연주자로 사라 장을 꼽는 데 인색하지 않았다.

가장 인지도가 높았던 공연은 2006년 '발트뷔네 피크닉 콘서트'다. 2만 2천여 관중을 열광시킨 이 콘서트는 '베를린 콘서트'라는 타이틀로 이탈리아 제노아 출신의 마르코 아밀리아토(Marco Armiliato)가

지휘했다. 베를린 도이치 오퍼 오케스트라(Orchester Der Deutschen Oper Berlin)가 베르디의 '나부코 서곡'으로 막을 올렸다. 2006년 독일월드컵 개막식 이벤트 콘서트로 플라시도 도밍고, 안나 네트렙코, 롤란도 빌라존이 무대를 장식할 성악가로 선정되었다.

 월드컵 하면 떠오르는 것이 1990년 이탈리아 월드컵부터 이어온 '3 Tenors'의 4차례 공연으로 루치아노 파바로티, 플라시도 도밍고, 호세 카레라스가 무대에 섰다.

 독일월드컵에서는 '3 Superstars a Berlin'이라는 제하에 플라시도 도밍고, 안나 네트렙코, 롤란도 빌라존이 결승 이틀 전인 7월 7일(현지시각) 베를린의 발트뷔네 야외음악당에서 성황리에 공연을 열었다. 백발이 성성한 오페라계의 황제 플라시도 도밍고가 30대의 두 성악가 못지않은 가창력과 여유로 관록 있는 무대 매너를 보여 주었다.

 러시아의 성악가 안나 네트렙코는 가창력이 뛰어난 소프라노다. 청순한 얼굴과 글래머러스한 몸매, 연기력 등 무엇 하나 빠지는 것이 없는 외모로 이 시대의 연인임을 입증했다. 영국의 타임스지는 'The 20 Best Classical Divas' 라는 제하의 글을 썼고, 2005년 '올해의 여성 아티스트 상'을 받았으며 푸틴 대통령이 '러시아 국민훈장'을 수여했다. 세계적인 성악가 네트렙코가 혜성같이 나타나 프리마돈나의 길을 걸은 것은 아니다. 처음에는 마린스키 극장의 마루 닦기를 했다고 밝힌 그녀는 극장 청소를 하다가 행운을 잡은 신데렐라다. 그녀의 노래를 듣고 있으면 끝 간 데 없이 시원하게 뿜어져 나오는 맑고 청아한 음성에 푹 빠져 설레는 가슴을 진정시켜야 했다.

이 공연에서 테너 롤란도 빌라존이 그의 성악적 기량을 마음껏 발휘했다. 멕시코 출신의 성악가로 단단하게 명성을 구축한 촉망 받는 테너다. 로시니의 '라단짜(춤)'를 부를 때 에너지가 극에 달하여 물이 오를 대로 오른 라틴계 테너로서 터질 듯한 열정을 과시했다.

네트렙코는 도밍고와 오텔로 중에서 이중창 '밤의 정적 속으로 소란은 사라지고'를 불렀다. 빌라존과 라보엠 중에서 '오 상냥한 아가씨여', 웨스트사이드 스토리에서 '투나잇' 등을 노래했다. 도밍고와 빌라존은 비제의 진주 조개잡이 중 '오 신성한 사원에서'와 쿠루티스의 '날 잊지 마세요'를 함께 노래했는데, 비제의 곡에서는 도밍고가 젊은 후배를 위하여 바리톤을 택했다.

앙코르 곡으로 라 트라비아타 중에서 '축배의 노래'를 선사했다. 듣기만 해도 흥이 나는 노래, 와인 잔을 높이 들고 흥겨운 한마당으로 관객들과 함께 호흡했다. 레하르의 오페레타 미소의 나라 중 '그대는 나의 모든 것'을 부를 때 도밍고는 장난기 어린 모습을 보이며 관객들에게 유쾌한 웃음을 선사했다. 일상에서의 모든 스트레스를 한순간에 날려버리는 듯한 피날레의 고음은 과연 도밍고라 할 정도로 관중을 열광의 도가니로 몰고 갔다.

발트뷔네 역대 지휘자의 연주와 테마는 1992년 조르쥬 프레트르가 지휘한 '프렌치 나이트'부터 2009년 사이먼 래틀의 지휘로 펼쳐진 '러시안 리듬'까지 참으로 다양하고 볼만한 음악회였다.

대표적인 야외 음악당으로는 베를린의 '발트뷔네'를 비롯하여 호주의 '시드니 야외음악당', 영국의 '하이드 파크'와 주변에 장미가 많아 장미의 정원으로 유명한 '리젠트 파크', 뉴욕의 '센트럴 파크', 이탈리아의 '베로나 야외음악당' 등을 꼽는다. 자연 속에서 펼쳐지는 야외 음악은 편하게 즐길 수 있어 많은 음악 애호가들이 열광하고 선호한다.

내 생애에 음악이 없었다면 얼마나 무의미했을까. '밥은 굶어도 음악 없이는 살 수 없다'던 14세 소녀의 음악의 열정은 뜨겁고 충만한 삶으로 나를 이끌어 주었다. '모든 예술은 한결같이 음악의 상태를 동경한다'고 쇼펜하워가 말했듯이, 음악은 모든 예술의 최고의 자리를 사양하지 않는다. 음악은 이해되기보다 감지할 수 있을 뿐, 왜 감동을 주느냐는 언어로 표현하기 어렵다. 느낌이 오는 대로 감상하면 된다. 음악은 나로 하여금 꿈꿀 수 없는 것을 꿈꾸게 하고, 상상할 수 없는 것을 이해하게 하였다.

외롭고 불행한 사람에게 위안과 용기를 주고, 절망한 혼에 힘과 빛을 던져주는 음악. 작곡가들의 고뇌의 산물로 태어나는 음악이기에 감격과 감사가 넘친다.

시원한 여름밤을 수놓는 음악의 향연에 푹 젖어 최고의 예술을 감상하고서야 비로소 이 계절을 보낼 수 있을 것 같다.

(2009.)

달아, 너 본 지 오래구나

20년 가까이 살았던 정든 집에서 이사했다. 이사라고 해야 길 하나 건너 동쪽으로 이동했을 뿐, 거리 이름도 같은 호손 스트리트(Hawthorne ST.)다. 동네 이름이 나다니엘 호손과 같아서 글 쓰는 사람이 사는 동네답다 하여 듣기 좋았다.

오래 전 미국으로 이주하여 처음으로 둥지를 튼 곳이 발렌시아다. 집 뒤에 야트막한 야산이 있고 앞이 탁 트인 것이 자연 속에 파묻혀 있는 기분이었다. 1950년대 영화에서 보았던 전형적인 교외 한적한 주택가를 방불케 했다. 3년여 살다가 남편의 사무실에서 가까운 글렌데일로 이사했다.

이사 온 집은 건축 양식이 특이한 이층 건물이다. 굵직한 나무들이 길 양쪽에 가지런하고, 보석처럼 반짝이는 이파리로 아치를 만들어 지날 때마다 초록 물을 부어 주는 것 같았다. 무성한 나뭇잎 사이로 깃드는 새들의 노랫소리가 유별났다. 한낮에도 인적이 드물어 잔디

깎는 소리가 한가롭고 바람 따라 스며드는 풀 향기가 싱그러웠다. 결혼하고부터 이제까지 살던 중 가장 오래 머물렀던 그 집에선 행복한 일이 많았다. 두 아들이 결혼했고, 우리 내외가 회갑을 맞았다. 남편이 장로가 된 것, 나의 첫 수필집을 출판한 것, 오랫동안 나를 괴롭혔던 지병이 기적같이 나은 것도 모두 그 집 살 때의 일이다.

집 주변에 높은 건물이 없어 겨울이면 멀리 동쪽 산에 쌓인 눈이 그림처럼 보였다. 남쪽에 그리피스 산, 북쪽에 글렌데일 뒷산이 있어 분지 같은 기분이었다. 어디 그뿐인가. 아래 위층의 동서 벽면이 모두 유리여서 달이 뜨는 것, 해가 지는 것을 원 없이 보았다. 한 가지 흠이라면 서쪽 창을 통해 들어오는 캘리포니아의 강렬한 태양열에 여름이면 방과 거실이 달아올랐으나 저녁이면 황홀한 노을을 선사해 주어 그 흠을 감추고도 남았다.

그 집에서는 달이 뜨는 장면이 일품이었다. 동쪽 산 위로 동그마니 떠오르는 달. 밤이 이슥하면 방안 가득 고여 있는 달빛이 마치 하얀 눈이 소복이 쌓인 듯하여 성큼 발을 들여 놓을 수 없었다. 신비스런 달을 우러르노라면 어디선가 가녀린 피아노 선율이 들리는 것 같고, 베토벤이 눈먼 소녀를 위해 피아노 건반을 두드릴 것만 같았다. 때로 달빛에 취해 잠 못 이루는 밤이면 드뷔시의 '달빛(Clair de lune)' 속으로 흘러들었다. 빗소리가 그리워 창문을 조금 열어 놓고 밤을 지낸 것도 그 집이다. 예전에 고향에서 듣던 빗소리, 홈통을 타고 또르르 구르며 떨어지던 빗소리가 잠결에라도 들리려나 하는 바람이 있었다.

"한 달이 크면, 한 달은 작다."

어린 시절 어머니께서 우리에게 즐겨 쓰시던 말씀이다. 형제들이 어떤 결과에 만족하지 않을 때 만족하던 때를 생각하며 견디라고 하신 말씀이다. 어머니께서는 삶의 지침을 주실 때 곧잘 격언을 인용하셨다. 그때는 건성으로 들었는데 살아가며 문득문득 가슴에 와 닿는 말씀이 많았다. 문화가 발달하고 삶이 풍요로워졌어도 옛 어른의 지혜만큼은 따라가기 어려운 것이 현대를 사는 우리인 것 같다.

새로 이사 온 집은 해가 지는 것도 달이 뜨는 것도 볼 수 없다. 침실 창문으로 들이치는 빗줄기를 막기 위함인지 지붕을 길게 뽑아 내려 떨어지는 빗방울의 소음으로 잠들기 어려웠다.

이따금 큰아들이 60여 마일의 긴 퇴근길에 전화한다.

"엄마, 달이 아주 고와요."

늦은 시각에 동쪽으로 가는 프리웨이 선상에서 달을 보니 엄마 생각이 났던 탓이다. 아들은 이따금 달을 렌즈에 담아 전송해 준다. 불면증으로 고생하는 엄마가 달빛에 젖어 있는 모습을 보아왔기에 자상한 마음을 사진에 담아 보내 준다. 창문을 열고 목을 길게 빼고 올려다봐도 달이 보이지 않는다. 아들의 전화가 고마워 밖으로 나간다. 중천에 동그마니 떠있는 달이 나를 반긴다. 이 집에 온 후로는 언제가 초순인지, 보름인지, 그믐인지 모르는 채 지난다.

'달아, 너 본 지 오래구나.'

장원 급제한 이 도령이 변복하고 옥중에 있는 춘향이 보고 싶어 거지꼴로 월매를 찾아가 밥 한 그릇을 구걸했다. 월매가 기가 막혀 '이제 내 딸 춘향은 옥중에서 죽겠구나!' 통곡하며 찬밥 한 덩이를 개다리소반에 덩그머니 얹어 놓으니 이몽룡 하는 말이 '밥아, 너 본지 오래구나.' 하며 게걸스럽게 먹던 장면이 달을 보니 갑자기 떠오른다.

이 집에서 남편과 내가 보름 차이로 칠순을 맞았다. 이 나이가 되면 '한 달이 크면 한 달은 작다.' 라는 표현도 복에 겨운 것 같다. 아직도 꿈은 꾸고 있으나 입을 열어 내세울 나이가 아니니 그날 하루의 삶에 만족하고 감사하며 살 일이다.

"사람이 마음으로 자기의 길을 계획할지라도 그 걸음을 인도하는 자는 여호와시니라"

잠언서의 이 구절을 가슴에 품으며 과한 욕심 부리지 않아 크게 실망할 일도 없이 평범한 삶을 주신 하나님께 감사드린다.

내일이 정월 대보름이다. 아들이 전화하기 전에 내가 먼저 달빛소식을 전해야겠다.

"아들아, 대보름달이 무척 밝구나."

(2010.)

비상(飛上)

'빌리 엘리엇(Billy Elliot)'이라는 영화를 보았다.

이 영화의 배경 시대에 영국에서 살았기에 정부와 맞서는 광부들의 피켓 시위를 눈이 어지럽도록 보았다. 영화의 전개는 1980년대, 노조위원장 아더 스카기가 이끄는 탄광 노조와 정부 사이에 대립이 팽팽하여 파업이 한창이었던 시절, 영국 북부의 탄광촌에서 일어난 이야기로 시작된다. 당시 노조문제로 골치를 썩이던 대처 정부와 노조 간의 대립을 내세우면서 한 소년의 꿈이 현실로 이루어져 가는 과정을 밀도 있게 그렸다. 2000년, 영화가 개봉되었을 때 전 세계 이목을 집중시켰던 작품이다.

이 영화가 다시 뮤지컬로 주목받기 시작했다. 엘튼 존과 최고의 드림팀이 제작하여 2005년 5월, 런던에서 초연된 이래 지금까지 호주 시드니, 뉴욕 브로드웨이 등에서 공연하며 매진 행진을 이어가고 있다. 토니상 10개 부문을 휩쓴 뮤지컬 '빌리 엘리엇'은 전 세계 뮤지컬 팬으로부터 "내가 본 최고의 뮤지컬"이란 찬사를 받고 있다. 현재 뉴욕 브로드웨이에서 공연되고 있으며 "뮤지컬의 흐름을 바꿔 놓았다."는 극찬이 이어진다. 3시간이 짧게 느껴질 만큼 아름다운 춤과 노래가 감동적이라는 평이다.

 빌리는 권투를 배우러 다니는 체육관에서 우연히 발레 수업을 본 후, 자신도 모르게 마음을 뺏긴다. 남자는 강해야 한다는 말을 들으며 자란 빌리는 고민하게 된다. 발레를 권하는 여자아이에게 관심 없는 듯 표현하지만, 아무도 보지 않는 화장실에서 연습하고 도서관에서 발레에 관한 책을 훔치기도 한다. 발레 선생 윌킨슨은 11살 소년 빌리의 몸에서 흐르는 비범한 끼와 탁월한 재능을 발견하고 개인지도를 해주며 로열 발레스쿨의 오디션을 제안한다. 빌리는 윌킨슨 선생이 고마워 열심을 내다가도 가난한 집안 사정과 아버지를 생각하면 맥이 풀린다.

 아들이 권투 글러브 대신 발레슈즈를 신고 있음을 알게 된 아버지는 할아버지 대에서부터 이어온 권투 가문이라며 완강하게 반대한다. 빌리는 웨인 슬립(Wayne Sleep) 같은 유명한 발레리노가 되고 싶다고 간청하지만 설득하지 못한다. 집안 분위기는 빌리가 원하고 갈망하는 꿈 따위에는 관심이 없음을 안다. 빌리는 매사에 자신 없고 내성적인 아이로 변해간다. 힘든 노동과 시위로 살아온 아버지는 남자가 발레를 한다는 것은 수치스러움의 대상이라고 반대의 이유를 밝힌다.

생업의 치열함은 현실로 다가왔다. 인생 전부라고 생각했던 탄광이 문을 닫을 위기에 놓여 광부들은 파업한다. 대치하는 경찰에게 아버지와 형이 달걀을 던지며 저항하는 것처럼 빌리가 발레 레슨을 받는 것 역시 반대하는 아버지에 대한 무언의 시위이다. 그것은 처우 개선에 맞서 형 토니가 선택한 망치 대신에 발레 슈즈를 선택한 것과 맥을 같이 한다.

빌리는 발레를 통해 욕구 충족과 발산을 체험하지만 포기해야 하는 울분을 참을 수 없어 거리로 뛰쳐나온다. 좁고 긴 골목을 휘저으며 광란에 가까운 춤을 춘다. 그것은 자신을 내동댕이치는 몸부림에 가깝다. 멀리 보이는 골목 끝자락에 바다가 있다. 어느 것이 하늘이고 어느 것이 바다인지 구별되지 않는 푸르기만 한 그곳. 한 채의 요트가 한가롭게 떠 있다. 지금 빌리는 절망에 몸부림치지만, 그 바다는 어쩌면 빌리가 꿈꾸는 미래를 희미하게나마 보여 주는 희망의 상징인지도 모른다.

아버지에게 저항할 수 없는 빌리는 발레에 대한 꿈과 열정을 어찌지 못해 눈 내리는 크리스마스 저녁, 친구 앞에서 춤을 춘다. 이 모습을 우연히 보게 된 아버지는 진정으로 아들이 원하는 것이 무엇인지를 비로소 깨닫는다.

'빌리는 어쩌면 천재일지도 몰라.' 아버지는 아들의 재능을 인정하기에 이르렀다. 더는 아들의 꿈을 꺾어서는 안 되겠다는 생각에 그날 밤 윌킨슨 선생을 찾아간다.

빌리의 대성을 간절히 바라는 마음은 그를 가르치는 윌킨슨 선생이나 쇠락해가는 광산촌 사람들의 절망적 현실에서 느낄 수 있다. 평생 광부로 살아온 아버지는 빌리의 오디션에 드는 비용을 마련하기 위해 아내의 유품을 전당포에 맡기고도 모자라 시위를 접고 배신자의 길을 서슴없이 택한다. 파업에 앞장서던 아버지가 갱으로 들어가는 것을 발견한 토니는 한사코 만류하지만, 부성애의 외침은 어두운 현실에서 돌파구를 찾아 터뜨리는 분노와 절규다.

"우린 끝났으나 빌리한테만은 기회를 줘야 하지 않겠니."

관념이 다른 부자의 통곡이, 자식을 위해 모든 것을 내던지는 아버지의 울부짖음이, 광막한 탄광촌에 절망처럼 깔린다. 가부장적 가치관과 거친 성격의 아버지, 반항적인 형, 발레를 하기에는 너무도 어울리지 않는 가난한 노동자의 집안이나 아들의 장래를 위해서 고락을 함께 나눈 동지를 배반하는 어쩔 수 없는 부정(父情)이 관람객들의 가슴을 적신다.

그들의 가난은 극에 달했다. 아버지는 땔감이 없자 죽은 어머니가 남겨 놓은 피아노를 박살낸다. 불꽃으로 활활 타오르는 아내의 흔적을 보며 한없이 흐느낀다. 어머니가 그리울 때면 두드리던 피아노가 아버지의 도끼 아래서 무참히 부서져 한 줌의 재로 변하는 것을 바라보며 빌리는 가난에 몸서리친다. 외로울 때면 유일하게 느낄 수 있었던 어머니의 온기가 싸늘한 잿더미로 사라짐이 슬펐다.

로열 발레스쿨에서의 오디션은 신통치 않게 치러졌다. 난생처음

보는 으리으리한 건물. 냉정하기 이를 데 없는 시험관. 세련된 도시 아이들에 비해 촌스럽고, 어리보기처럼 말귀도 제대로 알아듣지 못해 기가 죽었다.

시험관은 빌리에게 물었다. 왜 발레를 하고 싶냐고.

"모르겠어요. 그냥 좋아요. 조금은 어색하기도 하지만 한번 시작하면 모든 걸 잊게 되고 사라져버려요. 내 몸 전체가 변하는 기분이에요. 마치 불이 붙는 것 같은. 전기처럼요. 맞아요. 전기가 되는 것 같아요. 그저 한 마리의 나는 새가 되죠. 춤출 때면 내가 없어지는 것 같아요." 빌리는 힘없는 목소리로 떠듬떠듬 속내를 털어놓았다.

심사위원들에게는 더할 수 없이 만족한 대답이었다. 나를 잊을 정도로 몰두할 수 있다는 것, 지향하는 목표가 뚜렷하다는 것. 빌리는 춤을 출 때 현실의 어두운 환경을 초월하는 힘과 환희가 따르기에 춤 추고 싶었다. 발레를 전공한 사람이라면 누구나 공감할 것이다. 발톱이 곪아 말할 수 없이 고통스러울 때에도 토슈즈를 신고 무대에 나서면 통증은 사라지고, 춤과 하나 되어 공중을 향한 비상만 있다는 것을.

드디어 로열 발레스쿨로부터 통지서가 배달되었다. 빌리는 아직 학교에서 돌아오지 않았다. 공포의 사각봉투는 거대한 위력을 가지고 식탁 위에 놓여 있다. 봉투를 중심으로 빙 둘러앉은 가족들은 초조하기 이를 데 없다. 잠시라도 눈을 떼면 봉투가 사라지기라도 할 것 같다. 아내의 유품까지, 전 재산을 털어 오디션 비용을 부담했고,

무엇보다도 아들이 그토록 좋아하는 발레를 할 수 있게 해주고 싶은 간절한 마음이 있지 않은가. 빌리의 합격 여부는 가족의 사활이 걸린 문제인 것처럼 보인다.

이윽고 빌리가 학교에서 돌아와 봉투를 들고 자신의 방으로 들어간다. 내용을 확인하고는 조용히 흐느낀다. 그리운 어머니의 유품과 바꾼 합격통지서 같아 기쁘지만은 않다. 식구들은 더는 기다리지 못하겠다는 듯이 문을 박차고 들어온다. 환희의 물결이 온 집안에 출렁인다. 빌리의 열망이 가능성으로 활짝 열리는 순간이다.

빌리가 로열 발레스쿨이 있는 런던으로 떠나던 날, 아들을 배웅하고 그들은 언제나처럼 생존을 위해 다시 갱으로 들어간다.

14년 후, 빌리(아담 쿠퍼)가 로열 오페라하우스 무대에서 '백조의 호수'에 출연한다. 아버지와 형이 관람석에 초대되었다. 몰라보게 성장한 아들. 무척 자랑스럽다. 저 무대에서 춤추고 있는 사람이 내 아들이라고 크게 외치고 싶다.

'엘레바시옹(Elevation)'* 빌리의 비상이다. 어두운 갱 속에서 쏘아 올린 불꽃처럼 빌리의 꿈은 현실이 되어 드높은 하늘에서 섬광처럼 빛난다.

실제로 빌리 역을 맡은 제이미 벨은 6살 때부터 발레를 공부한 소년이어서 리얼하게 자신을 표현할 수 있었고, 감정에 몰입하여 멋진 연기를 펼쳤다.

사랑 이야기가 전혀 없는 영화. 젊은 여자도 나오지 않는 영화였으나 한 소년이 역경을 딛고 찾아가는 '나의 갈'을 잔잔하게 감동적으로 펼쳐 놓았다. 그 당시의 시대성이나 광부의 아들로는 꿈조차 꿀 수 없는 발레리노의 꿈을 박진감 있게 표현한 스테픈 달드리 감독의 역량이 돋보였다.

"자식 이기는 부모 없다."라는 말은 동서양을 막론하고 통하는 것 같다. 거칠기만 하던 아버지의 사랑이 승화된 희생으로 바뀌어 가는 과정을 그린 게리 루이스의 연기가 일품이다. 무뚝뚝하여 정이라곤 약에 쓰려 해도 찾아볼 수 없는 성격 이면에 눈물 흘릴 줄 아는 여린 부성도 함께 지녔음을 보여 주어 감동이 배가 된다. 뮤지컬로 환생되어 나온 빌리 엘리엇. 마음은 이미 브로드웨이에 있다. 이 해가 가기 전에 내 꿈이 실현되기 바라는 마음 간절하다.

어디서나 가난과 위험의 대명사처럼 표현되었던 광부라는 직업. 진흙에서 연꽃이, 조개 속에서 진주가 만들어지는 과정이 빌리가 발레리노가 되는 과정과 같다면 지나친 표현일까.

하루를 쉬면 자신이 알고, 이틀을 쉬면 비평가가 알고, 사흘을 쉬면 관객이 안다는 발레. 그대는 정녕 나에게도 비상의 꿈이었어라.

(2008.)

---

* 엘레바시옹(Elevation) : 도약할 때 높이 솟아오르는 능력을 말한다. 공이 튀어 오르듯이 가볍고 탄력 있게.

시간이 부서지는 소리

　자카란다의 계절이다. 온 동네가 보랏빛 꽃 잔치로 한창이다. 잔잔한 미풍에도 꽃잎이 흔들린다. 바람이 일지 않아도 꽃잎을 날린다. 느지막이 피어났으니 천천히 져도 좋으련만, 왜 그리 서두르며 떨어지는지 모를 일이다. 보도에 보랏빛 융단을 풍성하게 깔아 주어 낙화의 아름다움이 새삼스럽다. 애처로워 차마 밟고 지날 수 없는 싱싱한 꽃잎. 사방 어딜 봐도 신비의 색깔로 물든 이 계절을 나는 좋아한다. 어느 꽃 하나 아름답지 않은 것이 있으랴마는 유독 이 보랏빛 꽃으로 유월이 마냥 싱그럽다.
　이 꽃이 피기 시작하면 먼 기억 속 두고 온 옛집의 등나무가 떠오른다. 담 한 면을 다 차지할 정도로 길고 멋진 그늘을 만들어 주던 등나무. 뭐가 마땅찮은지 줄기를 서로 감고 꼬아가며 올라가도 꽃만큼은 화사하게 피워낸다. 외지에 나와 산 지 30여 년이 지났건만, 아직 그 정원이 눈에 어려 보랏빛 향수에 잠길 때가 있다. 그때 우리 집은 등꽃뿐만 아니라 보라색 꽃이 많았다. 봄이면 무더기로 피어오르던 난초가 청초했고, 때에 맞춰 라일락이 한창이었다. 라일락이 지기 시작할 무렵에 피기 시작하는 등꽃으로 온 집안이 보랏빛 물결로 출렁였다.

등꽃 그늘에 있으면 이파리의 푸름이, 은은한 꽃 내음이 몸 구석구석까지 스며들어 영혼까지 맑아지는 것 같다. 무성한 잎 사이로 분사되는 빛의 흩어짐도 장관이다.

등꽃이 지고 꽃자리 여물면 긴 완두콩 모양의 열매가 주렁주렁 달린다. 바람이 엮어 내는 정담과 천둥소리에 놀라며 튼실하게 익어간 열매, 마치 사열식이라도 하는 듯 쭉쭉 뻗어 보기 좋다. 이윽고 이파리들이 가을빛에 익어 흔들리며 비벼지며, 멀어져간 여름의 소리를 연주할 즈음이면 등나무 열매는 끝 간 데 없이 높아진 하늘에 매달려 춤을 춘다.

겨울, 혹독한 추위가 살 속을 파고들 때 등나무 열매는 아픔처럼 터진다.

"탁, 데구루루-."

여름 한철 그지없이 맑은 햇살과 뜨겁던 불의 그림자가 안개처럼 어리고, 가을을 여물게 한 열매가 고독이 무엇인지 알고 내는 파열음이다. 온갖 소리를 흡수해 버린 적막한 밤, 등나무 열매 터지는 소리에 잠이 오지 않았는지, 잠이 오지 않아 들렸는지 알 수 없으나 탁, 탁, 연달은 비명이 불면의 밤을 흔들어 놓았다. 그 소리는 시간이 부서지는 푸르고 투명한 절규다. 남편이 부재중인 집에서 어린 두 아들 데리고 말 없는 생각 속에 떨며 지낸 세월이다.

등나무 집은 마당이 무척 넓었다. 그 공간에 질서 없이 나무를 많이 심어 놓아 밤이면 섬뜩한 기분이 들었다.

어느 해 여름 어스름 무렵, 마당에서 숨바꼭질했다. 장난기 많은 큰녀석이 언제나 엄마를 골탕 먹이려 술래를 시켰다. 날이 차츰 어두워지자 나무들이 검은 물체처럼 보였다. 저만치 웅크리고 앉아 있는 큰아들 모습이 희미하게 보였다. 언제 저렇게 컸을까, 등이 펑퍼짐한 게 어른스러웠다. 나는 살금살금 다가가 아들을 꽉 끌어안았다.

"요놈, 잡았다." 금방 눈에 띈 게 의기양양해서 큰 소리로 외쳤다.

순간, 윽 소리가 나며 큰아들인 줄 알고 끌어안았던 사람이 양팔을 뒤로 힘껏 제쳤다. 그 힘이 어찌나 셌던지 나동그라지고 말았다. 소리에 놀라 아이들이 달려왔을 때 내가 끌어안았던 사람은 재빨리 쓰레기통을 밟고 담을 넘어 달아났다. 아들인 줄 알고 끌어 앉았던 사람은 도둑이었다. 초저녁부터 들어와 날이 어둡기 기다리며 나무처럼 웅크리고 앉았다가 부지불식간에 '요놈 잡았다'를 외쳤으니 얼마나 놀랐을까. 바로 눈앞에서 이리 뛰고 저리 뛰며 마당을 휘젓고 다녔으니 들킬까 봐 꼼짝도 못하고 간이 오그라들었을 텐데, 혼비백산이 따로 없었을 것이다.

그때 아이들의 우주였던 나는 지금의 내 아들보다 어린 30대 후반이었다. 창문마다, 방문마다, 자물쇠를 줄줄이 달아 놓아도 불안했으나 두 아들을 양옆에 누이고 나면 천군만마가 곁을 지켜 주는 것처럼 든든했다. 무서움 잘 타는 내가 그 세월을 살아 낼 수 있었던 것은 튼실하게 잘 자라주는 두 아들 덕분이었다. 아이들이 열한 살, 아홉 살이었다.

바람도 없는데 여전히 자카란다 꽃비가 내리고 있다. 왜 싱싱한 채로 서둘러 떨어지고 있는지. 30여 년 전에도 눈송이처럼 내리던 등꽃을 안타깝게 바라보지 않았던가. 누가 그 아름다움에 낙화란 말을 할 수 있을까. 흩날리며 떨어지는 자카란다도 등꽃도 지기 위해 피는 것 같아 애처롭다.

계절이 바뀌면 어김없이 새롭게 피어나는 꽃. 꽃물결 너머로 사라져 간 세월. 내 생애의 여름, 메마르고 허기진 감성을 푸른 그늘로, 보랏빛 꽃으로 보듬어 주던 그 여름을 사랑한다.

꽃을 줍는다. 잊고 지냈던 젊은 날의 기억을 줍는다.

(2012.)

음악을 그리다

깊은 밤.

가장 어두운 밤 속에서 촛불처럼 타고 있는 음악이 있다. 아트 채널(Arts Channel)의 음악이다. 새벽 1시부터 시작하는 이 향연은 다양한 장르의 클래식 음악과 발레, 오페라를 감상할 수 있어 콘서트홀에 와 있는 기분이 든다. 때로는 역사 속으로 사라져간 예술가들의 궤적을 더듬는 다큐멘터리를 보며 '인생은 짧고 예술은 길다'를 실감한다.

많은 레퍼토리 중 으뜸은 뮤직 비디오다. 발레나 연주는 DVD를 구해서 볼 수 있으나 뮤직 비디오는 음악과 함께 자연의 아름다운 영상을 담았고, 예술 감각이 뛰어난 유럽의 건축물, 유적, 찬란한 문화를 배경으로 삼았다. 동유럽이나 북유럽은 우리 눈에 익숙지 않은 고장으로 아름다움의 극치를 이룬다. 앉아서 감상하며 누릴 수 있는 여행의 호사다.

유럽에서는 오래 전부터 뮤직 비디오가 성행했는데 내가 처음 본 것은 1981년, 영국에서다. 그때의 경이로움을 나는 지금까지 잊지 못한다. '아, 진작 저런 뮤직 비디오를 볼 수 있었더라면.' 하고 탄식했다. 오래 전 외국에서 미술대회가 열렸을 때 황당했던 경험 때문이다. 우리나라에서 뮤직 비디오라는 말조차 생소하던 시절이다. 중학교 음악시간에 비로소 감상을 곁들인 이론 공부를 했던 나는 음악과 그림이 하나라는 발상을 알지 못했다.

우리 아이가 초등학교 시절, 매년 '세계 어린이 미술대회'가 열렸다. 여러 나라에서 출품된 그림을 국제심사위원들이 개최국에 모여 작품을 심사하고 상을 주었다.

어느 해였나, 프랑스가 개최국이었다. 예술의 도시라 차별화된 방식을 택했는지 모르겠으나, 그 해에는 출품한 그림을 평가하는 것이 아니라 현지에 와서 직접 그리게 하는 주최 측의 요청이 있었다.

국외 현지에서 행사가 치러지느니만큼 여러 가지 어려운 점이 따랐지만 세계 각처에서 어린 미술가들이 보호자와 함께 속속 파리로 모여들었다. 당일 집합 장소는 파리 근교의 쏘 공원(PARC DE SCEAUX)이었다.

쏘 공원은 인공적인 정성이 가미된 비경으로 파리 외곽 남쪽의 세 지역(SCEAUX, ANTONT, CHATENAY-MALABRY)을 포함하고 있는 거대한 공원이다. 숲과 오솔길, 연못의 분수가 아름답다. 일정한 높이로 전지되어 있거나 세모, 네모 기둥으로 다듬어 놓은 나무들이

음악을 그리다

대칭으로 늘어서 있다. 사열하듯 양쪽으로 줄지어 서 있는 미루나무가 장관을 이루고, 물에 잠긴 나무의 그림자가 꿈속 같다. 많은 손길을 통해 품위 있게 만든 공원이어서 쉽게 잊히지 않는 매력이 있다. 어린이들은 여유 있게 도착하여 공원을 구경하고 그림도 구상하며, 각도에 따라 달라지는 배경을 보며 뭔가를 노트했다. 공원이 원래 수려하여 앉아 있기만 해도 어떤 구상이 톡톡 튀어나올 것 같았다.

대회가 열리는 아침, 어린이들은 눈망울을 초롱이며 심사위원을 기다리고 있었다. 심사위원은 어린이들을 박물관 앞 광장으로 안내했다. 넓은 잔디 양쪽 가에는 보초병 모양의 나무들이 빽빽이 서 있어 운치를 더했다. 어디선지 생기 넘치는 음악이 흘러나왔다.

"여러분, 이 음악을 들으며 떠오르는 풍경을 2장의 그림으로 그려 보세요. 시간은 충분히 드릴 겁니다."

우리 어린이들은 경악할 노릇이었다. 아니, 음악을 들으며 그림을 그리라니 이런 황당한 일이 또 있을까. 생전 들어보지도 못한 음악을 듣고 어찌 그림을 그릴 수 있단 말인가. 서구권 아이 중에는 음악을 들으며 침착하게 스케치하고 채색으로 이어가기도 하고, 하늘만 쳐다보고 멍하니 앉아 있는 아이도 있었다. 우리 아이들은 연필만 물고 있다가 눈에 보이는 풍경을 그렸다. 결국, 주최 측이 요구하는 그림 근처에는 가보지도 못하고 일어섰다.

그날 음악은 비발디의 '사계' 중 여름과 가을이다.

무더운 여름, 더위에 지쳐 사람이나 짐승을 비롯해 모든 살아 있는 것이 활기를 잃고 나른해진다. 숲에서는 뻐꾸기가 울고 산비둘기가 화답하듯 노래한다. 쉬고 있는 농부들, 산들바람이 부드럽게 부는가 싶더니 갑자기 북풍이 몰아친다. 하늘엔 천둥과 번개가 일고 우박이 내려 풍성했던 농작물이 망쳐진다.

 풍요로운 수확의 계절을 맞아 춤과 노래가 온 마을을 들뜨게 한다. 술 취한 주정꾼의 비틀거리는 모습이 라르게토의 솔로 바이올린으로 연주된다. 춤과 노래가 기쁨을 더해주고, 잔잔한 산들바람은 사람들의 기분을 더욱 좋게 한다. 잔치가 끝난 후 상쾌한 가을 밤의 달콤한 잠을 표현하고 있다. 날이 밝자 팡파르를 울리며 사냥 장면을 묘사한다. 사냥꾼들은 개를 데리고 사냥을 나간다. 짐승들은 도망가고 사냥꾼들은 뒤를 쫓는다. 현악기의 크레센도는 개들과 사냥 도구가 내는 소음을 그려낸다. 짐승들이 저항하는 장면이 짧게 나오고 도망가다 지쳐서 결국에는 죽고 만다. 활발한 춤곡으로 음악이 끝난다.

 '사계'는 비발디의 걸작 중 하나로, 짧은 곡이긴 하나 내용이 뛰어나고 아름다운 서정이 가득 담겨 있다. 그림을 그리기에 충분했으나 어린아이에게는 무리가 있지 않았나 싶다. 클래식 음악이 제대로 보급되지 않던 시절에 음악을 들으며 그림을 그린다는 것을 상상이나 해봤을까. 예능 실력이 출중하여 매 대회 때마다 금상을 휩쓸었던 우리 어린이였건만, 귀로 듣고 가슴으로 느껴 표현하고자 하는 주최 측 의도에 미치지 못했다.

 어린 시절부터 시청각 교육을 철저히 받은 유럽의 어린이들은 그

만큼 상상력이 풍부했고, '예술의 도시'라는 말이 거저 나온 것이 아니었음이 이 작은 사건을 통해서 입증되었다. 오랜 세월이 지난 지금까지도 비발디의 '사계'를 들으면 그때의 일이 생각나 회심의 미소를 짓게 된다.

개인적으로 비발디의 '사계'를 가장 잘 표현한 대조적인 두 연주자를 좋아한다. 예후디 메뉴인(Yehudi Menuhin)과 바네사 메이(Vanessa Mae)다.

메뉴인은 영국의 바이올리니스트로 뉴욕에서 출생(1985년 영국 국적 취득)하여 4세 때 퍼싱어에게 사사했고, 7세 때 샌프란시스코 관현악단의 독주자로 데뷔했다. 유럽에 진출하여 9세 때 파리 라무루 관현악단과 함께 연주한 바이올리니스트다. 귀국 후 12세 때 뉴욕 교향악단에서 베토벤을 연주해서 천재로 인정을 받았다. 연주를 마치자 아인슈타인이 무대로 걸어와 껴안고는 "이제 천국에 하나님이 있다는 것을 깨달았다."고 감탄사를 토해낸 것은 유명한 일화이다.

아인슈타인은 과학자로서 신의 존재에 대해 회의를 느끼고 있다가 어린 메뉴인의 음악을 듣고 의심을 떨쳐버렸다고 한다. 믿을 수 없는 뛰어난 연주로 음악계를 경악시킨 바이올리니스트. 전통 클래식의 기법을 따를 자가 없었다는 극찬을 받았다. 그의 연주는 기품이 있고, 우아미를 더하며, 고난도의 테크닉 연주도 섬세한 그만의 것으로 표현했다. 청중을 압도하는 어떤 위력과 여운이 오래 남아 한동안 그의 음악 세계에서 빠져나올 수 없게 만든다. 비발디를 연주하던 메뉴인의 조각상같이 빼어난 용모도 쉽게 잊히지 않는다.

반면 메이는 평범을 벗어나 자유분방한 연주 기법을 택했다. 중국인 아버지와 싱가포르 어머니 사이에서 태어난 메이는 린 아오지 교수에게 양켈레비치 테크닉을 사사하며 팝과 클래식을 자유롭게 넘나드는 '바네사 류'의 기법을 터득했다.

긴 머리카락을 바람에 날리며 활을 그어대는 그녀의 몸짓은 질풍노도 같다. 그녀는 자신의 연주 스타일을 '바이올린 테크노 어쿠스틱 퓨전(Violin Techno - Acoustic Fusion)'이라고 말한다. 현란하고 관능적인 의상으로 전통적 클래식 장르에서 다소 벗어나는 연주와 몸짓이어서 몸 전체가 악기 같다. 천둥, 번개와 우박이 쏟아지는 영상을 배경으로 사용하여 발랄하고 거침없는 멋진 포즈와 잘 울린다. 그녀의 연주를 보고 있으면 그 독특한 분위기 속으로 청중을 빨아들이는 묘한 매력이 있다.

음악은 모든 예술 형태 중에서 최고의 자리를 차지하기에 마땅하다는 확신이 선다. 그 매혹스러운 순간, 도취의 순간에 나를 맡기면 춤이 되고 새가 되어 마침내 비상을 꿈꾸게 된다.

쏘 공원에서 들었던 비발디가 환청으로 어린다. 연초록 들판에 물살 무늬를 그리며 앉아 있던 어린 예술가들의 모습이 떠오른다. 비록 우리 어린이들이 상을 받지는 못했으나 그 여름, 자연과 인공미가 조화를 이루고 있는 공원에서 푸른 하늘과 구름과 바람과 음악을 만나며 가슴에 꿈이 담긴 집 한 채 짓고 왔으리라. 비발디가 물결치던 공원과 숲길이 가슴 저린 그리움으로 남아 있으리라.

(2010.)

* 양켈레비치(철학자) 테크닉 : 살아 있는 사람은 자신의 육체로 죽는 것이다. 육체가 인간의 삶과 운명을 좌우하고, 정신은 육체에 의존할 수밖에 없다. 육체적 존재로서의 삶을 차지하는 비중과 그것이 정신에 미치는 영향을 연주에 도입했다. 좋지 않은 테크닉이 주는 근육 문제를 없애 주는 부드러운 형식의 연주법이라 하겠다.

백조와 함께 춤을 추리라

　첫 수필집을 내고 1년 만에 품절되었다. 출판사에서 시중 각 서점에 내놓았는데, 다 팔린 모양이다. 이따금 책을 구매하고 싶다는 연락을 받았으나 내가 남겨 두어야 할 일정량 이외에는 여유가 없었다. 서울에 살고 있었다면 좀 더 신경을 썼을 것이나 '남아도는 것보다는 낫지' 싶었다. 다만, 이곳에서도 책을 갖고 싶다는 사람들에게 선뜻 내놓을 여유가 없는 것이 미안했다.
　처녀 수필집 『백조의 노래』를 일독하고 개인적으로 평을 해서 보내주신 몇 분이 계시다. 그저 감사하고 송구할 뿐이다. 나는 인터넷 서재를 갖고 있지 않다. 서재 관리를 부지런히 해야 하는데, 그럴 자신이 없어서 편하게 지내기로 했다. 책을 출판했기에 인터넷에 뜨고 수필집에 관한 설명이 필요한 만큼 나오기에 그만해도 충분할 것 같다.
　2009년 8월 10일, 인터넷에 『백조의 노래』 감상문이 실렸다는 소식을 전해 들었다. 연변 가야하(gayaha) 홈페이지의 장설련(작가 예명 달아달아)이라는 분이 글을 올렸다. 생면부지의 독자가 자신의 수필집을 읽고 감상문까지 올렸다면 글 쓰는 사람에게 크나큰 보람이 아닐 수 없다. 과분하게 평가하여 부끄러웠으나 그 글이 내게 힘을 주었다. 연변에 사는 분이 품절된 지 2년이 지난 책을 어떻게 구했는지 알 수 없으나, 수필집을 읽고 감동을 받으셨다니 감사하다.

아래 소개하는 글은 그분이 인터넷 홈페이지에 올린 것이다.

백조, 사랑, 꿈…
자유롭게 내가 원하는 글을 쓰고 싶다는 생각을 강렬하게 한 작품집이 있었다. 『백조의 노래』는 유숙자 선생님의 생활 그 자체가 아니었을까? 발레와 음악이 『백조의 노래』 전체 흐름을 이어놓고 있는 이 수필집을 읽으면서 나는 선생님의 인생을 느낄 수 있었다.

생명으로 사랑했던 발레를 어쩔 수 없이 포기하고 문학을 선택하게 된 선생님의 아픔, 그런 아픔을 나도 느낄 수 있어서 이 수필집이 내게 더 깊은 감명을 남겨주었는지도 모른다. 발레를 배운 적이 없지만, 『백조의 노래』는 그 사연을 보는 이들의 마음을 아프게 했다. 선생님은 문학이라는 새로운 약으로 그런 아픔을 달랬고, 문학과 어우러져 그 모습을 고스란히 담으면서 위안을 느끼고 있었다.

발레는 선생님의 생명이다. 발레와 음악이 『백조의 노래』와 『백조의 호수』에 그대로 담겨 있었다. 차이콥스키, 베토벤, 모차르트, 그런 음악 거장들을 선생님은 많이 사랑하신다. 그래서 수필집이 언제나 감동을 전해 주는 예술이 넘쳐흐르고 있다. 예술과 문학을 하나로 이어주는 작품집, "문학은 예술이고 예술이 바로 문학이다."는 감동을 강하게 전하고 있었다. 김칫독을 땅속 깊은 곳에 묻어 잘 숙성시키고 발효시켜 제대로 맛을 낸 김장김치 같다고 할까. 선생님처럼 참으로 감명을 주는 글을 쓰고 싶다는 생각을 한 것을 보면 『백조의 노래』 이 수필집은 내게 참 좋은 영향을 끼친 것이다.

 선생님의 문장에 자주 여행에 관한 이야기가 나온다. 그곳 전설이나 이웃집 외로운 노인, 작은 감나무, 조그마한 옆집 소녀 등 다양하게 얼굴을 비치고 있다. 그것 또한 내가 원하는 것이기도 하다. 아름다운 이야기가 전해지는 곳에 여행을 다녀오고, 그런 이야기를 더 많은 사람에게 전해주는 것, 그래서 내 글을 읽는 분들이 조금이나마 감명을 받을 수 있는 것, 그것이 내가 원하는 글쓰기였다. 지금 내가 선생님의 책을 읽고 말로 표현할 수 없는 감동에 사로잡힌 것처럼, 내가 쓴 글을 읽는 독자들이 행복을 느낄 수 있었으면 하는 게 내 바람이다. 그런 의미에서 『백조의 노래』는 내게 더 큰 동경을 심어준 것이 아닐까.

 죽음과 사랑과 희망과 인생이 이 책에서 조용하게, 은은하게, 그리고 따뜻하고 아름답게 해석되고 있다. "살아있는 것만으로도 너무 행복하다." 아무런 꾸밈없이 순수한 그대로 마음이 따뜻하다. 그래서 나는 이 책을 더 사랑한다.

 분명히 유숙자 선생님은 나를 모르시지만, 태평양 건너에서 이 책을 읽는 나도 오늘 전까지는 선생님을 모르고 있었다. 『백조의 노래』는 그런 시공간을 뛰어넘어 나와 선생님을 연결해 놓았다. 『백조의 노래』를 보면서 수필을 더 사랑하게 되었고, 조용히 소녀의 꿈도 영글어갔다.
　　백조와 함께 춤을 추리라.

　수필집에 이메일 주소가 있음에도 개인 메일로 글을 주지 않고 인터넷작가 홈페이지에 올린 것을 보면 꽤 조심성이 있는 분 같다. 감사한 마음만 간직하기로 했다. 생면부지 작가의 글을 읽고 정성을 들여 감상기를 적은 마음이 아름다워 침묵하는 편이 나을 것 같다. 무슨 말을 할 것인가. 그저 감사하게 받아들이면 될 것을.
　모래알처럼 많은 사람 중에서 어느 한 사람을 알게 된다는 것은 우연이 아닐 것이다. 비록 태평양을 사이에 두고 있지만, 누가 알겠는가? 세계가 하나인 요즈음 세상에 어느 때 어느 장소에서 만나게 될 행운이 올지. 그렇게 된다면 반갑게 나를 열어 보이리라. 글을 통해 만난 아름다운 사람 장설련. 그대, 더 좋은 작품으로 만나게 되기를 기대해 보는 마음 하늘만하다.
　오늘도 겸손한 마음으로 컴퓨터 앞에 앉는다. 한 자 한 자 모여 빚어진 수필이 내 영혼의 울림이었기를 바라며 열과 성을 다하여 쓰는 작업을 게을리하지 않으리라. 진실의 바탕 위에 선 맑은 마음으로, 기도하는 마음으로, 마음 밭에 씨 뿌리고 꽃 피우고 열매를 맺게 되기 간절히 소망한다. 미지의 나의 독자를 위하여.

(2009.)

3부

가을 수채화

유심한 마음 한 자락
가을 수채화
첫눈
그리움이라 부를 수 있는 것
들꽃 향기 가득히
살아있는 감동
사랑하는 사람을 만날 때처럼
꽃과 순대
내리사랑
오지 않은 봄

유심한 마음 한 자락

새해를 맞은 지 몇 달이 지났다.

몇 년 전만 해도 해가 바뀔 때면 계획을 세우고 지키려 노력했으나 근래에는 무계획을 계획으로 세워 놓았다. 우선 마음 편해서 좋다. 올해에는 '~하고' 거창한 계획을 세워봐도 시간이 지날수록 처음 생각과 달리 작심 한 달을 넘기지 못하고 스트레스만 쌓여 그 범주에서 벗어나고 싶었다.

내가 뭘 이루려 해도 도와주시는 분의 은혜가 아니면 소용없음을 경험을 통해 알고 있기에, 마음이나마 평안을 얻고 싶다. 하루 단위로 주어진 환경에 만족하며 살아가니 크게 실망할 것도 없고 오히려 충실히 보낸 어느 하루에 감사한다.

계획이 없다고 무의미하게 세월을 보낸다는 뜻이 아니다. 집착하지 않고 무엇이나 겸허하게 받아들이며 살고 싶다는 의미다. 계획은 없어도 유심한 마음 한 자락은 담고 있다. '속사람은 겉사람도 사랑해'이다. 생활과 늘 함께 가는 생각이기에 신경 쓰이는 부분이다.

인근에 한국마켓이 들어와 생활이 편해졌다. 전에는 한국 식품을 사려면 LA까지 가야 했으나 집에서 1마일 거리이니 고맙기 그지없다. 한 가지 무심해지는 것은 가까워서 입던 옷차림에 화장기 없는 얼굴로 나서게 됨이다.

그런 날 누군가를 만나게 되면 민망하기 짝이 없으나 요행을 바라며 모자를 눌러 쓴다. 여자 나이 이순을 넘기면 화장 하나마나란다. 말은 그리해도 어찌 조금 정성을 들인 것과 민낯이 같단 말인가. 젊음이 한 몫으로 빛나던 시절에는 갓 씻어 놓은 배추 줄기 같다느니 하는 소리도 들었으나 이제는 정작 꾸며야 할 나이임에도 무신경함에 게으름까지 피우는 것은 모를 일이다.

적당히 풀어져 살던 나에게 마침내 한 사건이 발생했다.

어느 늦은 저녁 LA 가정법률상담소 일을 도울 때 몇 번 자리를 함께했던 A부인을 마켓에서 만났다. 평소 수수하기 이를 데 없던 그 부인은 화사한 드레스를 입고 숄까지 곁들여 성장한 모습이었다. 남편과 함께 모임에 참석하고 돌아오는 길이라며 반색을 한다. 그날 따라 A부인은 우리 온 가족의 안부를 차례로 물었다. 일면식도 없는 작은아들 내외까지. 나는 얼른 그 자리를 피하고 싶어 벌에 쏘인 사람같이 허둥대며 마켓을 빠져나왔다.

단정함은 또 다른 교양을 의미함인데, 그렇지 못했다. A부인은 나를 만나면 "언제 봐도 참으로 깔끔하셔요." 하고 인사를 했는데 그날

이후 A부인의 뇌리 속에 예전의 내 모습이 그대로 남아 있을까.

긴장하며 살기로 했다. 나이 들며 매사 대충 넘어가려는 자신에게 경계경보를 내렸다. 너그러운 것과 게으른 것은 판이하게 다르다. 느슨해지려 할 때는 단정한 모습을 잃지 않으셨던 어머니를 생각했다.

10여 년 전쯤에도 이처럼 민망했던 적이 있었다.

온열기라는 물건이 들어와 그 효능을 체험시켜 준다고 보급소마다 선전이 한창일 때다. 허리 디스크로 고생하고 있는 나에게 그곳을 다녀온 많은 사람들이 만병통치라는 기계를 소개했다.

"40여 분 동안 누워 있으면 전신을 골고루 스치며 뜨끈뜨끈하게 마사지해 주고…." 하며 저마다 선전원들이 되어 열을 올렸다.

어느 토요일, 그날 따라 몸 상태가 좋지 않아 종일 누워 있었다. 남편은 이참에 그 만병통치라는 온열기에 몸을 한 번 맡겨 보는 것이 어떻겠냐고 권했다. 평소 호기심이 일던 터라 솔깃하여 집에서 입던 옷에 재킷만 걸치고 따라나섰다. 거울에 슬쩍 비친 내 모습이 부스스했다.

시간을 잘 맞춰왔는지 온열기 가게에는 기다리는 사람이 없었다. 처음 방문이기에 형식에 따라 몇 가지를 적고 있는데 문을 열고 누군가 들어오는 기척이 났다. 무심히 고개를 들었다. 낯익은 사람이 있었다. 그도 나를 알아본 것 같다.

"어머, 아무개 어머니 아니세요?" 큰아이 초등학교 2학년 때의 담임인 이 선생이 나를 보고 반가워한다. 이민 와서 그라나다 힐즈에 산다는 소식을 들었다. 20년 만인데 정면으로 대하기가 쑥스러웠다. 하필이면 이런 몰골로 있을 때 만나게 되다니. 억지 미소를 지으며 가까이 다가가려 주춤거리는데 안에서 내 이름을 불렀다. 인사를 하는 둥 마는 둥 허겁지겁 온열기가 있는 방으로 들어갔다. 위기는 모면했으나 온열기에 누워 있는 내 몸은 형틀에 묶여 있는 기분이었다. 기계는 아직 작동도 하지 않았는데 전신이 후끈거렸다.

"혼자 있을 때도 만인 환시(萬人環視)리에 하듯 행동하라."

행동은 때때로 생각 속에 규범을 쉽게 배반하는 것 같다.

예전에 어머니께서 수신에 대한 말씀을 자주 하셨다. 1남 3녀를 두셨으니 딸들의 몸가짐, 마음가짐에 늘 세심하셨다. 단정한 외모는 물론이려니와 보이지 않는 것에 더 신경을 쓰라고 하셨다. 살아가며 누구도 예측할 수 없는 사고를 당해 옷을 벗어야 할 때를 대비하여 속옷을 단정히 하라 강조하셨다. 표현을 속옷이라 하셨지만, 내면에 더 치중하라는 말씀이셨으리라. 외모는 얼마든지 꾸밈이 가능하나 향기처럼 풍기는 인격과 교양은 속 깊은 곳에서 샘물처럼 우러나는 것이라 하셨다.

몇 번의 실수는 몸과 마음의 나태를 벗어 버리라는 경고였다. 결국, 예의를 잃지 않음이란 남에게 보이기에 앞서 단정함이라는 자신에 대한 기본 도리이다. 예의는 사람이 행하여야 할 올바른 예와 도, 즉 정신 상태의 바름을 의미한다. 내적으로 충실하며 타인에 대한 긴장을 늦추지 않는 태도를 이름일 것이다.

건강하게, 단정하게, 진실하게, 즐겁게, 여유 있게, 아름답게, 로맨틱하게, 보람있게라는 단어에 유심한 마음 한 자락을 담고 싶다.

높게 올라앉은 하늘이 유리알처럼 청명하다. 저 청명함을 내 마음에 한껏 들여야겠다.

(2009.)

가을 수채화

비가 내린다. 내리는 것이 아니라 퍼붓는다. 천둥 번개를 동반한 비. 남가주에서는 좀처럼 볼 수 없던 세찬 비다. 나뭇가지들이 찢겨지고 이파리들이 울부짖는다. 빗속을 뚫고 한 통의 편지가 날아들었다. 봉투가 반이나 젖어 있었으나 여왕의 얼굴이 닮긴 녹색 우표가 선명했다. 근래에 소식이 끊겨 궁금했던 로즈메리로부터 온 편지 같은데, 봉투의 글씨체가 낯설다. 속지도 젖어서 Dear Sook이라고 쓴 글자가 울고 있다.

아내가 내 곁을 떠난 지 1년이 가까워 옵니다. 폐암이라는 사실을 전혀 모르고 있다가 갑자기 임종을 맞은 셈이지요. 아내는 증상이 뚜렷치 않은 기침을 자주 했고 체중이 급속도로 줄었습니다. 가을 전시회 준비로 바빠 피곤해서 그런 줄 알았던 아내는 전시회가 끝나고 나서야 진찰을 받았습니다. 폐암 말기라는 진단이 나왔습니다.

얼마 후, 의사는 그녀의 임종이 가까웠음을 알려 주었습니다. 이따금 멍한 시선으로 나를 쳐다보다가 잠들곤 했습니다. 아이들이 엄마 곁에서 나지막이 찬송가를 불렀습니다. 예전에 아내가 아이들에게 해주었던 것처럼.

나는 아내의 손을 조심스럽게 감싸 쥐고 "로즈메리, 로즈메리" 하고 불렀습니다. 그 순간 아내의 손이 미세하게 움직이는 것 같았으나 어쩌면 그것은 나만의 느낌일 수도 있겠습니다. 여러 날 동안 혼곤한 상태에 있던 아내는 이미 내 곁에서 조금씩 멀어지며 영원 속으로 빠져들고 있었습니다.

먼 나라의 친구여, 나는 이제야 비로소 로즈메리가 이미 이 세상 사람이 아니라는 소식을 전할 수 있게 되었습니다. 그동안 우리 가족에게 보여준 따뜻한 마음과 사랑에 감사합니다. 안녕. ─토마스.

둔기로 한 대 얻어맞은 것처럼 머리가 띵하다. 심장이 마구 뛰는데 머릿속은 하얗다. 창문을 열었다. 비가 얼굴을 때린다. 한동안 맞고 있으니 정신이 좀 드는 것 같다. 빗물인지 눈물인지 구별되지 않는 물이 줄줄 흐른다. 거의 2년여 동안 소식이 없었다. 몇 번 카드를 보내도 반응이 없었다. 궁금했으나 전시회로, 바자회로, 항상 바쁜 스케줄을 소화하느라 애쓰기에 그런 줄 알았다. 내 생일이 되어도, 크리스마스 때조차 소식이 없자 전화라도 해보고 싶었으나 번호를 알 수 없어 안타까웠다. 오래 전에 적어 두긴 했는데 주로 서신 왕래만 있었기에 찾을 수 없었다. 애당초 전화할 생각을 하지 않았던 것은 로즈메리를 위해서다. 내가 전화를 하면 그녀도 전화로 답을 하려

할 텐데, 로즈메리는 집수리부터 페인트까지 집안일을 부부가 함께 한다는 절약형이다. 또 있다. 강한 노던 아일랜드의 악센트가 마주 앉아 이야기할 때와 달리 정확히 이해되지 않았던 점이다. 내 불찰이다. 전화는 하지 않더라도 번호만큼은 가까이 두었어야 했는데. 끝없는 후회가 꼬리를 잇는다. 이미 다른 세상으로 떠난 친구에게 정말 미안하고 죄스러워 가슴을 에는듯하다.

 '페르 귄트 조곡'을 걸었다. 영국에 있을 때 보내준 음악이다. 받은 지 오래되어 테이프가 늘어졌는지 음악은 힘겹게 협곡을 넘듯 긴 여운을 남긴다. 그녀는 그리그의 '페르 귄트 조곡'을 좋아했다. 이 곡을 듣고 있으면, 우울하고 쓸쓸한 멜로디가 삭막한 노던 아일랜드 같아 애착이 간다 했다. 무겁게 흐르는 음악이 레퀴엠처럼 들린다. 지난 십 수 년의 일들이 주마등처럼 스친다.

 1980년 우리 가족이 영국에 도착했다. 그때 우리가 살던 곳은 런던 교외였다. 템즈 강을 끼고 있는 조용하고 아늑한 주택가여서 주거환경으로는 최고였으나 이따금 번화가를 구경하고 싶었다. 주말이면 식료품을 사러 나가지만 온 가족이 함께 움직이기에 쫓기듯 분주했다.

 두어 달이 지난 어느 날, 답답함을 참을 길 없어 한 시간마다 내왕하는 그린 라인 버스를 탔다. 잉글랜드는 산이 없고 광활하게 펼쳐진 들과 언덕뿐이어서 교외의 A도로는 안정감 있고 정겨운 시골 경치다. 가을로 접어든 나무들이 다양한 색깔로 옷을 입고, 저만치 보이는 언덕에는 양들이 한가하게 풀을 뜯고 있었다. '진작 나다닐 걸 괜히 집에만 있었잖아.' 기분이 한껏 들떠 다음 행선지까지 생각하고 있을 즈음 갑자기 버스가 덜컹거리다 이내 멈춰 섰다. 고장이 났다고, 다음 버스가 오려면 1시간가량 기다려야 한다는 안내 방송이 나왔다. 승객들은 거의 다른 차편을 이용하려 내렸으나 나는 초행길이기에 다른 노선을 알지 못해 그대로 앉아 있었다. 버스에는 내 좌석 서너 줄 앞의 여자 승객과 나뿐이었다. 답답하여 버스에서 나왔다. 조금 떨어진 곳에 버스 정류장이 보였다. 벤치도 있었다. 주변 경치가 무척 아름다웠다. 공기도 쾌적하다. 차들의 왕래가 뜸한 한적한 곳. 이 벤치에 앉아 한 시간을 즐길 것이다. 길 건너 경마장에서는 말들이 힘차게 트랙을 돌고 있다. 아이처럼 왜소한 어른이 엉거주춤한 자세로 말 위에 앉아 있다. 잘 달리는데도 채찍을 내리친다. 말은 놀람과 아픔을 견디지 못해 더 빨리 트랙을 돌고 또 돈다.

 버스를 탈 때만 해도 한달음에 런던에 도착할 줄 알았다. 시내를 구경하고 쇼핑도 할 예정이었다. 타국에 와서 처음 탄 버스가 고장이 나 길가 벤치에서 쉬고 있으리라 상상이나 해보았을까. 이 작은 돌발 사건에서 우리 삶이 한 치 앞을 모르는 인생이라는 말을 떠올렸다면 지나친 비약일까.

 우리의 삶도 계획한 대로 이루어지지 않기에 도전의 기쁨을 누리기도, 실패의 쓴 잔을 마시기도 하지 않는가. 나도 결혼 전 큰 뜻을 품고 발돋움하려는 찰나 갑자기 집안에 변고가 생겨 모든 계획이 수포로 돌아갔다. 품었던 꿈을 접을 수밖에 없었고 평범하게 사는 아내, 엄마의 길을 따라 묵묵히 여기에 이르렀다. 저 말 같이 앞에 길이 있으니 한 곳을 향해 달렸다. 그래, 인생은 사는 것, 살아가는 것이기에 살아 있는 한 사는 것이 생의 의지일 게다. 갑자기 철학자가 된 듯 인생까지 논하고 있다.

앞자리에 앉았던 부인도 답답했나보다. 밖으로 나오는 것이 보였다. 내게 다가온다. 미소가 곱다. 그레이스 켈리가 연상되는 듯한 미모. 마치 중세기 귀족의 부인처럼 우아하고 아름답다. 자신은 노던 아일랜드에서 온 로즈메리라 했다. 친구의 병 문안을 왔던 참에 대영박물관을 구경하러 가던 길이라고. 부인도 나와 같이 초행이어서 다음 버스를 기다리고 있었다. 부인은 낯선 동양인에게 오래 전부터 알고 지낸 친구처럼 자상하게 대했다. 거의 한 시간가량 무슨 이야기를 나누었는지 생각나지 않으나 언어가 엮어내는 단순한 정담의 차원을 넘어선 대화였을 것 같다. 헤어질 때 주소를 물었다. 외국인에 대한 의례적 호기심이려니 했으나 2주 후 로즈메리로부터 편지가 왔다.

단 한 번의 만남이었다. 인연은 영국에서 시작했으나 미국까지 이어졌다. 요즈음 같이 E-mail이 있던 시절이 아니어서 편지를 주고받았다. 부인의 필체는 고어체의 달필로 아름다웠다. 독서량이 많아 어휘가 뛰어나고 문체나 사연이 간결한데도 내용이 함축성 있어 편지라기보다 한 편의 서정시 같았다. 편지는 앞뒤로 빼곡하게 보통이 서너 장, 많게는 대여섯 장으로 이어졌다.

영국에 도착 후 이틀 만에 찾아갔던 곳이 '워털루 브리지'라고 나의 영국 이야기를 시작했다. 너무도 강하게 비극으로 남아있는 추억의 명화 '애수'. 제1차 세계대전의 회오리에 사랑을 잃고 영락의 길을 걸었던 비운의 발레리나 '마이라'의 비애를 공감하며 그 다리를 서성였다 했다. 촛불이 하나하나 꺼지며, 이별의 왈츠 올드 랭 사인에 감기듯 춤추던 아름다운 발레리나는 아직도 내 환영 속에서 춤추고 있다고.

영국에 살 때 여행을 많이 했다. 국내는 로만 바스를 시작으로 스톤헤인지, 에딘버라, 웨일즈, 스코틀랜드까지, 바다만 건너면 무한히 펼쳐져 있는 유럽도 자주 왕래하며 꿈꿔왔던 유적지 찾기에 바빴다.

요크셔 지방 하워즈 무어의 <폭풍의 언덕(Wuthering Heights, 에밀리 브론테)>은 16살 소녀 시절부터 가슴에 품고 있던 소설이었다. 세상에서 가장 아름다운 사랑, 죽음으로도 갈라놓을 수 없었던 그들의 처절했던 사랑의 장소를 상상 속에서 꿈꿔왔기에 꼭 한번 가보고 싶었다. 5월에 '폭풍의 언덕'을 찾았다. 보랏빛 헤더(Heather)꽃으로 온 들판이 덮여 있었다. '폭풍의 언덕'을 다녀온 후 히스클리프의 망령에 시달리며 앓은 열병은 나를 한동안 캐서린으로 만들어 놓았다고 했다.

로즈메리는 테니슨의 '이녹 아든(Enock Arden)'을 소개했다. 폭풍의 언덕과는 전혀 다른 연민과 감동이었다. 그들의 사랑을 감히 완전한 사랑이라 말할 수 있겠다. 이녹, 애니, 필립은 가장 아름다운 만남이었고 가장 맑고 깨끗한 사랑, 가장 슬픈 헤어짐이었다. 화제는 한동안 히스클리프였다가, 이녹이었다가, 필립으로 이어졌다. 우리는 주로 책, 음악, 그림에 관한 이야기가 많았다. 취미가 비슷하고 코드가 맞아 편지 쓰고 답장을 기다리는 재미로 살았다.

건축학을 전공했으나 예술가 기질을 타고난 그녀의 그림 솜씨는 아마추어의 경지를 넘어섰다. 크리스마스 카드, 생일 카드는 직접 그려서 보내 주었다. 섬세하고 정교한 터치가 뛰어났다. 틈틈이 그린 그림으로 이미 몇 차례 전시회를 열었다. 전시회의 수익금과 뜨개질을 해서 모은 돈으로 탄광촌 사람들을 도왔다. 남편은 프로골퍼였으나 몇 년 전 사고를 당해 지금은 휠체어에 몸을 의지하고 있다고. 몸은 불편해도 프로 때 못지않게 왕성한 활동으로 골프에 관한 책을 저술하고 경기 해설을 맡는 등 일에 열정을 쏟고 있단다.

이따금 호숫가를 산책할 때면 남편의 눈빛이 필드에 있을 때처럼 생기가 돈단다. 호수가 한눈에 내려다보이는 곳에 휠체어를 고정해 놓고 로즈메리는 그림을 그린다. 남편은 책을 읽고 화폭에 옮겨지는 아내의 그림을 감상하기도 하는 이때가 이들 부부에게 가장 행복한 시간이란다. 이윽고 석양이 호수에 그림자를 드리우면 노을빛에 물든 아내의 모습을 스케치한다고. 그 이야기가 마치 서정 소야곡처럼 들렸다. 조용하고 우아한 여인이 남편 곁에서 화폭에 꿈을 담고 있는 모습이 호숫가의 정경과 잘 어울려 그들이 한 폭의 그림 같지 않았을까 하는 상상을 떠올려 보곤 했다.

우리 아이들이 일가를 이루면 다시 영국으로 돌아가 살 계획이라고. 그때 노던 아일랜드를 방문하겠다고 말했던 나의 약속은 십 수 년이 지난 지금까지 지켜지지 못한 채 친구는 이승을 하직했다. 그의 병상에 위로의 카드 한 번 보내 주지 못한 것이 마음 아프다. 생과 사는 엄숙한 자연의 계율이라고, 인생은 유한성 생체에 불과한 것이라 언젠가는 떠나는 것이라고, 빠져나갈 구멍을 만들려고 언어를 다 동원해도 그의 부재로 인한 존재의 의미를 더 깊게 깨닫게 되는 모순이 안타깝기 그지없다.

가을이어서 쓸쓸한데 그녀가 떠난 가을이기에 더 쓸쓸하다. 내 마음은 이미 아득히 먼 노던 아일랜드, 황량한 그곳 산야를 헤매고 있다. 보고 싶다, 참으로 보고 싶다. 우아한 미소로 반겨줄 것 같은 그녀가 보고 싶다.

나는 서둘러 노던 아일랜드로 화환을 보냈다. 낯선 거리에서 헤어진 후, 짧지 않은 세월 동안 함께 나눈 내밀한 정이 이제는 추억이 될 수밖에 없는 그리움과 애도의 마음을 담아서. 꿈처럼 아름다웠던 우리들의 이야기는 영원히 잊히지 않을 것이라는 약속을 담아서.

그 후 토마스가 보내온 편지에는 놀랍게도 내가 보낸 화환이 로즈메리 1주기에 도착했고, 그녀의 미완성 유작인 '가을 수채화'와 너무도 흡사하다 했다. 긴 세월, 서로 그리워하며 쌓아간 우정은 친구가 남기고 간 '가을 수채화'를 통해서 다시 한 번 영혼의 교감을 나눌 수 있었다.

이파리가 다 떨어진 나무에 덩그렇게 매달린 까치집처럼 나는 지금 안타깝게 흔들리고 있다. 텅 빈 마음에 찬 그늘이 내린다.

(1996.)

첫눈

토요일 이른 아침, 손자 윌리엄의 전화를 받았다.

"하이 할머니, 굿모닝."

"할머니, 눈이 오는 꿈을 꾸었어요. 어젯밤에. 샌타바바라에 눈이 오려면 아직 멀었는데 꿈에 본 눈도 되나요? 눈 꿈을 꾼 건 처음이니까 첫눈이 아닌가요? 아빠는 안 된다는데요. 진짜로 내리는 첫눈을 봐야 한다고." 잔뜩 흥분한 어조로 보아 "안 돼." 하면 금방 울어버릴 것 같다.

"윌리엄, 되고말고. 처음 본 눈은 첫눈이니까 꿈에 본 눈도 되지. 할머니가 다음 주말에 갈게. 그때 네가 봐 두었다는 바이크를 사러 가자."

"고맙습니다. 할머니." 윌리엄의 목소리가 새가 되어 날아갔다.

윌리엄은 작은아들이 입양한 흑인 손자다. 올해 7살이 되었는데 발육이 빨라 또래 아이들보다 크다. 축구를 좋아하고 자전거도 잘

탄다. 일찍이 아빠가 카메라 다루는 법을 가르쳐 주어 사진 찍는 솜씨가 남다르다.

윌리엄이 4살 되었을 때 다시 백인 아기 빅토리아를 입양했다. 두 아이 모두 부모가 있는데 기를 능력이 없어 출산 전부터 입양기관에 의뢰했단다. 윌리엄도 빅토리아도 출산 시 아들 내외가 탯줄을 잘랐다. 갓 태어난 아기가 아들 품에 안겼을 때 여린 심장의 박동이 전해져 눈물이 나더라고 했다.

미국에서 신생아 입양은 무척 까다롭다. 부모는 적지 않은 금액을 입양기관에 지급해야 하고, 아이가 성년이 되기까지 입양기관의 관리와 보호를 받는다.

지난 몇 달은 작은아들 집에 머문 시간이 많았다. 봄부터 빅토리아가 프리스쿨에 다니게 되어 외할머니와 격주로 손녀의 등, 하굣길을 도와주었다. 집에서 샌타바바라까지 편도 160km의 거리가 멀게 생각되지 않는 행복한 작업이었다. 잠시나마 손녀를 돌볼 수 있어 감사하고 행복했다.

샌타바바라에서 온 지 얼마 되지 않았는데 벌써 아이들이 보고 싶다. 언제 다시 그런 기회가 올 수 있을까. 천진한 아이들에게서 때 묻지 않은 세상을 보았다. 아들 내외의 교육도 한몫이겠지만, 아이들 성품이 착해서 곱게 잘 자랐다. 1년에 몇 번 가족 모임이 있을 때 보면 부산스럽지 않아 요즘 아이들 같지 않다고 칭찬해 주었는데, 함께 지내는 동안에도 여전했다. 내 아들 며느리가 낳아도 이보다 더 만족스러울 수 없을 정도로 귀엽고 사랑스럽다.

윌리엄이 새 자전거가 갖고 싶다고 이따금씩 투정했다. 내가 봐도 몸집보다 자전거가 작았으나 아들 내외는 못 들은 척했다. 아들네는 경제적으로 여유가 있는데도 아이들에게 철저하게 절약 정신을 가르친다.

내 소임을 마치고 샌타바바라를 떠나던 날 윌리엄에게 꿈을 심어 주었다. '첫눈 오는 날' 할머니가 바이크를 사주겠다고. 오래 전 첫눈을 기다리던 정아처럼 그 설렘과 기쁨을 윌리엄에게도 맛보게 해주고 싶었다. 약속한 지 한 달 만에 윌리엄이 꿈을 꾼 것이다. 지난번 며느리 전화에서 '눈이 빨리 오게 해달라고 윌리엄이 기도한다.'는 말을 들었다. 어린 마음에 얼마나 첫눈을 기다렸으면 그 기도가 꿈속을 찾아갔을까. 처음으로 눈 꿈을 꾸었으니 첫눈이 아니냐는 손자의 기발한 주장이 더없이 사랑스러웠다.

첫눈을 기다리던 7살 소녀 정아가 있었다. 영리하고 감성이 풍부하고 피아노 치는 솜씨가 탁월했다. 그해 초겨울로 접어들자 정아는 눈을 몹시 기다렸다. 나를 만나기만 하면 눈이 언제쯤 올는지 아느냐고 물었다.

"정아야. 이제 곧 눈이 올 텐데 왜 그렇게 성화를 하니?"

"아빠가 '첫눈 오는 날' 피아노를 사준다고 약속했어요."

정아의 말을 듣는 순간 나는 숨이 멎을 것같이 감동했다. 그것은 어떤 의미에서 전율과 같았다. 아! 얼마나 멋진 아빠인가. 돈이 생기면, 말을 잘 들어야 사준다는 것이 아니잖은가. 1960년대에는 대부분 경제 사정이 어려웠다. 당시로는 물량도 귀하고 엄청난 가격, 재산 목록에 들 수 있는 피아노를 순수하게 '첫눈 오는 날'로 약속하여 기다림을 키우게 한 그 아빠가 멋졌다. 말로 표현할 수 없이 저릿저릿한 가슴, 그날부터 나도 정아와 함께 첫눈을 기다렸다.

  겨울은 첫눈과 함께 오는 것 같다. 첫눈이 내려야 비로소 겨울 맛이 난다. 첫눈은 기다림을 키우게 하고 마음을 설레게 한다. 아직 그 누구의 발길도 닿지 않은 희고 순결한 꽃잎을 보기 위해 밤잠을 설쳤던 이가 있는가. 은빛으로 덮인 세상 위를 걸을 때 뽀드득 부서지며 밟히는 눈의 촉감을 잊을 수 없다.

  쏟아지는 눈을 맞으며 걷는다. 아! 이 기분을 어찌 말로 표현할 수 있을까. 첫사랑 같은 굉장한 경험이 기다릴 것 같은 설렘. 예전에 보았던 흑백 영화의 한 장면처럼 우연히 마주치게 되는 어떤 운명적 만남을 상상해 보기도 한다. 또 이런 날, 가로수가 눈꽃을 피우는 날이면 버릇처럼 발걸음이 옮겨지던 곳이 있었지. 고요가 신비처럼 감도는 비원. 늦가을 천지연을 향해 걷던 좁은 길은 단풍 색깔이 유난히 고와 즐겨 찾던 곳이나 겨울은 겨울대로 깊은 정적이 내려앉아 아늑하고 한가롭고 고즈넉한 뜨락.

  나는 겨울이 좋다. 코끝에 감기는 찬바람이 상쾌하고 정신이 번쩍 들도록 볼을 때리는 찬 기운이 좋다. 눈 내음에 취해 바람에 흔들리는 나뭇잎처럼 곧잘 감정의 수위가 무너지기도 하고, 노래가 되었다가 춤이 되었다가 마침내 눈이 되는, 현실감 없는 그런 내가 좋다. 꿈속에서만 머무는 아득함이 있어 좋다.

  눈이 올 리 만무한 글렌데일 우거에서 나는 지금 첫눈을 꿈꾸며 기다린다.

(2012.)

그리움이라 부를 수 있는 것

　해마다 초여름이면 복숭아를 가져오는 친구가 있다. 잔가지에 달린 복숭아를 둥근 대바구니에 담아 오기에 푸른 잎과 더불어 보통 운치가 있는 것이 아니다. 복숭아는 좀 덜 익은 것같이 푸른 기가 돌고 자잘한데도 당도가 높고 맛이 좋다. 잘 익은 수밀도 같아 식탁 위에 한두 알만 놓아두어도 향내가 온 집안에 진동한다. 복숭아가 덮개를 쓰고 오기에 건네받을 때마다 까맣게 잊고 있었던 세월 속의 한 장면이 떠올라 웃음 짓곤 한다.
　요즘이야 세계가 일일권 내에 있고 내왕이 잦아 외국에 가서 사는 것이 별 관심거리에 들지 않으나 내가 처음 영국으로 떠났던 1980년은 외국여행이 자유롭지 못하던 시절이었다. 공항으로 전송 나온 친구들은 단 몇 년간이지만 헤어지는 것이 서운하여 편지하라고 신신당부했다. 나는 어린 시절부터 꿈에 그리던 유럽으로 떠나게 된 것이 신나서 친구들을 끌어안으며 씩씩하게 "다녀올게."를 외쳤다. 내가 조금도 섭섭함을 보이지 않는 것이 오히려 친구들의 마음을 서운하게 만들었다.

외국 생활이 처음이라 모든 것이 생소하고 두려웠다. 처음엔 남편과 함께 다니며 아이들 학교와 쇼핑을 해결했으나 일정 수습기간이 지난 후부터는 온전히 내 몫이었다. 막연히 유럽을 동경했을 뿐, 낯선 나라에 와서 산다는 것이 보통 일이 아니었다. 나는 발음을 정확하게 해도 상대방이 내 말을 알아듣지 못하는 데서 비극이 시작되었다. 그 나라의 습관을 알지 못하기에 황당한 일들이 벌어졌다. 오랜 세월이 흐른 지금까지도 그때 치렀던 신고식을 생각하면 갱년기를 맞은 여인의 얼굴처럼 벌겋게 달아오른다.

제1화

우리 가족이 런던 교외 '서나 가든'에 도착했을 때 받은 강렬했던 인상이 지금까지 또렷이 남아 있다. 거기엔 내가 꿈꾸고 상상한 이상의 존재감과 근원적인 풍경이 있었다. 그 동네는 고색창연한 집들이 띄엄띄엄 있었고, 아름드리 나무의 울창한 나뭇잎이 하늘을 덮어 아치를 이루었다. 집에서 불과 2, 3분 거리에 템즈 강이 흐르고 있다는 것도 축복이었다. 산책할 때면 내가 지금 꿈을 꾸고 있는 것이 아닐까 할 정도로 지상 낙원이 따로 없었.

집을 소개한 분 말에 의하면 그 동네에 동양인이 들어온 것은 우리가 처음이라 한다. 동네 주민은 우리가 외국인이기에 관심을 두고 친절을 베풀었으나, 문화와 관습이 다른 곳에서 언어마저 자유롭지 못한 상태라 때론 친절도 부담스러웠다. 일거수 일투족이 조심스러웠다.

　도착하고 처음 맞는 연말에 이웃 판사 댁에서 우리 내외를 초대했다. '서나 가든 입성 환영 파티'란다. 그 댁에서는 해마다 인근 몇 가정을 초청해서 한 해 동안 지내온 이야기를 나누며 송년을 보낸다. 파티는 현관과 부엌에서부터 시작되었다. 들어오는 사람마다 수인사를 나눈 후 샐러드와 와인을 즐기며 담소한다. 초대받은 사람들이 거의 다 모였을 때쯤 주인이 거실을 개방했다.

　그날 일곱 가정이 초대되었으나 파티가 한창 무르익을 무렵, 한 젊은 부부가 커다란 대바구니를 들고 들어왔다. 두툼한 헝겊이 덮여 있어 무엇을 가져왔는지 모르겠으나 안주인이 반색하며 대바구니를 안고 이층으로 올라가는 것을 보니 꽤 귀한 물건임이 틀림없었다. 옆집 부인에 의하면 초대받았을 때 와인 2병이면 충분하다 하여 그 말을 따랐는데, 바구니를 받고 희색이 만면한 것을 보니 그게 아닌 것 같았다.

　아이들 학교의 물리선생 왓슨은 매우 친절하고 호의적인 분이다. 바쁜 와중에도 방과 후면 우리 아이에게 개별 학습지도를 해주고 힘든 일이 없는가를 자주 물었다. 이제 막 중학생이 된 아이들이 낯선 나라에서 적응한다는 것이 쉽지 않은 때여서 자상하게 보살펴 주는 왓슨이 무척 고마웠다.

어느 날 왓슨이 우리 가족을 초대하고 싶다고 아이 편에 편지를 보냈다. 진작 초대하고 싶었으나 부인이 출산하여 늦어졌다며 자신의 집 약도와 전화번호를 알려 주었다.

약속된 날, 나는 유리 상자에 담긴 한국 인형과 와인을 준비했다. 바구니에 선물을 담아 가져가고 싶었으나 바구니를 어디서 사야 하는지, 무얼 담아야 하는지 몰라 전통 의상이 고운 한국 인형으로 택했다. 미세스 왓슨은 인물이 수려한 중국 미인이었다. 게다가 요리 솜씨가 뛰어나 북경식 요리가 일품이었다. 부인이 동양인이어서 우리 아이들에게 특별히 관심을 뒀던 것을 그제야 알게 되었다.

두 달 후, 학년이 끝났기에 우리도 왓슨 부부를 초대했다. 갈비, 잡채, 전유어 등 한국 고유의 음식을 맛깔스럽게 준비해 놓았다. 아기는 누구에게 맡기고 온 듯, 손에 커다란 대바구니가 들려 있었다. 전에 판사 댁에서 이미 선물 바구니의 위력을 알고 있었기에 드디어 나도 대단한 선물을 받는구나 싶어 내심 기분 좋았다.

"뭘 이렇게까지 준비하셨어요. 그냥 오시지 않고. 선물 감사합니다."

동양식의 겸손한 인사를 마치고 두 손을 내밀어 선물 받을 준비를 했다.

부인은 선물은 주지 않고 입안 가득 터져 나오려는 웃음을 간신히 참으며 아이들 방이 어디 있는가를 물었다.

"이 층입니다마는…."

나는 내민 손을 거두어들이지도 못하고 엉거주춤한 채로 부인을 쳐다보았다. 부인은 바구니에 시선을 주며 "아기를 눕히려고요."했다.

아니, 이런 실수가. 머리를 세차게 얻어맞은 기분이었다. 바구니에 담긴 아기를 선물로 잘못 알고 고맙다는 인사까지 했으니. 얼굴이 화끈거려 견딜 수 없었다. 아기를 바구니에 눕혀 들고 다닌다는 것을 알지 못했다. 대단한 선물 바구니로 착각했던 판사댁 일화를 털어놓았다. 모두들 구를 듯이 웃었다.

제 2 화

영국 갈비는 일품이다. 영국사람은 먹지 않는 갈비를 한국 주재원들이 싼값에 먹을 수 있도록 개발시켜 놓았다. 기름을 다 떼어 내고 살만 붙어 있는 것을 반듯반듯하게 잘라 놓아 찜이나 불갈비감으로 최고였다.

어느 날 아침 혼자 장을 보러 나섰다. 평소에는 주말에 남편과 함께 가는데, 토요일은 정오까지만 문을 열기에 늘 분주하게 종종거려야 했다. 느긋한 마음으로 좀 먼 곳 킹스턴에 있는 부처(Butcher)까지 갔다. 내가 부처에 도착했을 때 서너 명이 줄을 서서 기다리고 있었다.

차례가 되자 나는 갈비(Ribs of Beef)를 주문했으나 주인은 내 말을 알아듣지 못했다. 나는 다시 정확하고 또박또박하게 '립스 어브 비프, 플리스' 했다. 그때도 못 알아듣기는 마찬가지였다. 얼굴이 확확

달아올랐으나 다시 용기를 내어 서너 번을 반복하다가 나중에는 하도 답답하여 내 갈비뼈를 손가락으로 그으며 '립스'를 외쳤다.

바로 그때 내 뒤의 노신사가 "오, 립(Oh, Rib)" 하며 혀를 데구르르 굴리는 것이 아닌가. "오, 립이었군요." 하듯이 여기저기서 오, 립을 마디씩 거든다. 립(Rib)을 립(Lip)이라 발음했으니 못 알아듣는 게 당연했지만, 너무 무안하여 갈비고 뭐고 빨리 그 자리를 떠나고 싶었다. 다만, 나를 곤경에서 구해준 노신사에게는 감사의 인사를 차려야 할 것 같아 돌아서다가 비틀거려 그만 노신사의 구두를 밟고 말았다. 뒤돌아서며 보니 내가 미적대고 있는 동안 줄을 선 사람이 많아 당황했던 탓이다. 얼떨결에 나는 '땡큐, 땡큐 베리 마치'를 연발하고 있었다. 죄송하다는 말을 해야 하는데, 내 의식 속에는 감사 인사만 생각하고 있었기에 인사를 바꿔서 했다. 부처를 어떻게 걸어 나왔는지 그 후의 일은 전혀 생각나지 않는다.

당시 영국에 거주하고 있던 한인은 대사관, 유학생, 지사, 상사를 합쳐 봐야 2천 명이 채 되지 않던 시절이었으니 누구에게 묻고 경험을 쌓고 할 게재가 아니었다. 평일에 런던 거리에서 한국 사람을 만나기가 쉽지 않았다.

이따금 실수도 해가면서 사는 동안 차츰 그 문화에 동화되어 갔고 길들어 편안해졌다. 한국인의 정체성을 잃지 않으며 외국인과 스스럼없이 살아가게 될 때쯤 되니 영국을 떠날 날이 임박했다. 몹시 아쉬웠다. 영국의 전통에서, 문화에서 풍겨 나오는 정서가 나와 잘 맞아 삶이 보람되고 즐거웠으며 행복했기에 5년의 세월에 아쉬움을 남겼다. 내 인생의 여정에서 유럽이 없었다면 삶이 사뭇 달라졌을 것이다. 그곳에서 삶은 신이 내게 내려준 축복이었다고 확신한다.

지금 인생의 황혼, 고즈넉한 뜨락에 앉아 지난날을 돌아보게 되는 때면 안개비 자욱이 내리던 런던이 그림처럼 떠오른다. 그곳은 내가 꿈꿨던 모든 것을 갖추고 있어 한 번 더 살아보고 싶은 날들이었음을 가슴 저린 그리움으로 고백하지 않을 수 없다.

수북이 쌓인 눈 속에서 파랗게 솟아오르는 잔디를 보았을 때의 경이로움. 머리 위에 검은 구름이 한 조각만 있어도 비를 뿌리고야 마는 신기함. 기도하는 자세로 경건하게 서 있는 높다란 주홍색 가로등, 그 불빛 사이로 아스라이 피어오르던 자욱한 안개는 가히 환상이었다.

템즈 강가 노란 수선화의 물결도 장관이었다. 물가에 비친 자신의 모습을 연모하여 빠져 죽은 나르시수스의 혼령인 듯, 수선화가 무더기로 피어 있었다. 그 사이를 한유하게 노니는 백조의 무리. 야트막한 구릉에서 한가롭게 풀을 뜯고 있는 양 떼들의 모습은 살아 있는 전원의 풍경이었다.

몰라서 저지른 실수, 부끄러워 입 다물고 있던 실수도 추억 속의 그리움으로 표현될 수 있음은 세월이 많이 흘렀기 때문이리라. 누가 말했던가, 지나간 것은 아름답다고.

(2004.)

들꽃 향기 가득히

계절이 스쳐 지나간 자리에 몇 포기 남지 않은 갈꽃 무더기가 안쓰럽다. 세찬 바람에 자지러질 듯 이리 쏠리고 저리 쏠리는 몸부림이 무성했던 여름의 잔영처럼 쓸쓸하다.

여름 한철 싱그럽던 이파리들이 떨어진다. 청명한 햇빛 속에 낙화처럼 지고 있다. 발목 위로 낙엽이 휘감긴다. 다시 태어날 수 있는 확신이 있어 미련 없이 떨구는 것일까. 낙엽은 바람과 구름과 비의 속삭임을 삭이며 청량한 가을 속에 묻힌다.

해마다 추수감사절 즈음이면 '웨스트민스터 가든'을 방문한다. 이곳은 한국에서 선교사로 활동하다가 노년에 미국으로 돌아온 분들이 모여 산다. 1900년 초 이들의 부모님께서 한국 선교사로 파송되었기에 자연스럽게 신앙의 대를 이어 선교사로 활동했다.

일제 강점기, 억압에 시달리던 우리 민족에게 교회와 학교를 세워 주고 그리스도의 복음을 전해 주었다. 암울했던 시기에 희망의 등불이 되어준 고마운 분들. 한국에서 태어나 우리 말과 문화와 정서에도 익숙하다. 회원 중에는 여학교 때 선교사에게 교육받은 사람도 여럿 있어 이곳을 방문할 때마다 스승의 예를 갖추며 추억담을 나누느라 시간 가는 줄 모른다.

　선교사들과 함께 예배드리고 찬송을 부를 때면 돌아가신 어머니 생각이 난다. 내가 어렸을 때 어머니께서 찬송가 몇 곡을 영어로 불러주셨다. 영어를 한마디도 알아듣지 못하던 때 조용히 불러 주시던 '예수 사랑하심은(Jesus loves me)'은 하늘에서 들리는 천사의 노래 같았다. 이 세상 어느 노래가 그처럼 가슴을 파고들 수 있을까. 감탄과 존경의 마음으로 들었던 어머니의 찬송 소리를 이곳 선교사님의 음성에서 다시 듣는다. 내 기억 속에 선연히 남아 있는 찬송가. 그 어려운 발음의 노래를 좋아해 곧잘 혀를 굴려가며 따라 불렀던 기억이 새롭다.

　외삼촌께서는 일찍이 신학문을 전수받은 분으로 친구 두 명과 함께 '삼각 청년회'라는 신앙 모임을 이끄셨다. 야학을 열어 아이들에게 배움의 길을 터주셨고 찬송과 성경을 가르치셨다. 이따금 그곳에 미국 선교사들이 오셔서 영어 찬송을 가르쳤는데, 어머니도 그 모임에 참석하셨단다.

　예배실로 향하는 발길이 차분해진다. 이곳에 올 때마다 선교사님이 줄어든다. 인연 맺은 지 십 수 년이 지났으니 80, 90세를 바라보는 노인들이다. 예배당에는 작년에 웃으며 맞아주시던 J선교사님 모습이 보이지 않는다. 세상에서 사명을 마치고 천국으로 가셨다 해도 함께 나눈 시간과 정든 추억이 있기에 허전한 마음 그지없다.

예배드리고 오찬을 나누며 준비한 순서가 진행되는 사이 친구와 나는 별관으로 갔다. 지난해까지도 돋보기를 쓰지 않을 정도로 시력이 좋았던 배위치 목사님이 근간에 급속도로 시력이 나빠져서 문밖 출입을 못하신단다. 목사님이 좋아하는 불고기와 잡채, 오이소박이, 김치를 듬뿍 담았다.

목사님은 오늘 우리의 방문을 알고 계셨다. 우리가 들어서자 '삼천리 반도 금수강산을 힘차게 부르신다. 목사님을 뵈니 눈물이 왈칵 솟구친다. 안타까워 주춤거렸으나 목사님의 밝은 모습과 찬송으로 이내 평상심을 되찾았다. 목사님은 성품이 쾌활하시다. 손으로 더듬어서 식사하시면서도 한국 음식 예찬론을 펴신다. 시종 유쾌한 음성으로 근저의 생활을 자세히 들려주셨다. 눈이 안 보이는 불편함 이외에는 건강하시다는 목사님. 한창 젊었을 때 한국 땅을 종횡으로 누비며 활동하던 때를 생각하면 지금도 힘이 솟는다고 하신다. 헤어지며 악수를 청하는 목사님의 손이 따뜻했다. 그의 마음처럼. 내년에 다시 뵐 때는 밝은 눈으로 맞아 주시기를 소망한다는 위로의 말을 남겼다.

외지에서 활동하다 본국으로 돌아온 선교사는 미국 정부의 혜택을 일부만 받는다고 한다. 이곳에서 일했더라면 편안한 노후가 주어졌을 텐데 땅 끝까지 복음 전하라는 사명을 따르느라 지상의 삶이 고달프다. 선교는 순교를 각오한다. 선교사로 파견되었다가 돌아오신 분들이나 단기 선교를 다녀온 사람들의 이야기를 들으면 타 종교 지역에서 그리스도의 복음을 전하기란 목숨과 맞바꿀 만큼 위험이 따른단다. 언제 누구에 의해 불이익을 당할지 몰라 활동이 늘 조심스럽다. 일찍이 선교사님의 부모님께서 한국에 오셔서 순교를 각오하며 복음 전파에 힘쓰셨기에 우리가 지금 편안히 신앙생활을 하고 있다.

　석양이 기울 무렵, 선교사님들의 배웅을 받으며 함께 들길을 걷는다. 듬성듬성 남아 있는 들꽃과 바람결에 흩날리는 은발이 앞서거니 뒤서거니 오르내린다.

　헤어짐이 아쉬워 우리의 차가 시야에서 사라질 때까지 손을 흔들며 미동도 않고 서 계신다. 바랄 것도 기다릴 것도 없는, 모든 것을 하늘의 뜻으로 알고 한평생을 사신 분들의 여유가 면면히 흐른다. 위로부터 내리는 평안이 저 같은 모습일까. 고통과 시련과 역경을 모두 거치지 않고는 결코 아름다워질 수 없는 숭고함. 선교사님들의 남은 삶이 은총과 축복으로 가득하기 기원하며 아쉬운 작별을 남긴다. 들꽃 향기가 늪처럼 고여 있는 웨스트민스터 가든에 어둠이 서서히 스며들고, 은은한 호박꽃 불빛이 별처럼 돋아난다.

(1996.)

살아있는 감동

아직도 나는 오늘보다 내일을 꿈꾸며 산다. 철이 덜 들어서인가 작은 일들에 콧마루가 시큰해질 때가 잦다. 흘러간 명화를 감상하며 눈물을 흘리기도 하고, 예전에 내가 춤추었던 발레 음악을 듣게 될 때는 가슴이 출렁인다. 비교적 음악을 가까이하는 편인데도 의외의 장소에서 클래식 음악을 듣게 될 때 감정의 수위가 여지없이 무너진다.

얼마 전, 해변을 따라 세븐틴 마일즈로 여행했다. 긴 주행 시간의 무료함에서 벗어나 차라도 마시려고 바닷바람이 시원한 노천카페에서 쉬고 있었다. 그때 어디선가 카푸아 곡인 '오 솔레 미오'가 들려왔다. 한낮이 기우는 시각, 주변이 혼잡한 곳이었으나 내 귀를 찾아드는 그 음악은 청량제처럼 기분이 전환되었다.

'오 솔레 미오'는 사랑하는 여인을 찬미한 노래다. 시인 조반니 카푸로(G. Capurro)의 "폭풍이 지난 후 빛나는 태양보다 더 찬란한 나의 태양이 사랑하는 너의 이마에서 빛난다."라는 내용을 담은 시이다. 나른한 오후를 가르며 들려온 노래는 무덥고 긴 여름날 갑자기 쏟아져 내린 한줄기 소나기였다. 송글 솟아난 땀방울을 식혀주는 산들바람이었다. 비가 멈추고 난 후 살짝 내비친 햇살이었다.

노을을 볼 때면 가슴이 뛴다. 하루 중 가장 고운 색채만을 응집하여 황홀히 피우는 꽃, 가슴까지 물들여주는 비경이다. 새벽 노을은 신선함이 있고, 온 하늘을 사랑의 빛으로 물들이는 저녁노을은 아름다워서 슬퍼 보인다.

칼스배드 여행 때였다. 시원하게 펼쳐진 바다를 바라보며 한창 달리고 있을 때 마침 해가 지고 있었다. 태양이 하늘과 바다에 못다 한 사랑을 풀어놓은 듯, 비길 데 없이 아름다운 선홍빛으로 물들이며 심연처럼 깊고 엄숙한 바다에 서서히 몸을 눕힌다. 그때 여기저기서 함성이 들렸다. 바다로 향한 호텔 창문마다 젊은이들이 빼곡히 매달려 지는 해를 향하여 손을 흔들어 환호한다. 태양과 바다가 열정적인 사랑을 나누며 장렬한 임종을 맞는다.

벤치에 앉아 석양을 바라보는 노인과 환호하는 젊은이들. 노인들은 스러져 가는 일몰을 보며 자신의 여생을 한 번쯤 의식할 수도 있겠고 젊은이들은 다시 떠오를 미래를 확신할 것이다. 한 폭의 그림인데도 처지에 따라 현저하게 대비됨을 볼 수 있었다.

꽃을 받을 때 행복하다.

몇 년 전 밸런타인스데이에 큰아들이 꽃바구니를 놓고 갔다. 금요 찬양연습을 마치고 집에 돌아오니 식탁 위에 커다란 꽃바구니가 놓여 있었다. 꽃 사이에 깃발처럼 카드가 꽂혀 있었다.
"바빠서 뵙지 못하고 갑니다. 행복한 밸런타인스데이 되세요."
아들이 아내에게 줄 장미를 사러 꽃집엘 갔는데 마침 꽃집 주인이 각종 꽃을 섞어 꽃바구니를 만들고 있더란다.
"밸런타인스 데이에 이런 꽃을 주문하는 사람도 있나요?" 하고 아들이 물었다.
"이것은 어머니에게 드리는 꽃바구니입니다. 우리 집에 오는 손님 중에는 오래 전부터 어머니에게 드릴 꽃을 먼저 주문하고 아내에게 줄 꽃을 준비하는 사람이 있어요." 그날 나에게 밸런타인스 데이 꽃바구니가 전해지기까지 이런 사연이 있었다. 40여 마일을 달려와서 놓고 간 꽃, 행복해서 잠을 이루지 못했던 '밸런타인스 나잇'이었다.

우리는 하찮은 것들에 때로 감동하고 마음이 뭉클해진다. 한적한 곳에 피어 있는 이름 모를 들꽃이 신선하게 가슴에 와 닿을 때, 길가 아스팔트 사이를 비집고 나온 풀 포기의 강인한 생명력을 느낄 때, 바위틈에 위태롭게 피어 있는 이름 모를 풀꽃이나 나무 그늘 깊숙한 곳에 홍백색으로 피어 있는 패랭이꽃을 보았을 때 가슴이 떨린다. 반기는 사람 없어도 묵묵히 피고 지고 열매 맺는 자연의 순리를 보면서 주어진 환경에 순응함이 얼마나 아름다운 감동인가를 새기게 된다.

눈에 보이는 모든 것이 감사요, 평범한 일상이 감동일 때, 마음에 평안과 안정이 주어짐을 체험한다. 잘사는 삶이란 특별한 삶이 아니라 작은 일에 의미를 두고 보람을 느낄 때 주어지는 기쁨이 아니겠는가.

　나도 누군가에게 기쁨이 되고, 향기가 되고, 기억을 남기는 살아있는 감동이 되고 싶다. (2002.)

사랑하는 사람을 만날 때처럼

　전에는 약속이 없어서 못 만나던 친구들을 이제는 약속해도 만나기 어렵다. 나이가 들어서도 아니고 관계가 소원해져서도 아니다. 단지 할머니가 된 탓이다. 자녀 결혼시키고 이제 얽매었던 것에서 놓여 중년의 노래를 구가하나 싶더니 그도 잠시, 손자들을 봐줘야 한단다. 뒤늦게 아이들 스케줄에 따라 움직여야 하니 힘들고 팍팍 늙는 것 같다고. 말은 그렇게 해도 표정은 전혀 그렇지 않다. 이런 행복한 비명을 코에 거는 친구들이 나는 한없이 부럽다.

　손자는 자기 자식을 기를 때와 달리 그렇게 예쁠 수가 없단다. 본래 아기를 예뻐하는 사람이야 태생적으로 그렇다 하더라도 아이라면 머리를 절레절레 흔들던 친구들도 어린 것들 앞에선 맥을 못 춘다. 손자들이 오면 반갑고, 가면 더 반갑다는 말을 하면서도 친구들과 만나는 날이면 누구랄 것도 없이 사진을 꺼내 들고 자랑하기 바쁘다. 셀 폰 앞면 장식은 모두 예쁜 손자들 차지다. 벌금을 물린다면 자랑을 좀 그칠까? 그렇지 않을 것 같다. 벌금을 내고라도 귀여운 내 손자를 자랑하고 싶어 할 친구들이다. 웬만해서는 기가 죽지 않는 나지만, 화제가 손자 쪽으로 흐르면 풀이 죽어 금이라는 침묵을 택한다.

쇼핑몰이나 어느 장소에서 아기를 보게 되면 손이라도 한번 잡아보고 싶은 충동이 인다. 나도 손자가 있었으면 하는 간절한 마음에 잠시 시선이 아기에게 쏠린다. 둥그렇게 부른 배를 훈장처럼 앞세우고 걷는 임산부가 그렇게 사랑스러울 수 없다. 우리 며느리들은 저마다 타당한 이유 하나씩 내걸고 아기 갖기를 원치 않으니, 남들 하기 좋은 말로 "왜 아무 말 않고 보고만 있느냐?" 하지만 보고 있지 않으면 어쩌겠는가. 나로서는 '행여나'에 목을 맬 뿐이다.

어느 날, 우리 집에 파랑새가 날아들었다. 찌루찌루와 미찌루가 찾아 떠났던 그 파랑새가 행운을 물고 나를 찾아왔다. 말수가 적고 점잖은 부부가 생후 6개월 가량의 예쁜 딸 문정이를 데리고 우리 곁으로 왔다. 문정이네와 이웃하며 지내고부터 조용하던 우리 가정에 웃음꽃이 활짝 피었다. 매일 보다시피 하니 한 가족 같고, 요즘 젊은이답지 않게 예의 바르고 속 깊은 문정이 부모가 곁에 있으니 든든하기 짝이 없다. 손자를 바라고 원하던 나에게 이렇게 큰 행운이 올 줄이야. 나는 딸 내외와 손녀를 함께 얻었다. 문정 엄마 역시 우리 가족에게 할아버지, 할머니, 삼촌이라는 호칭을 사용했다.

문정이네와 관계는 둘째 승호가 태어나고 자라며 긴 세월이 지나는 동안 한결같았다. 남편은 성품이 냉정하고 차분한 편이라 희로애락을 표면으로 드러내지 않는 사람인데, 문정이 남매에게는 각별하다. 아이들을 바라보는 표정이 그렇게 행복할 수 없다. 삼촌이라 불리는 큰아들도 마찬가지다. 사무실에, 집에, 문정이와 승호의 사진을 진열해 놓아 처음 보는 사람들은 의아해한다. 자신이 안겨 드리지 못하는 손주 재미를 문정이 남매가 대신해 주니 다행스러워한다.

작은아들이 결혼 10년 만에 아기를 입양했으나 문정이 남매의 위치는 확고부동했다. 샌타바바라에 사는 작은아들은 일 년에 몇 번 다녀가는 것이 고작이고, 큰아들은 아직도 아기가 없으니 문정이 남매를 내 친손자로 착각하는 이들도 많았다.

작년 여름, 문정이가 대학으로 진학하고 첫 방학을 맞아 할머니를 보러 왔다. 지난 크리스마스 때 보고 처음이니 얼마나 컸을까, 대학 생활은 재미있는지, 친구는 많이 사귀었는지 궁금했다. 우리 집으로 들어서는 문정이의 훌쩍 큰 모습에서 숙녀티가 물씬 풍겼다. 방학기간 동안 파트타임으로 일을 한단다. 엄마가 대학 다닐 때 힘들게 벌어 공부했으니 너도 경험을 쌓아 보라 했단다. 첫 번 받은 월급으로 선물을 준비해 왔다. 파트타임이니 시간도 적고 쥐꼬리만한 월급일 게다. 부모님과 동생, 외할아버지 할머니가 계시기에 통틀어 다 쓴다 해도 모자랄 것 같은데, 우리에게까지 마음 쓴 것이 기특했다. 손녀라는 이름으로 처음 받는 선물이다. 콧마루가 시큰했다. 종이 가방 속에는 예쁘게 포장한 선물과 카드가 들어 있었다.

"할머니 할아버지, 이번 여름에 나의 첫 번째 직업을 가졌습니다. 한국 풍습에 첫 월급을 받으면 부모님께 긴 내복을 사드린다는데, 지금은 여름이니까 긴 내복을 찾을 수가 없었어요. 내복 대신에 이 선물을 받으세요. 할머니 할아버지, 저를 사랑해 주셔서 고맙습니다."

서툰 한글로 틀리지 않게 쓰려고 노력한 흔적이 역력하다. 어찌 이리 잘 컸을까. 그 나이면 갖고 싶은 것도 많고 사고 싶은 것도 많으련만, 스스로 선물 생각을 했다는 문정이가 무척 대견하고 신통했다. 나에게는 예쁜 앞치마와 고양이 얼굴이 붙은 부엌 타올, 남편에게는 양말이다. 문정이를 안아주었다. 나보다 키가 커서 내가 안긴 것 같다. 월반해서 대학생이 되었지 아직은 어린데도 대갓집 규수처럼 의젓하다. 미국에서 자란 아이 중에 문정이 남매만큼 예절 바르고, 부모님 말씀에 순종하는 아이들은 흔치 않을 것이다. 남매가 부엌일도 잘 거들고 공부를 잘해서 월반에, 대통령 표창까지 받아 어디 내놓아도 손색이 없다. 문정이 아빠, 엄마의 엄격한 교육으로 한국말 구사에 무리가 없다.

우리 가족이 이곳에서 살며 가장 힘들었던 것이 부모 형제와 친척이 없다는 홀로 감이다. 이따금 명절 때면 왁자그르 함께 모여 지내던 서울이 무척 그리웠으나 문정이네가 우리 곁으로 오면서부터 달라졌다. 친할아버지 할머니와 손자처럼 다정하니 이런 행복이 또 있을까. 그건 전적으로 문정이 부모의 따뜻한 배려로 이루어졌다. 문정이 외조부모님이 뉴욕에 사실 때나 이곳 LA로 오셔서 살고 계셔도 우리를 가족처럼, 또 하나의 부모처럼 생각하고 20년을 한결같이 내왕했기에 아이들도 저절로 그 본을 받게 되었다. 우리 가정의 크고 작은 행사 때마다 함께하는 기쁨을 주기에 우리 가족을 자세히 알지 못하는 사람은 문정 엄마를 내 친딸로 착각하는 즐거움을 안긴다. 요즘은 자기 자식들도 바쁘다는 핑계로 부모를 잘 찾지 않는데, 이렇게 특별한 인연을 맺게 해주신 하나님께 감사드린다.

오늘은 문정이네 가족이 오는 날이다. 아이들이 '할머니 표 냉면'이 먹고 싶단다. 나는 며칠 전부터 동치미를 담그고, 육수를 우려내고, 갈비를 사다 재우고 만반의 준비를 해놓았다. "할머니~" 하고 부르며 내 품에 안길 문정이와 승호를 생각하며 해물 전까지 만들었다. 고소한 냄새가 코를 즐겁게 한다.

시계를 본다. 아이들이 도착하려면 15분 정도 남아 있다. 앞치마를 벗고 방으로 들어가 얼굴을 매만진다. 사랑하는 사람을 만날 때처럼 가슴이 설렌다.

벨 소리가 난다. 아이들이 온 것 같다.

(2010.)

꽃과 순대

봄볕이 화창한 날, 후배 K가 찾아왔다. 꽃무늬 블라우스가 아름다운 후배는 꽃을 안고 있어 봄의 여신 같았다.

"마당에 튤립이 곱기에 선배님 드리려고 가져왔어요. 이건 순대고요."

"어머, 튤립과 순대?"

청자 빛 화분에 싱싱한 잎사귀를 거느린 튤립이 자색 왕관을 쓰고 꽃대 위에 상큼 올라앉아 있다. 쇼핑백에서는 고소한 냄새가 솔솔 풍겨 갑자기 시장기가 돌았다. 오늘 계획에 없었던 후배의 방문이 반가웠다. 튤립은 봉오리를 반쯤 연 채 다소곳하다. 이 꽃으로 하여 봄이 마냥 즐거울 것 같다. 얼마 전 후배와 이야기를 나눌 때 순대를 좋아한다는 말을 했다. 전에는 먹지 못했는데 근래에 맛을 들여 이따금 생각난다고. 그 사소한 말을 관심 있게 들었다가 오늘 나에게 행복을 선물해 주었다.

내일은 밸런타인스 데이다. 요즈음은 그 근본의 의미와 달리 친구들 사이에도, 남녀 구별 없이, 나이의 고하를 막론하고 꽃과 초콜릿을 주고받는다. 자상한 후배 덕분에 오늘은 나도 그 대열에 낀 셈이다.

어릴 적 내 소망 중 하나는 집안에 항상 꽃이 있었으면 하는 바람이었다. 화단에 나팔꽃이나, 분꽃, 한련, 봉숭아로 만족하던 시절이었으니까. 그 치기어린 꿈은 어른이 되어서도 사그라지지 않아 가정을 이룬 후 식탁에 거의 꽃을 떨어뜨리지 않았다.

어느 날인가, 나와 결혼기념일이 같은 친구가 남편과 다투고 하소연할 겸 해서 들렀다. 사연인즉 남편이 결혼기념일에 커다란 장미 다발을 선물했다는데, 그것이 발단이었다. 친구는 정원에도 꽃이 수두룩한데 왜 돈을 주고 사왔느냐고 화를 냈고, 꽃을 받고 화를 내는 당신도 여자 축에 드느냐고 해서 한바탕 일이 벌어졌다는 것이다. '아! 공평치 못한 세상. 우리 남편이 나에게 장미 다발을 안겼더라면 안아줬을 텐데,' 이 말을 속으로 삭히며 복에 겨워 보이는 친구의 어리광을 다독여 주었다.

꽃을 사치로 생각하는 사람들이 의외로 많다. 시들면 쓰레기로 변하는데, 비싼 값을 내고 사는 것을 아까워한다. 물론 취향에 따라 다르겠으나 꽃은 우리 영혼을 빛나게 하는 향기라고 생각한다. 꽃을 사랑하는 사람은 진정 삶을 사랑할 줄 아는 정신적 여유를 지닌 사람이 아닐까. 사람이 빵으로만 산다면 얼마나 삭막할까. 꽃은 향기로운 생명력이 있기에 감성의 욕구를 충족시켜 주지 않는가. 이는 한 잔의 차를 마시며 마음에 드는 음악을 듣는 여유와 같은 맥락일 것이다. 꽃 한 송이를 바라보며 파르르 떨리는 심장의 진동을 느껴 본 사람만이 아름다운 것을 아름답게 느낄 줄 아는 멋을 지녔을 것이다. 물론 개인적인 생각이지만.

   인상 깊게 보았던 영화가 있다. 오래되어 제목은 떠오르지 않으나 가슴을 촉촉이 적셔 주던 명장면들은 지금까지 선연히 가슴에 남아 있다.

   어느 부호가 한 여인에게 마음을 빼앗겼다. 부호는 여인과 결혼하고 싶어 자신의 성으로 초청했다. 매일 저녁 여인을 위해서 파티를 열고, 밤에는 시종을 시켜 사랑을 고백하는 편지와 선물을 전했다. 여인으로부터 답신이 오기를 학수고대했다. 전해지는 선물은 값비싼 보석들이다. 덮개가 달린 은쟁반에 다이아몬드, 에메랄드, 루비, 펄 등 수없이 많은 종류의 보석을 매일 번갈아가며 보냈으나 여인은 뚜껑만 열어 볼 뿐 편지와 물건은 손도 대지 않은 채 그대로 돌려보냈다. 세상에서 가장 값지고 좋다는 선물을 다 바쳐도 조금의 동요도 없다.

   내일이면 여인이 떠나는데, 여인의 마음을 사로잡지 못한 부호는 초조하기 이를 데 없다. 부호는 그날 밤 마지막 선물을 들고 직접 여인을 찾아갔다. 여인 앞에서 무릎을 꿇고 쟁반을 높이 들었다. 쟁반 위에는 한 송이 장미가 놓여 있었다.

   장미를 그윽하게 내려다보던 여인의 얼굴에 잔잔한 미소가 번졌다. 여인은 천천히 손을 뻗어 장미를 집어든 다음 입술에 가져다 대었다. 마침내 그의 마음을, 청혼을 받아들인다는 증표였다. 여인은 돈으로 살 수 없는 영원한 것, 영혼을 충족시킬 수 있는 것을 원했다. 진수성찬과 화려한 파티, 보석보다 영혼을 비옥하게 할 순수하고 아름다운 것을 택했다.

튤립은 하루가 다르게 꽃대를 쑥쑥 올리더니 봄을 뿜어내듯 꽃망울들이 일제히 터지기 시작했다. 꽃이 핀다는 사실은 마음을 한없이 설레게 한다. 추운 겨우내 기다려온 꽃들은 화사하게 꽃망울을 터뜨리고 화려한 팡파르를 울리고 있다. 아늑하고 평화로운 내 터전으로 제일 먼저 찾아드는 봄. 나는 봄 향기와 꽃향기에 취해 현기증이 날 것 같다.

생각지도 않았던 친구의 엽서를 받았을 때처럼, 이른 아침 풀잎에 맺혀 있는 영롱한 이슬을 보았을 때처럼, 바위를 비집고 나온 가녀린 풀꽃에서 생명의 신비를 느낄 때처럼 후배는 내게 잔잔한 기쁨을 안겨 주었다.

활짝 핀 튤립을 식탁 위에 올려놓고, 모처럼의 별식인 순대를 차려 놓고 남편을 기다린다. 봄의 향기처럼 식욕이 살아난다.

이 꽃으로, 따뜻한 한 잔의 차로, 내가 누렸던 기쁨을 함께 나눈다는 것. 꽃향기처럼 행복이 날개를 펴는 시간, 봄, 봄. 바야흐로 봄이다.

(2009.)

내리사랑

새해가 되고 며칠 지난 후, 크리스마스트리를 걷었다. 트리 밑에는 아직 선택받지 못한 두 개의 선물이 목을 길게 늘이고 주인을 기다린다. 포장도 장식도 헐거워지고 지친 모습이 누구의 품이든 빨리 안기고 싶어 하는 눈치다. 나는 선물을 집어 들고 "자, 이제는 네 주인을 찾아가거라." 한 번씩 뺨을 댄 후, 누런 소포용 포장지를 꺼냈다.

아이들이 어렸을 때, 12월이 되면 손을 꼽아가며 크리스마스를 기다렸다. 착한 아이에게만 준다는 산타클로스의 선물을 받을 수 있을지 걱정하면서. 평소 아이가 갖고 싶어 하던 물건을 준비할 때는 받는 아이보다 준비하는 내가 더 기쁘고 설레었다.

크리스마스이브에는 아이들과 함께 과자를 굽고 과일로 눈사람을 만들어 식탁에 세우고 멋진 파티를 준비한다. 늦은 밤 아이들 머리맡에 산타클로스의 선물을 놔주며 내일 아침 원하던 선물을 받은 것에 놀라고 기뻐하는 모습을 상상해 보는 것도 즐겁다. 그때는 어른 아이

할 것 없이 모두 얼굴에 함박웃음이 꽃핀다. 이렇게 크리스마스이브의 만찬은 우리 가정의 오랜 전통행사다.

크리스마스를 며칠 앞둔 어느 날, 작은아들에게서 전화가 왔다. 이번 크리스마스이브는 만찬으로 하지 말고 오찬으로 했으면 좋겠다는 내용이다. 그렇다면 낮에 다녀가고 싶다는 말인데, 24일은 평일이기에 오찬 시간대를 남편과 큰아들 내외가 맞출 수 없다.

크리스마스이브에 만찬을 나누고 처가인 요바린다에서 정초까지 머무는 것이 매년 반복되는 작은아들네 행사다. 처가에 어떤 사정이 있는지 모르겠으나 갑작스럽게 나온 오찬 이야기로 보아 결국 참여할 수 없다는 간접 화법 같았다.

"아들, 낮에 너희 식구를 위해 오찬을 준비하고 저녁에 만찬을 준비한다면 엄마가 너무 힘들지 않겠니? 식구들이 다 모이는 저녁에 잠시 얼굴만이라도 보이고 가렴. 명절 때는 시댁이 우선이라는 걸 미국 며느리에게도 가르쳐 줄 겸."

내가 생각해도 억지 같은 말을 천연스럽게 했다. 전화기에서 아들의 폭소가 귓가를 넘어 집안을 울린다.

"엄마 그런 말이 어디 있어요? 편한 대로 하는 거지."

어려서 한국을 떠났기에 시댁과 친정의 개념을 모르는 아들에게 그 말에 담긴 내 심정까지 이해해 달라는 것 자체가 무리다. 아들은 오히려 나를 배려 없는 엄마로 생각하고 있을 것 같다. 설득인지 위로인지 모를 말을 한동안 들은 후에 나는 아들에게 항복하고 말았다.

큰아들 내외와 지내면 되는데 애초에 흔쾌하게 허락해 줄걸. 후회의 마음이 이는데도 가슴속에서는 한 줄기 찬바람이 휑하니 스치고 지나간다. 결국 아들은 우리 집 근처의 프리웨이를 지나야 처가엘 가건만, 갈 때는 물론 올 때도 들르지 않고 며칠 후에 선물을 우편으로 보내왔다.

샌타바바라에 사는 작은아들 집에서 우리 집까지는 100여 마일 떨어져 있어 마음만 먹으면 가끔 주말에 올 수 있다. 집에는 연중행사인 생일, 추수감사절과 성탄절 방문이 고작인데 더 먼 곳에 있는 처가엔 수시로 드나듦을 알며 '장가를 갔구나!' 하는 씁쓸함이 인다.

작은아들은 대학으로 진학하고부터 완전히 집을 떠나 샌타바바라 사람이 되었으니 늘 내 영역 밖이었다. 샌타바바라 대학보다 더 좋은 조건의 직장이 동부에 있어 가까운 친지가 소개했다가 그도 나도 졸지에 돈 좋아하는 사람으로 몰렸었다.

어느 날, 아들에게서 카드가 왔다. "엄마, 마태복음 5~7장을 다시 한 번 읽어 보세요."라고. "심령이 가난한 자는 복이 있나니 천국이 저희 것임이요…." 산상보훈에 있는 말씀을 예로 들며 조금 나은 환경에서 일하자고 동료와 오랫동안 정든 곳, 온갖 추억이 서려 있는 샌타바바라를 떠나란 말이냐는 무언의 항변이었다.

아들 말이 옳다. 나도 물질을 떠난 정신적 삶의 추구를 누구보다 원하면서, 그렇게 살려고 노력하는 데도 자식에 대한 일이니 더 나은 조건이 구미에 당겼던 것은 사실이다.

아이들의 대학 진학 때나 직장, 결혼 문제도 본인들이 원하는 대로 의견을 존중해 주었다. 언제나 물음에 대한 방향제시만 했을 뿐이다. 그런데도 작은아들에게 돈 좋아하는 엄마로 보였으니 그 부분만큼은 지금 생각해도 좀 억울한 심정이다.

큰아들은 자신의 문제를 본인 스스로 알아서 하도록 편하게 해주셨기에 오히려 더 책임감 있는 행동을 하게 되더라고 감사했다. 두 살 터울 형제인데도 어찌 이리 세대 차이가 나는 것인지.

요즈음 세태를 풍자한 글을 인터넷에서 본 적이 있다.

『아들 시리즈』

장가간 아들은 희미한 옛사랑의 그림자. 며느리는 가까이하기엔 너무 먼 당신. 딸은 아직도 그대는 내 사랑.

『얼빠진 여자』

며느리를 딸로 착각하는 여자. 사위를 아들로 착각하는 여자. 며느리 남편을 아직도 아들로 착각하는 여자.

오죽해야 이런 말들이 생겨났을까. 웃다가도 서운한 마음이 드는 것을 보면 아직도 나는 며느리의 남편을 내 아들로 착각하며 살고 있나 보다.

세월이 흐를수록 점점 멀어지는 것 같은 작은아들 내외를 보며, 자식은 품안에 있을 때 자식이고 사랑은 내리사랑이라고 하시던 친정어머니 말씀이 생각난다. 어머니도 우리 형제들이 뭔가를 서운하게 해드렸기에 그런 말씀을 하셨으련만, 우리는 전혀 어머니 말씀을 의미 있게 들으려 하지 않았다.

　내가 부모 마음이 되어 뭔가를 깨닫게 되었을 때는 이미 부모님께서 내 곁에 계시지 않으니 인간은 후회와 반성을 반복하며 살게 되는가 보다. 내 아들도 먼 훗날 지금의 나의 심정을 헤아릴 수 있을까.

　그래, 친가를 멀리하든 처가엘 자주 가든 너희 편한 대로 하려무나. 너희가 행복하면, 군말 없이 잘살면 그것이 효도다.

　나는 애써 섭섭함을 삭이며 마지막 남은 두 개의 선물을 정성껏 포장했다. 그래, 사랑은 내리사랑이야 내리사랑. 나는 우체국으로 가면서 '내리사랑'을 계속 중얼거렸다.

(2008.)

오지 않은 봄
―변해명 선생님 영전에

    한 장 남은 성탄 카드가 외롭습니다. 갈 곳을 잃은 카드. 유난히 한기가 느껴지는 올겨울, 2012년이 저물고 있습니다.
    선생님께서 가신 지 벌써 일곱 달이 지났어요. 무엇이 그리 급해서 서둘러 떠나셨나요. 봄이 되면 다시 활동을 시작할 것이라고 하셨던 말씀이 아직도 귓가에 남아 있습니다. 시집을 준비한다 하셨고, 소설을 쓰고 계신다 하셨던 그 많은 일을 어떻게 두고 떠나셨나요. 편찮으시기 전 선생님은 늘 바쁘다는 말을 입에 달고 사셨습니다. 문우회 일, 도봉 수필반, 그 외 청탁원고 등을 소화하시느라 한가한 시간이 없으셨습니다. 어쩌면 평생을 교직에 몸담고 계셨기에 일에 몰두해야 보람을 느껴 스스로 바쁨을 만드셨는지 모르겠습니다.
    투병 생활을 하시던 18개월 동안 선생님께서는 참으로 의연하셨지요. 삶에 감사가 넘쳤고 주어진 상황을 겸허하게 받아들이셨습니다. 대화 속에 연둣빛 희망으로 가득하셨습니다. 2010년 11월, 의사로부터 4개월 시한부 선고를 받으셨음에도 잘 견디고 계셨습니다.

이른 새벽 문득 잠에서 깨어났을 때 이 상황이 잠시 꾸고 난 꿈이었기 바라는 마음 간절하셨을 테고, 늦은 밤, 잠 못 이루실 때 외로움과 우울함이 더 크게 다가올 때도 있으셨을 겁니다. 선생님께서는 어려운 가운데서도 가끔 메일을 주셨지요.

항암주사를 맞고 첫날과 둘째 날은 많이 붓고 지치지만 이렇게 앉아 컴퓨터를 하고 있으니 정상이죠. 변한 것 아무것도 없어요. 많은 사람의 기도 덕인 것 같아요. 오늘내일 쉬고 나면 또 괜찮아져요. 그런 채널을 받아들이고 익숙해져야 해요.

조금만 참고 견디면 유 선생 시상식 행사장에 나가서 축하할 수 있었는데, 지금보다는 다닐만 했는데 왜 못 가고 말았는지 후회가 돼요. 아마 그때 받은 내 충격이 남과 더불어 기쁨을 나눈다는 것은 생각할 수도 없었던 시간에 빠져있었던 것 같아요. 두고두고 미안할 뿐이에요. 지금은 마음의 여유가 생겨서 머릿속으로 많은 생각을 하며 지내요. 돌아보면 하느님께 참 감사하고 있어요. 참 많이 살았고, 책도 많이 썼고, 아름다운 사람들과 만났고, 행복한 시간이 많았던 것 같아요. 더는 욕심 낼 것이 없다는 생각을 해요. 하느님께 야단을 맞을까 봐요. 저는 지금 환자라는 생각을 전혀 하지 않고 살아요. 잊어버려요.

꽃들이 모두 졌는데 나는 겨울 스웨터를 입고 버버리를 걸치고 병원에 갑니다. 내게는 아직 봄이 오지 않았나 봅니다. 나으려고 아픈 것이니 참아야 하는데 요즈음은 참 많이 우울합니다. 암을 앓는다는 것 그렇게 만만한 일이 아니에요. 정신력이나 의지만으로 정상인 같아 보이려는 것은 무리라는 것을 갈수록 실감하고 있어요.

이틀간 경주에 다녀왔어요.『동리 목월 문학관 특강』3시간을 거뜬히 마치고 돌아왔습니다. 대중 앞에선 강의가 마지막이 될지도 모른다는 생각이 들었지만 내가 얼마나 견딜 수 있는가도 문제였지요. 그런데 평소와 다름없이 침착하고 평안하게 강의했어요. 저도 놀라고, 곁에서 지켜보는 사람도 놀라고, 내 오기였는지 결심이었는지 그 특강을 포기하지 않은 내가 대단하다는 생각이 들었어요.

1991년 봄, 어머니가 쓰러지셨다는 전화를 받았습니다. 갑상선 암으로 수술을 받으셨는데 위독하다고. 임종이 가까운 어머니의 병상을 지키려고 급히 서울에 갔습니다. 2달여 머물다 서울을 떠나며 유일하게 산 책이 변해명의『정바라기』였습니다.

1980년 한국을 떠났기에 그 작가가 생소했으나 한국식 문창살이 그려져 있는 책 표지가 정겨워 집어 들었습니다. 정이 그리워 정에 매달려 보낸 어린 시절과 정을 담아내고 싶어하는 작가의 마음이 담겨 있었습니다. 나는 그 책을 통해 미지 작가의 토양 속으로 빠져들었습니다. 『정바라기』는 한 권 책의 의미를 넘어서 하나의 인연으로 다가갈 수 있는 연결 고리를 만들어 주었습니다. 2004년, 선생님께서는 LA해변문학제 강사로 오셨습니다. 처음 만남이었습니다.

선생님과 조금씩 친분이 쌓였어요. 냉정할 정도로 침착하셔서 웬만해서 마음을 열지 않으시는 분인 줄 알았는데, 마음속 깊은 곳은 따뜻하셨어요.

2010년 겨울, 한국수필가협회의 행사에 참석하러 서울에 갔습니다. 이제 곧 선생님을 만날 수 있을 것이라는 기쁨에 가슴 설렜습니다. 선생님께서는 2004년에 뵐 때와 별반 다르지 않았으나 활기가 없으셨습니다. 점심 후 11월의 칼바람이 부는 인사동 거리를 걸었습니다. 함께 걸으니 좋았고, 여기저기 민속 상품점을 구경시켜 주셨습니다. 나중에 안 일이지만, 제가 서울에 도착하기 며칠 전 이미 담낭암 4개월 시한부 선고를 받으신 때였습니다. 해마다 서울 방문을 권하시며 함께 여행하자던 선생님은 담낭암이 간까지 전이되어 수술도 안 되고 항암치료에 의존해야 할 형편이었습니다. 정신적으로 무척 어려웠을 시기인데 의연하셨어요. 천상병 시인의 찻집 귀천에 오래 앉아 계셨습니다. 많이 피곤하셨을 텐데 조금도 내색하지 않으셨어요. 날이 어두워질 무렵에 일어섰지요.

서울을 떠나기 닷새 전, 선생님께서 전화하셨습니다. 외출하고 들어오는 길에 집 근처에서 만나자고. 언니 집이 상계동이라 수유리를 거쳐야 하기에 그러셨던 것 같습니다. 식사를 나누고 찻집으로 자리를 옮겼을 때까지 감정을 드러내지 않으셨어요. 지난번 뵐 때보다 더 기운 없어 보이셨습니다. 글 열심히 쓰고, 수필집 내라고 당부하셨습니다. 헤어질 때까지 침착하게, 용케 참으셨던 눈물을 택시를 타면서 보이셨습니다. 그 눈물은 평소 감정 표현을 드러내지 않는 선생님의 통곡이었을 겁니다. 택시가 시야에서 사라지자 저는 다시 찻집으로 들어갔어요. 카메라가 있었건만 경황이 없어 사진 한 장 함께 찍지 못한 것이 후회되었습니다. 선생님께서 앉으셨던 의자에 오래도록 앉아 있었습니다. 그날 뵌 것이 이승에서 마지막입니다.

투병 생활을 시작하면서 전화와 메일을 끊겠다고 하셨으나 전화도 받으셨고, 메일도 이따금 주셨습니다. 병상에서 방문객을 맞을 때도 조금의 흐트러짐 없이 단정하고 밝은 모습으로 긍정적 말씀을 하셨다는 이야기를 들었습니다. 참으로 의연하게 투병하셨고 아름다운 마무리를 하셨습니다. 3월 20일, 병원에 가신다는 메일을 주셨습니다. 4월 16일, 가냘픈 음성이 전파를 탔습니다. 그리고 더는 그리운 음성을 들을 수 없었습니다. 향기로운 문학 작품을 남겨 놓고 사장되기엔 너무 아까운 필력과 섬세한 감성을 안으로 접은 채 그렇게 우리 곁을 떠나셨습니다.

"개나리, 진달래가 피면 나의 뜰에도 봄이 오겠지요. 머지않아."
그 말씀이 아직도 귓가에 쟁쟁합니다.

길고 지루한 겨울이 떠날 생각을 하지 않아 우울하셨을 선생님. 천직인 글도 못 쓰고, 텅 빈 날들로 남의 삶처럼 바라보고만 계셨을 선생님을 가슴에 품으며 슬픔을 가누고 있습니다.

  수필 같은 삶을 사신 선생님. 생을 마감하기 전까지도 희망을 잃지 않으셨기에 삶을 정리할 시간도 갖지 못하고 떠나셨을 선생님. 사랑합니다. 많이 보고 싶습니다.

(2012.)

4부

레드 카펫을 밟으며

레드 카펫을 밟으며
오, 나의 알프레도여
꿈꾸는 봄
선생님의 첫사랑
음악은 나의 모든 것
블랙 스완
가을 나들이
연둣빛 아지랑이
현실이 될 수 있는 미래의 꿈
명성과 찬사와 불멸성 이상의 것

레드 카펫을 밟으며

플라시도 도밍고의 '데뷔 40주년 기념공연(The Placido Domingo 40th Anniversary Gala)'이 열렸을 때였다. 데뷔 40주년이라는 뜻깊은 행사이기에 미 전역은 물론 세계 각처에서 저명인사들이 모여들었다. 이번 공연이 LA에서 펼쳐지는 이점이 있어 역사적인 순간을 놓칠세라 일찌감치 표를 사놓고 하루가 이틀처럼 지나기를 기다렸다.

미성의 소유자 도밍고는 오페라 계의 신화 같은 존재다. 드라마틱한 표현력과 가창력은 누구도 쉽게 넘볼 위치가 아니다. '역사상 가장 많은 126개 오페라의 주역'을 소화한 기록과 '역사상 가장 위대한 테너'에 이름을 올리고 있다.

내가 도밍고의 오페라를 처음으로 감상한 것은 1983년이다. 런던 코벤트 가든에 있는 로열 오페라하우스였는데 그때의 공연 작품이 '라 트라비아타'였다. 40대 초반이던 도밍고는 인생의 절정기를 맞고 있는 성악가답게 풍부한 성량과 외모, 연기의 3박자가 똑 떨어졌다.

부드러우면서 박진감 넘치는 가창력은 청중을 극 속으로 빨려들게 했다. 오랫동안 도밍고의 노래를 흠모했기에 마음껏 그의 예술인생 40년을 축하해 주고 싶다.

2008년 4월 18일, 여느 때보다 이르게 공연장에 도착했다. 다리가 좀 불편했기에 지하주차장까지 들어가지 않고 공연장이 가까운 인도에서 내렸다. 발렛 파킹 요원들의 움직임이 부산하다. 평소와 달리 그곳까지 레드 카펫이 깔렸다. 최고 성악가의 공연은 단장부터 다른 것을 실감했다.

레드 카펫 위로 성큼 올라섰다. 발밑으로 전해지는 촉감이 쾌적하고 탄력 있고 부드럽다. 내 곁을 지나는 신사 숙녀들의 모습이 하나같이 멋있다. 그레이스 켈리처럼 우아한 미소를 띠며 몇 마디 인사를 건네는 사람도 있었다. 황홀했다. 여기저기서 카메라의 플래시가 터지고 인터뷰우(Interviewee)들과 함께 걷는 동안 나도 스타가 된 기분으로 정문 입구까지 왔다.

'도로시 챈들러 파빌리온' 앞 광장엔 흰 천막의 오픈 캐빈이 즐비하게 늘어서 있다. 평소에는 관람객들이 차를 마시며 담소하는 공간이나 큰 행사 때에는 귀빈들을 위한 간이 휴게소다. 내가 걸어온 길에서 공연장으로 들어가는 정문까지는 비교적 한산했다. 주변 사람들로부터 표를 사지 못했다는 소리를 적잖이 들었는데 어쩐 일인지 입장객이 많지 않다. 그제야 남편을 찾으려 두리번거렸다. 건물 귀퉁이에서 남편이 손을 흔들었다. 그곳에 많은 사람이 운집해 있었다.

"왜 여기 있어요. 정문 쪽으로 가지 않고."

사람들 틈에서 차례를 기다리는 남편에게 다가서며 물었다. 남편은 어이가 없다는 듯 "여사, 저쪽 길로 오셨어?" 한다. 그 말의 뜻을 재빨리 이해하지 못한 나는 남편이 가리키는 쪽을 바라보았다. 분명히 내가 걸어온 길인데 새삼 낯설다. 진홍색 카펫을 밟고 오는 사람들은 이제까지 나와 함께 어깨를 나란히 한 사람들이 아닌 것 같았다.

평소처럼 지하주차장에서 올라왔다면 '일반인은 콘서트 홀 옆문을 이용해 주세요.' 라는 안내문을 보았을 거다. 남편이 내려준 곳이 발렛 주차 요원이 차를 인도해 가는 레드 카펫 앞이다. 그곳에서 콘서트 홀로 향하는 유일한 길이었기에 곧바로 사람들 흐름에 따랐다. 저명인사들만 밟을 수 있는 레드 카펫을 무명의 내가 여유 있게 밟으면서. 카메라 플래시가 계속 터지고 중간마다 인터뷰하는 사람들이 있었는데도 유명한 분의 콘서트니 당연하다 여겨 주변을 전혀 의식하지 않고 자연스럽게 행동했다. 두고두고 생각해도 극장 관계자들이 나를 내치지 않은 것만도 천만다행이었다. 실로 웃지 못할 해프닝이었다.

로비에서 샴페인 서비스가 한창이다. 이것 역시 한 시대를 풍미한 위대한 성악가의 데뷔 40주년 공연이기에 갖추어진 품격 높은 의식 같았다. 혹시 귀빈들을 위한 것이 아닐까 하여 조심스럽게 외면했는데, 그날의 샴페인은 모든 관람객을 위한 것이었다.

살아가며 알게 모르게 실수할 때가 있다. 전혀 모르고 한 행동이라 해도 뭔가 평소보다 다를 때에는 주의 깊게 살폈어야 했다. 비록 남에게 피해를 주지 않았다 해도 실수임은 분명하다. 한편으로 생각하면 입가에 미소가 번진다. 그런 실수가 아니었다면 내 평생 언제 저명 인사들과 함께 어깨를 나란히 하고 레드 카펫을 밟아 볼 수 있겠는가. 멀쩡한 정신으로 즐기며 걷던 길. 레드 카펫 양쪽에 구경꾼들이 있었는데도 눈치 없이 당당하게 걷지 않았는가. 자연스러운 것이 가장 아름답다 했으니, 내가 한 행동에 너무 부끄러워할 일만도 아닌 것 같다.

  이 시대의 히어로 도밍고의 큰 잔치를 마음껏 축하한다. 환경이 어떻든 온 힘을 다해 보여주는 무대. 그의 음악회가 언제나 아름다운 영혼의 울림을 가슴에 남기는 영광을 누리게 되길 바라는 마음이다. 막이 오르려나 보다. 오케스트라의 튜닝이 한층 더 높아진다.

(2008.)

오, 나의 알프레도여

숨소리조차도 빨아들일 것같이 고요하다. 수천 명이 운집했다고 생각되지 않을 정도로 도로시 챈들러 파빌리언(Dorothy Chandler Pavilion)의 넓은 홀은 정적으로 채워졌다. 시작이 임박하여 음을 고르는 오케스트라 단원들의 튜닝조차 지루하게 여길 만큼 나는 두근거리는 가슴으로 그의 모습이 무대에 나타나기를 초조하게 기다렸다.

명 테너의 등장을 암시하는 듯 로스앤젤레스 오페라 오케스트라는 바그너의 '뉘른베르크의 명가수(Die Meistersinger von Nurnberg)' 서곡을 힘차게 연주하며 음악회의 첫 테이프를 끊었다.

'플라시도 도밍고 40주년 잔치(The Placido Domingo 40th Anniversary Gala)', 이것이 지난 4월 18일에 열린 음악회의 타이틀이다.

관람객들은 도밍고가 모습을 드러내자 약속이나 한 듯 기립박수로 그를 맞았다. 열광적인 박수를 받으며 그는 무대 중앙을 향해 천천히 걸어 나왔다. 이윽고 잔잔한 물살을 가르는 듯 차분한 음성으로 종교적 명상곡인 '오 절대자여, 심판관이여, 아버지여(O souverain, o juge, o pere)' 마스네의 르 시드(Le Cid) 3막에 나오는 아리아를 부르기 시작했다.

25년 전, 그를 처음 보았을 때와 달라진 것이 있다면 조금 굽어진 어깨, 머리 위에 살짝 내려앉은 서리, 흘러간 세월의 물결이 그림자처럼 드리워진 모습이다. 처음 도밍고의 무대를 보았을 때 감격으로 지금도 그를 바라보고 있다. 가슴에 파고드는 애조 띤 곡 때문이었을까, 덧없이 흐른 세월의 무상함 때문이었을까. 아니면 일세기를 풍미하는 성악가와 같은 하늘 아래에 살며 이렇듯 아름다운 아리아를 들을 수 있는 행복감에서일까. 눈물이 한없이 흘러내린다.

이어 칠레아의 오페라 아를르의 여인(L'Arlesienne) 2막에 나오는 애상 어린 아리아 '페데리코의 탄식(Lamento di Federico)'을 들려주었다. 사랑하는 여인을 메디피오에게 빼앗긴 슬픔에 잠겨 있을 때 백치인 동생이 이리에게 잡혀 먹힌 산양의 이야기를 중얼거리다가 스르르 잠드는 모습을 보며 차라리 나도 저 바보처럼 잠들고 싶다고 탄식하며 부르는 노래이다. 리릭 테너를 위한 가장 유명한 아리아로 사랑하는 여인에게 느끼는 배신감, 그 탓에 절망으로 빠져드는 페데리코의 탄식은 자연스러운 선율과 풍부한 극적 어조로 가득 차 있는 노래이다.

바그너의 발퀴레(Walkure) 중에서 '겨울바람은 우아한 달에 가는 길을 열어주고(Wintersturme wichen dem Wonnemond)'라는 감미로운 사랑의 노래이다. 지크문트와 지클린데는 쌍둥이 남매이나 이를 알지 못하고 첫눈에 서로의 매력에 끌린다. 여동생 지클린데는 어린 시절 훈딩에게 유괴당했는데, 지금은 훈딩의 아내가 되어 오두막에서 살고 있다. 남편 훈딩은 아내와 낯선 젊은이가 서로 닮았다는 것을 알았기에 지크문트에게 하룻밤 자신의 집에서 유할 것을 허락하지만 자기가 쫓던 자가 바로 눈앞에 있음을 알고 이튿날 결투를 신청한다. 지크문트는 아버지의 약속을 떠올린다. '필요할 때는 네게 칼을 주리라는.'

남편의 술에 몰래 수면제를 섞어 잠들게 한 지클린데는 지크문트에게 "서양물푸레 나무에 칼이 꽂혀 있으며 그것은 오직 영웅만이 뽑을 수 있다."고 귀띔해 준다. 그는 감사하다는 표현으로 그녀를 포옹하며 부르는 아리아이다.

베르디의 오텔로 중에서 '밤의 정적 속으로 소란은 사라지고(Gia nella notte densa)' 오텔로가 그의 아내 데스데모나와 달빛을 받으며 단둘이 서서, 사랑을 노래하는 아름다운 이중창으로 페드리샤 레체테와 함께 부른다. 그 외에도 차이콥스키의 스페이드 여왕(The Queen of Spades) 1막에 나오는 아리아 '게르만(Gherman's)'과 소로자발의 오페라 항구의 주점(La Taberna del Puerto)에서 나오는 아리아 '그럴 리가 없어요(No puede ser)'를 열창했다.

도밍고와 레체테가 함께 부른 '투나잇(Tonight)'은 장내의 열기를 더 해주는 데 일조했다. 레오나르도 번스타인이 작곡한 웨스트사이드 스토리는 '로미오와 줄리엣'을 현대판으로 각색한 뮤지컬의 고전이다. 뉴욕 어두운 뒷골목을 배경으로 서로 적의 관계인 남녀의 이룰 수 없는 사랑을 다룬 이야기이다. 이민자들의 갈등과 반목 속에서 피어나는 순수한 사랑을 노래했다. 마리아와 토니가 사랑을 고백하는 노래 '투나잇'을 부를 때 들릴 듯 말듯 조심스럽게 허밍으로 따라 부르는 관객들도 있었다. '투나잇'은 토스카(Tosca) 중에서 '노래에 살고 사랑에 살고(Vissi d'arte)'와 함께 이 콘서트 중에 유일하게 우리 귀에 친숙한 곡이다.

이 콘서트에서 도밍고가 선정한 곡들은 거의 알려지지 않은 아리아여서 난해하며 고난도의 테크닉을 필요로 하는 곡들이었다. 다섯 곡이라는 파격적인 앙코르를 관객에게 선사하고 커튼콜과 기립 박수 속에 그 영광을 지휘자와 오케스트라, 관중에게 돌리는 여유를 보여 주었다.

내가 그의 공연을 처음으로 접한 것은 런던에서였다. 쌀쌀한 추위가 남아 있던 1983년 2월 중순, 로열 오페라하우스에서는 그가 출연하는 '라 트라비아타(La Traviata)'로 장내를 열기로 가득 채웠다. 40대 초반의 도밍고가 인생 전성기에서 보여줄 수 있는 최상의 기량을 한껏 뽐냈다. 훤칠한 키에 잘 생긴 외모가 연기력을 뒷받침해 주어 무대를 꽉 차게 만들고, 부드러우면서 박력 있는 가창력은 청중을 극 속으로 빨려들게 하는 위력을 가지고 있다. 나는 그 오페라를 보면서 흥분과 긴장으로 식은땀이 흘렀다. 손뼉을 치며 서 있는 사람은 내가 아니었다. 비운의 운명에서 헤어나지 못하고 연인의 팔에 안긴 채 숨을 거두는 비올레타였다.

관객들이 일제히 일어나 브라보를 외치며 열광한다. 2층 발코니에서 던진 꽃으로 무대는 꽃비가 내리고 있다. 아름다운 존재의 향기에 취한 관객들은 오페라가 막을 내린 후에도 떠나지 않고 브라보를 외친다. 청중을 압도하는 어떤 위력, 10여 회의 커튼콜은 그의 인기가 절정에 있음을 여실히 보여 주었다.

그날 새벽 2시가 넘어 집으로 돌아온 나는 로열 오페라하우스의 무대가 어른거려, 노래가 귓가에 남아 잠을 이룰 수 없었다.

"오! 하나님이시여, 오랫동안 고통을 받아온 내가, 나의 슬픔이 끝날 지금 죽기에는 너무 젊습니다." 비올레타의 아리아가 다시금 환청처럼 어린다.

40년 동안 그는 우리에게 거성이 무엇인지를 보여 주었다. 감히 범접할 수 없을 거장의 풍모이면서도 겸손하고 남을 배려해 주는 인격을 지녔기에 많은 사람들이 그를 위대한 성악가로 존경한다.

플라시도 도밍고의 40주년 잔치는 한 성악가가 평생토록 이루어 놓은 예술의 금자탑을 보았다기보다, 잘 살아온 한 예술가의 일생을 볼 수 있다는 데 큰 의미가 있었다.

(2008.)

꿈꾸는 봄

 그 해 봄은 늦게 찾아와 아직 꽃을 부르지 않고 있었으나 나의 가슴 속에서는 흐드러지게 피고 있었다. 대학입시의 긴장과 초조에서 벗어난 지 이제 서너 달짜리 신입생. 오죽이나 숨 막히고 부담스러웠으면 '오! 신천지가 래(來)하도다. 위력의 시대가 가고 도의의 시대가 오도다.' 라는 독립선언문의 한 구절을 외치며 자유를 만끽하려 했을까. 결코 서두르거나 성급하지 않게 여유를 가지고 내가 해야 할 일, 가야 할 길을 차근차근 준비하고 싶었다.
 첫 학기는 명령과 함께 시작되었다. 가을에 있을 신인 무용 콩쿠르를 준비하라는. 그것은 참으로 내키지 않는 일이다. 물론 꼭 도전해야 할 관문이지만 지금은 아니다. 과거와 같이 명령에 따라 움직이게 되는 것이 싫었다. 독창력을 존중해 주며 선택케 하는 자율권을 주장하고 싶었다. 자유롭게 높이 날고 싶었다.
 명령은 곧 실천이었다. 자신과의 치열한 싸움이 시작되었다. 고독한 싸움은 그칠 줄 모르는 갈등으로 이어졌다. 애초 계획에 없던 일이어서 의욕이 없고, 계속되는 맹훈련은 나를 지치게 하여 정교한 기술을 필요로 하는 부분에서 자주 비틀거렸다.

발레는 '하루를 쉬면 자신이 알고, 이틀을 쉬면 비평가가 알고, 사흘을 쉬면 관객이 안다.'는 예술이다. 긴장이 풀리면 연습에 임할 수 없다. 빈사의 백조를 추는 내 모습엔 유연성이 없었다.

'너의 춤에는 영혼이 빠졌어. 정신이 살아 있지 않은 춤은 죽은 춤이야.'

채찍 같은 선생님의 말씀도 머리에서 윙윙거릴 뿐이다. 그런 날들의 반복은 나를 우울하게 했고, 축 처진 모습을 보다 못한 친구가 연습이 끝나면 가끔 음악감상실로 데리고 갔다.

김 선생이라는 분이 진행자로 있는 '라 세느'는 고전음악 감상실로 잠시 쉬어가기 좋은 장소였다. 첫날 나는 '백조의 호수' 2막을 신청해 들었다. 마법에 걸려 낮에는 백조로, 밤이면 인간의 형상으로 변하는 오데트 공주와 지그프리드 왕자의 슬픈 사랑 이야기. 그 후 이 음악은 내가 그곳을 들를 때마다 듣게 되었다.

김 선생은 가냘픈 체구에 얼굴마저 창백해서 커다란 검정 테 안경이 부담스럽게 보였다. 말을 할 때는 맑은 음성이나 음악을 소개할 때는 젖은 낙엽 밟는 소리같이 차분하고 여운이 있었다. '백조의 호수'가 연주되면 시선을 내 쪽으로 돌린 채 꼼짝도 않고 방송실에 앉아 있었다. 우연히 시선이 마주치기라도 하면 알 듯 모를 듯한 미소를 지어 보였다. 그의 미소에 우수와 고요가 배어 있었다. 그런 분위기가 좋았다. 향기같이 취하게 하는 그의 음성이 듣기 좋았다. 보이지 않을 만큼 내 가슴이 설레기 시작했다.

'내가 발레를 하는 걸 어떻게 알았을까?' 한마디 말도 건네지 않으면서 첫날 신청한 곡을 기억했다가 매번 배려해 주는 마음이 고마웠다.

화장을 엷게 시작한 것도 김 선생과 무관하지 않았다. 차분한 계통의 내 옷들이 어느새 화사한 색조로 바뀌고 있었다. 편하게 앉아 잘도 떠들고 깔깔대던 나는 친구가 느낄 만큼 말없이 음악만 경청하는 요조숙녀로 변해 갔다. 그때부터 자신의 가장 깊은 내면으로 내려가 침체를 끌어 올렸다. 힘들기만 했던 연습에 의욕이 솟았다. 무기력하던 동작에 힘이 실렸다. 저녁이면 나를 기다리는 음악이 있는 덕이었다.

어느 날인가 좀 이른 시각에 혼자서 '라 세느'에 갔다. 계단을 오르는 중간 지점에서 마주 오는 김 선생을 보았다. 오롯이 이야기를 나눌 절호의 기회가 온 듯싶었다. 뭔가를 기대하며 일부러 천천히 올라갔다. 다리가 조금 후들거렸다. 그때 마주치며 보게 된 얼굴. 그는 예의 그 미소를 띠며 고개만 조금 숙일 뿐 빠른 걸음으로 내 곁을 스쳐 갔다.

'아니 이럴 수가….'

가슴속에서 갈대밭 흔드는 바람 소리가 들렸다. 그럼 이제껏 그가 보였던 관심은 무엇이었던가. 뚫어질 듯 쳐다보던 시선, 신청하지 않아도 매번 들려주던 '백조의 호수'. 실내에는 로맨틱 무드 드뷔시의 '달빛'이 흐르고 있었으나 내 신경은 불협화음의 곡을 연주하고 있었다.

어느 날부터인가 김 선생은 '라 세느'에 나오지 않았다. 다시는 김 선생에 대한 말을 친구도 나도 입에 올리지 않았다. 환히 들여다보이는 방송실에서 낯선 사람이 뭔가를 정리하고 있었다.

봄이 뒷모습을 보이기 시작하던 어느 날, 친구와 나는 영화를 보러 갔다. 마고트 폰테인의 '백조의 호수', '불새', '수정 오딘'. 모이라 샤라가 출연한 '분홍신' 이후에 들어온 발레 영화다.

영화가 끝나고 나올 무렵 로비에서 우연히 김 선생을 만났다. 무척 반가웠으나 눈인사만 하고 바삐 자리를 떴다. 인파에 섞여 얼마쯤 가고 있는데 옆에서 인기척이 났다. 김 선생이었다. 무표정하던 이전과 달리 그는 활짝 웃고 있었다. 차를 나누며 내 착각이 얼마나 자유로울 수 있었나에 부끄러웠다.

그는 일본에서 발레를 공부하고 귀국했다. 가을에 있을 '백조의 호수' 공연을 위해. 마침 그곳에서 진행자로 일하던 친구가 사정이 생겨 몇 주 자리를 비우는 동안 공백을 메워주고 있었다. 자신의 공연을 위해 '백조의 호수'를 들으며 허공에서 춤을 추었다. 내가 그곳에 들렀던 첫날 '백조의 호수' 2막을 신청했고, 그는 이미 그 곡을 들으려 걸어 놓았던 상태였다. 연습이 끝나 저녁 시간에 갔던 나와 손님이

뜸한 틈을 이용해 그 곡을 들으려 했던 그의 시간이 적당히 맞았던 것이다. 그것을 나를 위해 들려주는 음악으로 아름다운 상상 속에 빠졌다. 은밀했던 나의 행동을 그가 눈치 챘는지는 알 수 없으나 나는 끝까지 내숭을 떨며 천연덕스럽게 앉아 있었다. 뺨에서는 불이 나건만 우아한 미소를 잃지 않은 채.

그 해 봄, 나는 잠깐의 망상에서 깨어나 다시 연습에 전력했다. 처음부터 대학 생활을 낭만의 숲으로 쉽게 생각했기에 박혔던 좋은 쐐기였다. 인내로 달성하는 성취, 건강한 정신과 올바른 판단에서만 삶이 살찌는 것임을 깨닫는데 오랜 시간이 걸리지 않았음을 다행으로 여겼다. 환경을 어떻게 주든지 성실하게 살아가려는 의지와 노력만이 빛나는 결실을 볼 수 있으리라.

그 해 나의 봄은 일장춘몽으로 하얗게 사위어 가고 있었다.

(1999.)

선생님의 첫사랑

올가을은 설렘으로 맞았다.

여중 때의 담임 김효자 수필가께서 문학 강연 차 LA에 오신 덕이다. 사정이 여의치 않아 강연은 듣지 못했으나 먼 남쪽 바닷가 C수필가 댁에서 갖는 조촐한 송별모임엔 참석할 수 있었다. 생각보다 앞선 마음은 노란 개나리로 울타리 쳐진 모교 교정에 서 있는 나를 본다.

50여 년 전 봄, 선생님은 대학을 갓 졸업하고 우리 학교로 부임하셨다. 조례 때 단상에 올라서신 선생님. 언제나 그랬듯이 여기저기서 별명이 튀어나올 법한데 아무도 입을 열지 않았다. 그곳에는 조선시대 인물화에서 방금 걸어 나온 듯 아름다운 여인이 서 있었다. 자태가 곱고 음성마저 나직나직한 동양미인. 별명은커녕 어느 학년, 어느 반을 맡게 될까가 최대의 관심사였다. 그분이 나의 담임이며 국어를 담당하신 김효자 선생님이다.

부임하고 한 달이 지난 후 영광스런 별명이 붙었다.

'10m 미인', 얼굴에 주근깨가 많았는데 좀 거리를 두면 전혀 나타나지 않고 곱기에 붙여진 이름이다.

국어 시간은 숨소리조차 빨아들일 것처럼 조용했다. 선생님 강의에 폭 빠진 나는 눈과 귀만 살아 있었다. 모윤숙 시인의 '국군은 죽어서 말한다'를 낭송해 주실 때의 촉촉한 음성 따라 나도 젖어있었다. 때로는 급우들의 성화에 못 이겨 영화 이야기를 들려주셨다. 영화마다 거의 '학생 관람 불가'였기에 우리는 영화 이야기에 목말라 있었다. 그때 들었던 '나의 청춘 마리안느'는 가슴으로 꿈을 꾸게 하는 영화였다. 선생님의 표현은 아름답고 신비로운 영상의 시였다. 뱅쌍을 소개하는 내레이션을 들을 때부터 꿈속으로 빠져들었다.

'너의 목소리가 들려, 뱅쌍/ 20년 전 유년 시절로 돌아가게 하지/ 너의 목소리가 들려/ 숲 속에 파묻힌 고성, 하일리겐슈타트라는 성을 떠오르게 하는 주문이지'

하일리겐슈타트 교외 호반에 있는 산간 기숙학교에 뱅쌍이라는 학생이 전학 온다. 잣나무 숲을 적신 음산한 물안개가 짙고 호수 가운데 안개에 휩싸인 퇴락한 고성이 있는데, 뱅쌍은 그 성에 호기심을 가진다. 어느 날 뱅쌍은 보트를 저어 성으로 간다. '유령의 집'이라 불리는 성의 창문은 언제나 닫혀 있다. 그곳에서 뱅쌍은 운명처럼 신비의 소녀 마리안느를 만나게 된다…. 어느 사이 선생님은 마리안느가 되어 계셨다.

담임을 맡은 지 몇 달 되지 않아 도난 사건이 발생했다. 첫 직장인

학교에서, 첫 정을 쏟은 담임 반에서 일어난 도난 사건은 선생님이나 우리 모두에게 큰 충격이었다. 아무 말 없이 종례를 칠판에 쓰고 계신 선생님의 어깨가 들먹거렸다. 청순해야 할 어린 학생에 대한 연민과 안타까움에 울고 계셨다.

다음 해 중학교 졸업식 날, 대강당 피아노 위에 개나리꽃 한 아름이 놓여 있었다. 개나리가 피기 이른 시기인데 졸업식장은 노란빛 봄기운으로 가득했다. 선생님은 첫 정을 쏟으신 우리들의 졸업을 축하해 주시려고 꽃봉오리도 채 맺혀 있지 않은 개나리를 두 달 동안 정성을 다해 온실에서 키우셨다. 내 가슴에 '사랑'이란 이름의 노란 불씨가 하나 심어졌다.

C수필가 댁으로 들어서는 내 가슴은 두 방망이질한다. 연전에 엽서 내왕은 있었으나 실제로 뵙기는 졸업 후 처음이다. 그 댁 뒤뜰로 내려서며 선생님을 찾았다. 선생님은 어느 분과 불빛이 명멸하는 시가지를 내려다보며 담소하고 계셨다.

선생님과 나의 반가운 해후는 이렇게 이루어졌다. 선생님은 그곳에 계신 분들에게 "나의 첫사랑이에요." 하신다. 선생님의 모습은 세월만 살짝 지나갔을 뿐, 자태, 음성, 미소, 가냘픔마저 예전 그대로다. 어둠이 깔린 그 댁 너른 뜰에서는 가을을 연주하는 풀벌레 소리가 잠든 기억을 들추어 주었다. 그 밤, 하늘의 별들이 몽땅 쏟아진 도시의 불빛을 바라보며 우리는 세월을 거슬러 올라갔다.

LA에 사는 동문 20여 명이 선생님과 자리를 함께했다. 둥글게 앉아 있으니 누가 스승이고 제자인지 구별되지 않았다. 어느덧 우리는 함께 세월을 엮고 있었다. 무척이나 어른스러우셨던 선생님과 우리가 8년 정도밖에 차이가 나지 않음을 알고 모두 한바탕 웃었다. 시곗바늘을 왼쪽으로 돌리며 세월의 틈새를 좁혔다.

"심미안을 발달시켜라. 어떠한 환경에 처하여도 하늘을 바라보며 높은 뜻과 맑은 꿈을 키워라."

종례 시간이면 들려주시던 말씀 따라 언론인, 작가, 의사, 교수로 전문 분야에서 내로라 활동하고 있는 제자들이 자랑스러워 입이 다물어지질 않으신다. 대학교수로 정년퇴임 하시고 근래에는 '그림사랑회'라는 유화 모임 회원으로 9월말이면 두 번째 전시회가 열린다고 하셨다.

'자연 앞에 다 털고 앉아 하나님의 축복을 온몸으로 느끼며 아! 아름답다. 저절로 탄성이 나와. 그날그날 보람 있는 일을 찾아서 새로운 생활로 이제부터 노년기까지 즐겁게 시간을 만들 거야.' 선생님의 표정에서 읽어 내린 모습이다.

사소한 것에서 기쁨을 발견하고 삶을 즐길 줄 아는 멋진 선생님. 선생님은 나에게 아름답고 숭고한 삶이 무엇인지 보여 주고 떠나셨다.

'서울에 오면 꼭 들르렴, 우리 집 마당에는 지금 가을꽃이 한창이란다.'

선생님 음성에는 가을 향기가 배어 있었다.

(2004.)

음악은 나의 모든 것

'타워레코드' 점을 찾았다. 오랫동안 들르지 못한 사이 내부가 많이 변해 있었다. '클래시컬 뮤직'이라고 쓰여 있던 공간의 유리벽을 아예 허물었기에 휑댕그렁하다. 일목요연하게 진열되어 있던 클래식 음반이 한 섹션밖에 보이지 않는다. 클래식 음악만 취급하던 장소를 '이지 리스닝'과 '컨트리 음악'으로 채워 놓았다. 언제나처럼 넓은 홀 제일 깊은 안쪽에 '클래시컬 뮤직'이라는 선명한 네온사인이 푸르게 빛나고 있을 줄 알았다. 특수 방음으로 외부와 차단된 그곳은 밀실 같아 록이나 헤비메탈이 난무하는 일반 홀과는 다른 별세계였다.

클래식 음악이 퇴색 일로를 걷고 있다고 생각하니 마음이 허전하다. 언제든지 찾아 나서기만 하면 바로 쥘 수 있었던 음반이 품귀 상태가 오다니, 한마디 말도 없이 가버린 정인처럼 그렇게 허망할 수 없다. 나뿐만 아니라 클래식 마니아들이 적잖이 섭섭할 것 같다.

미샤 엘만의 신기에 가까운 바이올린 연주가 가슴을 에이는 듯하고, 클라라 하스킬의 열정적인 피아노 연주가 물결처럼 출렁이던 곳. 재클린 뒤 프레의 첼로 음률이 공기까지 사로잡던 곳. 마음이 답답할 때 그 공간에 들어서면 이내 뻥 뚫리듯 시원하고 아늑함을 주던 장소였다. 지난 십수 년 동안, 마치 보물 창고에 들어와 값진 보석을 마음껏 구경하듯 이 밀실을 드나들며 음악을 감상했고, 귀한 손님 대하듯 정중하게 집으로 모셔 들였다. 클래식 음반이 점차 사라지고 있다는 사실을 상상이나 해 보았을까. 우리의 3세쯤 되면 그때는 어떤 음악을 클래식이라 말할까.

클래식 음악의 원산지는 유럽이라 해도 과언이 아니다. 유명한 작곡자는 거의 독일, 프랑스, 이탈리아, 오스트리아에서 태어났다. 미국은 컨트리 음악의 나라이고, 영화의 도시 할리우드가 있다. 젊은 세대들에게 클래식 음악이 잊혀 가는 것이 어쩌면 당연할는지도 모른다. 클래식 음악이 사라져가는 것을 안타까워함이 우리 세대로 끝나는 것은 아닐지, 베토벤이나 모차르트를 모르는 세대가 올 것 같아 두려움이 인다.

영국에 살면서 유럽 여러 도시를 여행하며 다양한 음반을 만날 수 있었던 것은 내게 큰 행운이었다. 그뿐인가. 다른 문화권에서 들었던 폭넓은 연주는 내 감상 능력을 격상시켜 주었다.

런던은 1월과 7월에 빅 세일을 한다. 가장 많은 음반을 소유한 '헤롯백화점'의 세일 기회를 최대한 이용했다. 당시의 음반은 거의 LP이다. 음반을 고르느라 손가락이 까맣게 되는 것도 아랑곳하지 않고 가장 마음에 드는 지휘자의 연주곡이나 좋아하는 연주자의 음반을 발견했을 때, 그 기분을 어떻게 표현할 수 있을까. 귀한 보물을 발견한 듯 뿌듯하게 안고 돌아오던 그때 그 기쁨. 행여 튀는 음반이 있을세라 헤드폰을 끼고 몇 밤을 새워가며 점검하던 시간. 한 달 생활비를 몽땅 음반에 쏟아 붓고 냉장고의 저장 식품으로 때운 적이 있을 정도로 내 음악 사랑은 지칠 줄 모르는 갈증인 동시에 생수였다.

자주 손이 가는 음반이 몇 개 있다.

쇼팽의 '피아노 협주곡 1번 제2악장 라르게토-로망스'는 로맨틱의 극치와 서정적 경지를 표현한 곡이다. 피아노의 순수한 음을 살려 시의 생명을 불어넣은 쇼팽의 명작으로, 낭만적이고 조용하며 조금은 우울하다. 쇼팽이 폴란드를 떠나기 두 달 전 1830년 9월에 완성한 마지막 곡이다. 같은 해 10월에 바르샤바에서 쇼팽 자신이 초연했는데 이 연주회가 쇼팽의 고별 연주였다. 이때 첫사랑인 소프라노 가수 콘스탄체 글라주코프스카가 노래했는데, 쇼팽은 그녀에게 열렬한 사랑의 감정을 지니고 있었다.

아름다운 봄날, 달빛 찬란한 밤, 곧 나타날 것만 같은 그녀를 꿈꾸며 작곡한 녹턴 풍의 우아한 곡이다. 내성적인 성격 때문에 자신의 감정을 피아노에만 털어놓고 쇼팽은 고향을 떠나버렸다. 신이 인간에게 내린 가장 위대한 능력은 '사랑할 수 있는 것과 괴로워할 수 있는 것'이라 했다는데, 쇼팽은 이 모두를 품은 채 고국을 뒤로 했다.

오래 전 이 곡을 처음 들었을 때 감동의 격류를 체험했다. 눈물이

났다. 곡이 매우 아름다워서. 심장 깊숙이에서 죽은 듯이 침묵하고 있던 '옛'이 서서히 살아나고 있음을 감지했던 탓이다. 피아노가 표현할 수 있는 탁월한 수완을 유감없이 발휘한 음악. 사랑하는 여인을 가슴에 품은 채 속으로 삼켜야 했던 눈물. 쇼팽은 후세 사람들이 눈물을 흘릴 만큼 자신의 곡에 감동하리라는 것을 짐작이나 했을까.

글루크의 '정령의 춤(Dance of the Blessed Spirits)'은 그리스의 신화인 '오르페우스와 유리디체' 3막에 나오는 곡으로 음률의 신비가 달빛처럼 어린다.

뱀에게 물려 죽은 아내를 잊지 못해 영계를 찾아온다. 오르페우스가 비탄에 젖어 리라를 켜고 노래 부르며 아내를 돌려 달라고 탄원한다. 리라의 음률과 노래가 하도 애절하여 사람은 말할 것도 없고 저승의 망령과 바위와 수풀까지도 귀 기울이며 눈물을 흘렸다. 지옥 원혼들이 그 노래에 감동되어 아내를 구하게 해주었으나 실수를 범하여 결국 비극으로 끝난다. '정령의 춤'은 독주곡으로, 성가곡으로 연주되며 많은 사람의 사랑을 받는 곡이다.

모차르트의 '클라리넷 협주곡 제2악장'을 들으면 마음이 차분해진다. 이 곡은 그의 죽음을 암시하고 있다고 하나 가슴 따뜻한 교감이 악장 전체에 흐르고 있다. 모차르트는 말년에 극심한 생활고에 시달리고 있었다. 그때 빈 궁정악단의 '안톤 시타들러'의 도움을 많이 받았는데, 클라리넷의 명수인 시타들러는 돈을 구해서 모차르트에게 주었고 자기 주머니를 털어주며 작곡을 의뢰했다.

모차르트는 고마운 벗을 위해서 죽기 두 달 전인 1791년 10월에 클라리넷 협주곡 작품 622번을 작곡했다. 특히 2악장이 비단결처럼 곱다. 과장 없이 세련된 연주는 차분하면서 열정인 곡으로 독주 악기의 아름다움을 완벽하게 보여주는 걸작이다. 쓸쓸한 정감에 다양하고 변화 많은 서정적 감동을 준다. 영화 '아웃 어브 아프리카'의 배경 음악으로 사용되며 우리 곁으로 친숙하게 다가온 음악은 광활한 아프리카의 대평원에서 펼쳐지는 석양, 자연 경관에 불을 지르는 음악으로, 영화 전체의 분위기를 로맨틱하게 하는데 일조를 했다. 영국 출신의 클라리네티스트 마이클 콜린스가 '러시안 내셔널 오케스트라'와 협연한 연주가 가장 인상 깊게 남아 있다.

슈베르트의 가곡 '보리수(Der Lindenbaum)'는 비 오는 날 듣기 좋은 곡으로 LP로 들어야 제격이다. 슈베르트가 세상을 떠나기 1년 전, 뮐러의 시에 곡을 붙여 작곡했다. 보리수는 현실과 환각 사이를 방황하는 외로운 남자의 마음을 나타낸 곡으로 시보다 더 우울하게 표현되고 있다. 바람의 움직임까지 감지할 수 있을 정도로 섬세하여 '거의 노래할 수 없을 정도로 아름답다.'는 평을 듣고 있다. 부드럽고 차분한 분위기를 연출하는 휘셔 디스카우의 노래는 듣는 이로 하여금 깊이 모를 심연으로 빠져들게 한다.

외로울 때나 슬플 때, 기쁠 때, 음악은 나에게 힘이 되어 주었고 친구가 되어 주었고, 연인이 되어 주었다. 음악은 불행하고 외로운 사람에게 위안과 용기를 주고 절망한 영혼에 빛이 되어 준다. 근래에는 음악 듣기가 훨씬 편해졌다. 컴퓨터 하드에 저장해 놓고 음악을 들을 수 있어 간편해서 좋다.

'아! 음악이 없는 삶을 상상이나 할 수 있을까. 설혹 밥은 굶더라도 음악만은—' 이렇게 말하던 14세 소녀 때부터 지금까지 나는 음악 속에 빠져 살았다. 존 마일스(John Miles)가 'Music'에서 노래하듯 '음악은 나의 첫사랑, 음악은 나의 마지막 사랑, 음악은 나의 모든 것.' 이것이 나의 고백이기도 하다.

작곡자들이 각고의 노력으로 산출해 낸 음반들, 그 곡을 빛나게 하는 연주자들로 말미암아 주옥같은 음악을 감상할 수 있어 행복하다. 그 음악을 내 것으로 간직할 수 있는 음반을 가슴에 안을 때 삶은 더없이 눈부신 행복으로 벅차올랐는데, 그 기쁨을 만나는 곳이 자취를 감춰가고 있음이 너무 안타깝다. 클래식 음악이 없는 곳에서 무엇이 나의 영혼의 해갈을 줄는지.

나는 쇼팽의 음악 로망스를 허밍하며 타워레코드 점을 나왔다. 내 영혼을 청정케 하고 삶의 의미와 존재의 기쁨을 주는 클래식 음반이 사라져가는 허전함에 발걸음이 무겁다.

(2001.)

블랙 스완

고전 발레의 백미는 '백조의 호수'다.

차이콥스키의 음악과 함께 펼쳐지는 환상의 세계. 발레리나라면 누구나 한 번쯤 꿈꾸는 동경의 대상이 백조의 여왕이다. 백조의 여왕을 맡게 되면 프리마 발레리나로서 입지를 굳히는 것은 물론 어느 발레에서나 주역을 소화할 수 있는 능력을 갖추었음이 입증된다.

발레리나에게 처음 주어지는 배역이 무용수(Artists)다. 좀 발전하면 코리피(Coryphees), 솔리스트(Solo Artists)까지 오르려면 7~8년 이상, 주역인 프린서펄(Principals)까지는 10년 이상 걸린다. 이것은 특별히 재능을 타고난 무용수에 해당하는 말이다. 평생 군무만 추다가 끝나는 발레리나들이 부지기수다. 발레는 영화나 드라마와 달리 오로지 주역은 남녀 각각 한 사람뿐이어서 경쟁이 치열하다.

무용수는 매일 혹독한 연습을 하기에 발톱이 곪고, 발 모양이 변형되고, 인대가 찢어지고, 어깨뼈를 빼고, 허리디스크 등 상처를 입는다. 과도한 연습으로 육체적 고통이 심하지만, 그것마저도 예술의 한 부분으로 받아들인다. 일단 무대에 오르면 통증은 사라지고, 제단 위의 제물처럼 타오를 뿐이다. 시즌마다 배역이 발표되는 날은 극도의 긴장과 초조로 살이 내린다. 자신이 원했던 배역이 배당되는 경우는 극소수에 불과하다.

최근에 '블랙 스완(Black Swan)'이라는 영화를 감상했다.

이 영화는 '분홍신'이나 '터닝 포인트' 같이 순수 발레 영화가 아니고 발레에 색다른 '사이코 섹슈얼 스릴러'를 가미했다. 백조의 호수 3막에 나오는 흑조 오딜의 춤과 연기에 중점을 둔 강렬하고 관능적인 영화다. 주인공 니나는 발레리나로 완벽의 성취를 위해 집념하다가 정신분열을 일으킨다는 내용이다.

뉴욕 발레단에 소속된 니나(나탈리 포트먼)는 전직 발레리나 출신인 엄마 에리카(바바라 하쉬)의 적극적인 보살핌 아래 삶의 전부를 발레에 두고 있다. 에리카는 니나를 최고의 발레리나로 만들려고 정성을 쏟는 반면, 매사에 깊숙이 관여한다.

예술 감독 토마스 르로이(뱅상 카셀)는 주역인 베스(위노나 라이더)를 전격적으로 은퇴시키고 새 시즌에 새롭게 각색한 '백조의 호수'에 니나를 발탁한다. '백조의 호수'는 백조가 흑조의 역까지 1인 2역을 맡는다.

"내가 뽑혔어요. 엄마. 들었어요? 내가 새 주인공이에요. 곧 집에 들어가지만, 미리 알려 드려요."

니나는 격정을 주체할 수 없어 눈물을 펑펑 쏟으며 엄마에게 알린다. 그 눈물, 그 기쁨을 나는 안다. 발레리나라면 누구나 경험해 봤을 것. 새 시즌이면 가슴이 바작바작 타들어가던 결정의 순간을. 가장 감동적인 이 장면에서 나도 눈물을 펑펑 쏟았다.

니나는 순수하고 나약한 백조는 완벽하게 연기할 수 있으나 관능적이고 도발적인 흑조 연기는 어딘지 미흡하다. 니나와 라이벌 관계인 릴리(밀라 쿠니스)는 니나처럼 정교한 테크닉을 구사하지 못해도 무대를 압도하는 카리스마와 관능적 매력을 뿜어내어 은근히 그녀와 비교된다. 이 영화는 니나가 흑조의 연기에 대한 중압감에 휩싸여 자신을 잃고 자아가 분열되는 과정을 그렸다. 어리고 성품도 여리기에 자신에게 주어질 어떤 운명 같은 것에 불안하다. 그런 강박관념 속에 있기에 연습하는 과정에서 일어나는 환상과 괴상한 사건에 사로잡힌다.

니나는 완벽함, 아주 짧은 순간 동안만 존재하는 완벽함을 원한다. 예술가가 완벽하려면 스스로 자신을 파괴해야 한다. 니나는 흑조가 되려고 노력하면 할수록 이해할 수 없는 내면의 거부가 끓어오른다. 스타덤에 대한 압박과 이 세상 모두가 자신을 파괴할 것 같은 불안에 시달린다. 백조와 흑조의 상반된 연기를 완벽하게 하고 싶은 욕망에서 겪게 되는 비현실적인 내면의 경험과 싸우게 된다. 릴리가 니나의 내면에서 원하는 인물의 표상이라면, 토마스 르로이는 니나가 릴리 같은 관능미를 자연스럽게 표출하도록 가차 없이 몰아붙이는 인물이다.

"너는 아름답지만 연약하고 겁이 많지. 4년간 널 봐왔는데, 모든 인물을 완벽하게 소화하지만, 도전적인 것이 없잖아. 춤만 잘 추면 뭘 해, 완벽함과 통제는 달라. 테크닉을 버릴 줄도 알아야 해. 테크닉을 넘어선 도전이 필요해. 자신을 놀래줘야 관객이 놀란다고. 배역의 틀을 벗어나야 해. 네 욕망을 표현해. 더 강하게 유혹적으로. 관능에 네 몸을 맡겨라. 넌 백조만을 표현할 수 있어. 자유로운 표현이나 섹시함이 부족해. 왕자뿐만 아니라 관객을, 전 세계를 유혹해 보란 말이야. 릴리의 몸짓을 봐, 자연스럽고 관능적이지 않니. 너처럼 꾸미는 게 아니야. 네가 두려워할 사람은 너 자신뿐이야."

토마스는 니나에게 흑조의 연기를 혹독하게 훈련시키지만, 혐오감만 인다. 인간과 예술의 본 모습을 낱낱이 꿰뚫어 보려고 온 힘을 다하나 마음뿐이다. 니나는 머릿속을 떠나지 않는 환청들로 괴롭다.

"그 역이 널 망치고 있어."

엄마 에리카의 울부짖는 음성이 귀를 때린다.

"너도 결국 나처럼 될 거야" 주역을 빼앗긴 베스가 퍼붓는 저주가 가슴을 할퀸다. 베스는 니나의 정신세계에 결정적 역할을 하게 되는데, 그녀를 통해 니나는 자신 앞에 펼쳐질 미래를 예감한다.

이 영화에서 토마스는 오직 발레만을 생각하여 발레리나를 소모품처럼 이용하고 버리는, 희생자들은 신경을 쓰지 않는 인물이기에 니나를 향한 베스의 울부짖음에 타당성 있다.

급기야 위기가 닥쳐 자신이 누구인지 혼란스러운 것은 물론 자신과 다른 사람 사이의 경계가 흐려진다. 정체성을 잃어가며 자신과 똑같이 생긴 사람을 곳곳에서 보게 된다. 자신과 닮은 사람, 불가사의한 만남, 고통이 넘쳐 나는 어지러운 세상에 갇혀 혼란을 겪기 시작한다. 니나가 주변의 모든 체계에 반항하기 시작하면서 편집증이 나타난다. 다른 사람이 자신에게 원하는 것이 무엇인지 혹은 자신이 제정신인지조차 확신하지 못하는 분열된 정신 상태에 빠진다.

영화 전체를 통하여 니나가 웃는 모습이 거의 없다. 그녀의 표정은 언제나 불안하고 초조하며 무언가에 쫓기는 듯 하기에 관람객들이 촌각의 긴장도 풀 수 없게 만든다. 금방이라도 무슨 불길한 일이 터질 것 같아 신경 줄을 팽팽하게 당긴다.

마침내 니나는 처절하게 흑조를 춤추는 데 성공했다. 그녀의 몸속에서 끊임없이 괴롭히던 정형의 틀, 편집과 아집의 가시를 뽑고 나서 비로소 완벽하게 흑조로 변신했다.

'블랙 스완'이 호평을 받는 것은 나탈리 포트먼의 완벽한 연기와 우아하고 아름다운 발레리나로의 변신에 있다. '백조'와 '흑조'라는 상반된 캐릭터로 자신의 한계를 넘어서려 노력하는 모습을 보였다. 그에 더하여 완벽한 커리어 구축을 위한 열정, 실패에 대한 두려움, 홀로 서기, 부모와의 갈등, 성에의 탐구와 흥미 등을 스릴러 넘치는 전개로 독창적인 캐릭터가 돋보이는 각본을 들 수 있다. 특히 백조와 흑조의 상반된 성격을 가진 나탈리 포트만과 밀라 쿠니스의 극 중 라이벌 관계는 한순간도 눈을 뗄 수 없는 긴장감을 더한다. 여기에 기량이 뛰어난 최고의 연기파 배우 뱅상 카셀, 바바라 허쉬가 니나의 주변 인물로 등장, 아름다움과 신비와 두려움이 최면 상태에서 혼합된 분위기를 더해준다. 그녀가 심리학을 전공했기에 영화에서 시시각각으로 변하는 성격 묘사를 완벽하게 표현할 수 있었다.

차이콥스키의 원곡을 영화의 색감에 맞게 편곡해 일관된 긴장을 유지해가는 음악이 우아하면서도 화려하고, 요염한 매력을 한껏 뿜어낸다. 성공을 꿈꾸며 완벽을 추구하려는 발레리나의 시련과 광기, 라이벌을 향한 질투와 동경을 그린 극한의 심리극으로, 인간에게 감춰진 양면성과 변신을 위한 몸부림을 통해 긴장감 넘치는 스릴로 관객을 유혹한다.

'블랙 스완'은 '백조의 호수'처럼 우아함과 서정성을 한껏 살린, 명성에 걸맞은 신비하고 아름다운 발레 영상과 전혀 다르다. 땀과 불안이 팽배한 발레계의 감춰진 뒷모습에 작위적인 면도 삽입한 스릴러 형식의 전개 방식을 도입했다. '백조의 호수'에서 흑조가 백조의 연인인 왕자를 빼앗기는 해도 이 영화처럼 관능미가 도입되지 않는다. 다만 과감한 표정 연기가 조금 다를 뿐이다.

나탈리 포트만은 어릴 때 발레를 배운 것이 도움이 되었다. 그녀는 발레의 맛과 멋과 흐름을 알기에 프리마돈나처럼 표현할 수 있었다. 1년 6개월 동안 전력을 다해 수백 번의 리허설과 15번을 실제의 공연처럼 연습했어도 전공자처럼 정교하게 할 수 없었다. 고난도를 필요로 하는 동작은 22년간 '아메리카 발레 시어터'의 현역 무용수인 주역사라 레인(Sarah Lane)이 대역을 했다. 다만 카메라의 기술에 의해 일반인들이 구별할 수 없을 정도로 밀착시켜 두 사람의 동작을 하나로 만들었다.

나는 '블랙 스완'을 10여 차례 이상 감상했다. 머릿속에 전 스크린이 가득 펼쳐져 있는데도 막상 글을 쓰려 하니 초안을 잡기 어려웠다. 분명 스토리가 있는데, 한 장면 장면이 맞춰야 할 퍼즐 조각같이 복잡했다. 아름답고 화려하게 펼쳐지는 발레 장면을 보면서도 기분은 영 으스스했다. 너무나 강하고 충격적인 장면이 많았기에 불안감이 잠시도 떠나지 않았다.

니나의 비극은 자신을 자기 밖의 형상으로 보는 데 익숙해져 있지 않았다. 밖으로부터 안으로 자기를 바라본다는 것은 매우 위험한 일이다. 다른 사람의 눈으로 자기를 바라보는 데 익숙해져 비극을 맞게 된다. 예술가가 된다는 것은, 자신의 몸 안으로 되돌아가 남이 아닌 나를 바로 인식하며 자기를 위해 즐거움을 찾는 것이다. 뱅상의 표면적인 성적 희롱은 가혹하리만치 냉정한 또 다른 훈련의 과정이다.

프리마 발레리나가 인간의 외적인 것에서 위안을 찾는다면 결코 무용수로서 성공할 수 없다. 삶 자체가 공연과 훈련이기에 하루를 쉬면 자신이 알고, 이틀을 쉬면 비평가가 알고, 사흘을 쉬면 관객이 안다는 일념 속에서 이루는 비상만이 최선이다.

'블랙 스완' 그 무대에는 지나친 모정, 현실과 환상, 의식과 무의식, 열망과 갈등, 모든 것이 공존한다. 육체가 자기표현의 수단인 특수

세계에서 선택의 축적이 성숙한 예술가로 만들어 주는 열쇠임을 이 영화는 말해 준다.

(2011.)

가을 나들이

어디론가 떠나고 싶은 계절에 가을 여행을 다녀왔다.

평소 가깝게 지내던 여섯 가정이 1년여를 차근차근 준비하여 떠난 여행이다. 처음에는 나이 들기 전에 다녀오자 했던 4주 예정의 대륙횡단이었으나 무리가 따를 것 같아 다시 절충했다. 2주로 줄여 필라델피아까지는 항공편을, 거기서부터 차로 움직여 미국 북동부 메인주의 바 하버(Bar Harbor)까지로 일정을 잡았다.

떠난다는 것, 일상의 모든 것에서 해방된다는 것만으로도 여행은 마음을 설레게 한다. 평소 가 보고 싶던 곳, 말로만 듣던 곳을 다녀온 나는 건강하고 즐겁게 행복한 여행을 할 수 있어 감사했다. 전체적으로 단풍이 골고루 물들지 않은 아쉬움도 있었으나 오히려 푸르고 붉은 색조가 조화된 아름다움을 보여 주었다. 누군가 커다란 붓에 물감을 듬뿍 찍어 가을을 한 폭 담아 놓은 것 같았다. 가을 바람, 가을 고요, 변해가는 자연을 바라보며 가을 정취를 맘껏 호흡하며 유유자

적했다. 여행을 값진 것으로 만들어 주는 것은 낯섦과 미지에 대한 기대와 발견 같다.

단풍 색깔만큼 다양하고 아름다운 일들이 기다릴 것만 같은 여행 속으로 첨벙 발을 내디뎠다.

동부는 내가 예상했던 이상으로 아름다웠다. 뉴잉글랜드 지방의 도로변은 끝 간 데 없이 이어진 나무들로 거대한 숲처럼 보였다. 달리는 차 속까지 가을 내음이 스며드는 듯했다. 나무의 체취가 향기처럼 내 안에 충만했다. 지친 영혼을 청정케 해주는 자연의 속삭임. 나무숲을 헤치고 들어가 낙엽이 깔린 오솔길을 마냥 걷고 싶었다. 아무렇게나 누워 있는 나뭇잎 하나에도 존재의 의미가 있을 것 같아 낙엽의 이야기가 듣고 싶었다. 인간은 아름다운 자연 속에 자신을 맡겼을 때 가장 편한 휴식을 얻을 수 있는 것 같다.

사랑하는 이여/ 자기 맘속을 들여다보아라/ 거기 성스러운 나무가 자라고 있도다/ 즐거움에서 성스런 가지로 뻗고/ 그 위에 온통 꽃들이 피어 하늘거리도다/ 변해가는 열매의 빛깔은 별에게 즐거운 광채로 보냈고 /숨은 나무뿌리는 흔들리지 않고 밤마다 정적을 심었다.

예이츠의 시가 떠오른다.

LAX를 떠나 필라델피아에 도착했다. 밴 두 대에 나누어 타고 첫 기착지인 뉴욕 주의 Saratoga Springs에 도착했을 때 석양이 뉘엿

뉘엿 지고 있었다. 그곳은 광천수로 유명한 곳이다. 이 물이 위장병을 앓고 있는 사람에게 효과가 있어 많은 사람들이 모여든다. 온천은 늘 붐비지만 1인 1실이다. 따뜻한 물이 넘쳐흐르는 욕조와 간이침대가 있어 피로를 푸는 데 그만이었다. 며칠 묵으면서 느긋하게 온천을 즐기고 싶었다.

다음 날 버몬 주 Shelburne Farm을 향해 북상했다. Burlington근처의 Essex에서 Car Ferry를 타고 Lake Champlain을 건넜다. 시원한 바람을 맞으며 경쾌하게 물 위를 날을 때 스트레스도 함께 날아가는 기분이었다. Shelburne Farm은 숲이 울창한 공원 같았다. 주변 경치가 빼어나 관광마차를 타고, 오솔길을 걸으며 한낮의 여유를 즐겼다. 다음 행선지인 버몬 주의 주도 Montpelier를 거쳐 뉴햄프셔 주의 Jackson에 도착한 것은 자정이 다 된 시각이었다.

예약된 숙소는 모두 2층이다. 방마다 어찌나 예쁘게 꾸며 놨는지 마치 신혼 방을 방불케 했으나 계단이 가파른 게 흠이었다. 나는 아래층으로 부탁했는데 빈방이 없어 본관 밖에 있는 오두막으로 안내되었다. 방문을 열자 퀴퀴한 냄새가 코를 찔렀다. 한동안 사람이 머물지 않았던 듯 냉기가 돈다. 스탠드에 먼지가 뽀얗다. 깊은 산 속, 주변 경관이 뛰어나서인지 이번 여행 중에서 가장 어렵게 구했고, 숙박료도 만만치 않다고 들었다. 불편해도 꾹 참을 수밖에 없었다. 눈에 보이는 먼지를 대충 닦아낸 다음 잠자리에 들었다. 불면증이 심한 내가 자리까지 바뀌었으니 쉽게 잠이 올 리 만무했다. 수면제를 복용했는데도 정신이 또렷하다. 밖에 나가 맑은 공기라도 마셔 볼 양으로 일어나려는데 이불자락에서 뭔가가 만져졌다. 불을 켜고 보니 쥐똥이었다. 에구머니! 외마디 소리를 지르는 바람이 남편이 깨었다. 이불 위에 쥐똥이라니. 나는 쥐를 유난히 싫어하는데, 너무 놀라 숨이 막힐 것 같았다. 여행 초장부터 기분이 영 말이 아니었다. 힘들어도 그냥 2층으로 올라갈 걸. 역겨운 냄새로도 모자라 쥐똥까지 만졌으니 속이 부글거려 뜬눈으로 밤을 새웠다.

아침이 상쾌했다. 투명한 햇살, 맑은 공기. 나무가 숲을 이루어 오존층이 잘 발달된 것 같다. 그 일대에서 가장 높다는 워싱턴 산을 오르기로 했다. 산이 가파르고 좁은 길이라 조심스럽게 움직여 마침내 정상에 도달했다. 미국에서 바람이 가장 강하게 불었던 기록을 가지고 있는 곳, "야~호~"를 외쳤으나 바람이 소리를 삼킨다. 너무나 미미한 존재, 한 개의 점으로 서 있을 뿐. 저 멀리 광활하게 펼쳐진 대지를 내려다본다. 그곳에서 아옹다옹 사는 사람들. 산속에 있으니 인간의 존재가 참으로 하찮음이 더 실감 난다.

하산을 서둘렀다. 내리막길은 위험했다. 오를 때는 앞만 보며 꼬부라져 들었으나 내려가는 길은 저 밑 평지까지 훤히 내려다보였다. 길 가장자리가 낭떠러지라 굽이굽이 돌며 내려가는데 오금이 저렸다. 숨도 크게 쉬지 못한 채 손에 땀을 쥐고 있었다. 운전에 방해될까 봐 아무도 입을 열지 않았다. 우리의 삶도 환히 내려다보며 정해진 길을 가야 한다면 이보다도 더 오금이 저릴 것 같다.

주일아침 예배를 드리고 Jackson을 서서히 벗어나고 있을 즈음 눈에 익은 다리를 건너게 되었다. 지붕이 덮인 다리. 오래전에 보았던 영화 '매디슨 카운티의 다리(The Bridges of Madison County)'와 거의 비슷하다. 눈앞에 펼쳐진 다리를 보며 영화 이야기로 한동안 갑론을박했다. 주변이 아름다워 다리 위에서 잠시 쉬기로 했다. 저쪽에서 카메라를 든 로버트와 프란체스카가 걸어올 것 같다. 자신을 숨김없이 드러낸 노을빛 사랑을 안고.

단지 나흘이었다. 나흘간의 사랑. 그것을 사랑이라 말할 수 있을까. 영화에서는 너무나 아름답게 묘사되어 불륜이라고 느껴지지 않았다. 영화가 끝났는데도 여성 관객들이 눈물을 흘리고 앉아 있었다지 않던가. 왜 사람들은 영화 속의 사랑을 그리도 안타깝게 보았을까. 왜 결혼한 여성들도 그런 사랑을 꿈꾼다 했을까. 왜 영화와 현실을 혼동할 정도로 깊이 빠져들고 있는 것일까. 600만이나 되는 사람이 이 영화를 관람했다고 한다. 물질 만능시대, 순수한 사랑이 모자란 이 사회에서 누군가 일상의 틀을 깨고 과감하게 시도한 사랑으로 대리만족을 느꼈던 때문이 아니었을까. 그 다리를 떠났으나 길을 잃어 세 번이나 다시 건너야 했다. 이 역시 '매디슨 카운티의 다리'처럼 잊지 못할 추억을 안겨주었다.

메인 주 Bar Harbor에 도착한 것은 오후 늦은 시각이었다. 동북단 끝의 조그마한 도시. 유럽의 어느 관광지에 와 있는 것 아닌가 착각할 정도로 바다가 아름답다. 미국 랍스터 공급의 50%를 생산하는 곳이라 해변의 식당에는 랍스터 그림으로 도배를 했다. 인근 록랜드에서 해마다 7월 말에서 8월 초에 랍스터 잔치가 열린단다.

기념품 가게마다 아틀란틱 푸핀(Atlantic Puffins)이 담긴 카드 일색이다. 부리와 발이 빨갛고 배가 흰색, 등이 검은빛을 띤 10cm 정도의 작고 앙증맞은 예쁜 새인데, 이곳에서만 서식하고 있다.

동이 틀 무렵, Cadillac 정상에 올랐다. 미국에서 제일 먼저 해가 돋는 곳이다. 해돋이를 보기 위해 새벽부터 인파가 붐빈다는데 날씨가 흐려서인지 사람이 많지 않다. 먼 곳에서 찾아온 우리 일행을 반기려는 듯 잠시 해가 모습을 보이다가 이내 구름 뒤로 숨었다. 시커먼 구름의 움직임이 심상치 않아 하산을 서두르는데 갑자기 뺨의 촉감이 서늘하다. 는개였다. 아니, 너무 미세하여 비라기보다 젖은 공기가 내리고 있는 것 같았다. 살포시 젖어 윤기 나는 나뭇잎. 소리 없이 내리는 비는 영혼을 청정케 해주는 자연의 선물 같다. 동부의 최북단 마운트 데저트 아일랜드에 있는 아케이디아 국립공원은 메인주의 자랑으로, 20세기 초 신흥재벌이 여름별장으로 이용하던 곳인데 국립공원으로 지정되면서 전체 면적 60%를 국립공원에 기부했다.

드디어 꿈에 그리던 보스턴에 도착했다. 보스턴은 건국 200년의 역사를 간직한 문화의 중심지다. 진보적 사상과 보수적인 생활, 활기찬 현대적 도시와 조용하고 차분한 고도가 공존하는 독특한 색깔의 도시이다. 하버드, MIT, 보스턴 등 미국 최대의 대학도시답게 건물들이 고색창연하다. 사람들의 키가 커 보이고 대부분 정장 차림이었다. 어슬렁거리는 사람이 없었으나 그들만이 가진 특유의 여유가 있었다.

일정을 서둘기 위해 일찍이 Plymouth로 출발했다. Mayflower 호를 타고 미 대륙에 처음 상륙했던 지점에 있는 Mayflower II (복제판)과 Plymouth Plantation을 관람하며 개척자들의 일상생활을 둘러보았다. 장식품과 식기, 가구 등을 예전 것 그대로 만들어 놓았다. 당시의 의상을 걸치고 앉아 있는 여인들이 인형처럼 고왔다. J. F. Kennedy 도서관과 박물관을 관람하고 하버드 대학을 관광했다.

하버드 대학은 처음에 청교도 목사를 육성하는 대학으로 세워졌으나 종합대학으로 바뀌면서 미국 최고 대학으로 변했다. 보스턴 근교의 케임브리지 마을에 있는 사립학교로 케네디를 비롯한 5명의 대통령과 33명의 노벨상 수상자를 배출했다. 일반인이 내부까지 들어갈 수 있는지 몰라도 늦은 저녁이라 낙엽이 누렇게 깔린 캠퍼스만 구경하고 나왔다. 나도 하버드 대학을 나온 셈이다.

뉴욕은 비가 내렸다. 뉴욕의 N. Piers 83에 도착, 허드슨 강을 따라 3시간가량 맨해튼을 일주하는 배에 올랐다. 비가 억수로 퍼부어 갑판에 나갈 수 없었으나 창을 통해 봐도 어마어마한 도시임을 한눈으로 확인하는 순간이었다. 말로 표현할 수 없는 거대한 빌딩 숲, 인간이 만들어 낸 경이로운 위대함이다.

가장 화려하다는 뉴욕 5번가는 세계 패션과 문화의 창조지답게 멋졌다. 상가에서 내뿜는 현란한 불빛만으로도 압도당할 지경이었다. 예전 영화에서 익히 보아 왔던 뉴욕 거리. 섣달그믐이면 물결처럼 인파가 모여드는 곳. 타임스퀘어 아래서 새해맞이 숫자를 합창하던 그곳에 내가 서 있는 것이 꿈만 같았다. 인파 속에 휩쓸려 걷고 또 걸었다. 걷는 것만으로도 행복했다. 매디슨 스퀘어 가든에 있는 America Ballet Theater도 구경하고 싶고, Russia Tea Room에 앉아 차를 마시고 싶은 생각이 간절했으나 시간이 촉박했기에 어쩔 수 없었다. 브로드웨이에 가면 뮤지컬이나 연극을 한 편 감상하리라 별렀던 숙원도 이루지 못했다. 일정이 너무 빡빡했고, 이미 밤이 깊어 다시 뉴저지의 숙소로 가야 했다. 아! 시간이 그냥 멈추었으면 싶었다.

다음 날 지하철을 타고 Empire State Building으로 갔다. 전망대에 올라가 뉴욕 시가지를 내려다보았다. 눈 아래로 활짝 펼쳐진 거대한 도시. 과연 세계 제일이라는 도시의 위용을 유감없이 발휘했다. World Trade Center가 어디 있었는지 흔적조차 사라진 가운데 역사가 무너져 내리던 그날의 정경이 눈에 어른거린다. Rockefeller Center, Metropolitan Museum of Arts 등 수많은 명소를 관광하고 Central Park를 걸었다. 평소에는 음악회가 열리던 Park에 그날은 아무 연주회도 없어 서운했다. 뉴욕은 대도시답게 사람을 끌어당기는 매력이 넘친다.

가을바람 따라 어디론가 떠나고 싶었던 계절. 떠남에서 시작하여 일상을 벗어남으로 세속의 먼지를 씻고 신선한 감정과 해방감을 만끽했다. 2주 동안 12명이 함께 움직이며 모두 최상의 컨디션으로 여행할 수 있었음이 무엇보다 감사하다.

가보고 싶은 곳이 비단 미 동부뿐일까마는 역사와 문화의 체험을 경험하며, 광활한 자연을 호흡하며 조금은 성숙해진 모습으로 돌아올 수 있게 된 것이 기쁘다. 아직도 찬란하게 형형히 빛나던 브로드웨이 밤거리가 눈에 어른거리고, 바람이 엮어내는 정담, 뉴잉글랜드 가을 소리가 아득히 들려오는 것 같다. 우리의 인생 여정 또한 여행과 다를 바 없다. 한 치 앞을 모르고 살고 있기에 설렘, 두려움이 공존한다. 인생의 늦가을에 처한 내가 다양한 색채의 가을을 호흡하고 돌아오니 심신에 청량감이 넘친다.

4계절의 구분이 분명치 않은 이곳 캘리포니아도 가을이 내리고 있다.

(2007.)

연둣빛 아지랑이

작년 11월, 추수감사절을 사흘 앞두고 발에 골절상을 입었다. 넘어지거나 미끄러지지 않았고 다만 매그놀리아 열매를 밟았을 뿐인데 조금도 움직일 수 없이 통증이 심했다. 주변의 도움을 받아 겨우 집으로 들어왔다. 부엌에는 추수감사절 만찬을 위해 사들인 음식 재료가 가득하다. 올해는 우리 식구 이외에 손님을 초청했기에 생각할수록 난감하다.

X-RAY 검사 결과 발바닥뼈가 두 군데가 골절되었다. 깁스하고 목발을 짚고 나올 때까지도 실감 나지 않았다. 잠시 후, 집에 도착하고 나서야 이것이 현실임을 확인했다. 차고가 지하에 있으니 올라가야 하는데 나이 들어가며 소리 없이 불어난 체중을 알 리 없는 남편이 예전 생각만 하고 업히라고 등을 돌린다. 업혔다가 떨어뜨리기라도 하는 날에는 더 큰 일을 당할 것 같다. 남편의 강권에 못 이겨 죽기를 각오하고 업혔다. 아니, 차라리 매달렸다고 하는 표현이 맞을 것 같

다. 남편은 한 손으로 바를 잡고 한 손으로는 엉덩이를 받치고 거뜬히 올라가는데, 나는 스스로 무게를 감당키 어려워 떨어질 것만 같았다.

수난이 시작되었다. 목발을 짚고 걷는 것이 무척 힘들고 어려웠다. 휠체어도 만만치 않았다. 본래 허리 디스크가 있는 나는 허리에 힘이 있어야 휠체어도 움직일 수 있다는 것을 그때 알았다. 한쪽 발을 쓰지 못하는 것뿐인데 온몸에 막대한 지장을 주어 삶을 헝클어 놓고 있다. 8주 후에 깁스를 풀 것이라 했으니 세월이 빠르게 지나가기를 바랐다. 평소에 유수 같은 세월이라더니, 시간도 공기도 늪처럼 고인다.

장영희 교수가 쓴 칼럼을 읽은 적이 있다. 어려서 소아마비를 앓은 장 교수는 목발을 짚고 다녔다. 어느 날 은행 입구에서 밖을 향해 나가는데, 때마침 뛰어 들어오던 청년이 장 교수의 목발을 건드려 나동그라졌다. 장 교수는 속수무책으로 넘어져 크게 다쳤다.

병원으로 실려가 응급처치를 받는 장 교수 곁에서 청년은 한사코 '목발을 조금 건드렸을 뿐인데'를 반복하고 있더란다. 장 교수에게 목발은 온몸을 지탱해 주는 버팀목인데, 그것을 건드려 놓고 성한 사람 생각하듯 대수롭지 않게 말한 그 청년이 괘씸하여 마음이 언짢았다. 내가 목발에 의지해서 생활해 보니 장 교수의 일상이 얼마나 힘들었을까 연민이 스민다.

평소 운동신경이 발달되었다고 자부했는데, 걸을 때 균형이 잡히지 않아 고생했다. 부득이 외출해야 할 때 누가 내 주변을 얼씬거리기만 해도 불안하여 멈춰 섰다. 목발보다 몸이 앞서 나가 넘어지기도 했다. 그럴 때면 다친 발에 영향을 줄까 봐 온 신경이 집중되어 대책 없이 나동그라졌다. 깁스를 벗기까지 병원에 가는 것 이외에 외출은 엄두도 못냈다.

　자신이 경험해 봐야 다른 사람의 어려움을 안다. 전에는 목발 짚은 사람을 보면 '불편하겠구나.' 하는 정도였는데, 내가 목발에 의지하게 되니 두 발로 걷던 때의 무심했던 감사가 절실히 와 닿는다. '한 치 앞을 모르고 사는 인생'이라는 말이 설렘을 주고 때로 두려움도 주었으나 이제는 두려울 뿐이다. 예전에는 지키지 못할 계획이라도 야무지게 세웠는데, 오늘 하루 충실히 살기 원하는 하루 단위의 인생으로 바뀌었다.

　그즈음 익명으로 카드가 왔다. 드가의 발레 그림이 그려져 있는 카드로 고른 걸 보면 내 주변 사람일 것 같은데, 전혀 감이 잡히지 않는다. 가사가 시 같은 대중가요 CD, 소설 <등대지기>도 보내 주었다. 연전에 <가시고기>를 읽었던 탓에 <등대지기>가 반가웠다. 지루한 시간을 보람있게 활용하라는 조언도 있었다.

　"옛날 발레를 하던 시절을 생각해 보세요. 얼마나 소중한 발인데. 무대에서 백조의 호수를 연출해 보이던 시절을 떠올리며 그 발이 얼마나 자신에게 기쁨과 아름다움을 선사했는가 그려 보세요. 관람객들의 환호 속에 행복했던 순간을 떠올리세요. 그 환상이 눈에 어리지요. 이제 눈을 감고 옛 기억 속으로 들어가 다시 춤을 추는 겁니다.

연둣빛 아지랑이

아프고 힘들 때일수록 감사가 넘치고 세상이 선명하게 보인답니다."

익명의 카드는 침체에서 나를 끌어 올렸다. 활력을 주었다. 기다림을 키우게 했다. 시간이 지나야 하는 것, 아픈 것이 아니고 불편한 것, 지루한 것뿐인데 마음의 여유가 없어 음악도 책도 손에 잡히지 않았던 것에서 다소 완화되었다. 움직이는 것 자체가 공포여서, 그림같이 앉아 있는 것이 답답해도 나를 위해 기도해 주는 이들이 있어 견딜 수 있었다. 카드의 주인공이 '누굴까?' 하는 궁금증도 일었으나 내 불편함을 알고 위로와 관심을 가져준 것이 마냥 고마웠다.

10주 만에 깁스를 벗으니 몸이 날아갈 듯 가벼웠다. 걷고 싶었다. 무작정 밖으로 나가 한없이 걷고 싶었으나, 막상 걸으려 하니 발을 옮기는 것이 공포였다. 성냥개비 정도의 나무만 봐도 겁이 나고 장애물이 없는지 땅만 보고 걷게 된다. 당분간 이 습관이 계속될 것 같다. 작은 열매를 밟고 골절된 발, 그 충격으로 걷는 것에 노이로제가 생겼다.

누구였을까, 내 마음에 연둣빛 아지랑이로 들어와 아른거리던 사람. 지치고 침체한 영혼을 청정케 해주던 카드의 주인공이. 내게 오로라 같은 존재요 엽록소 같았던 사람. '당신의 친구'라고 썼던 '나의 친구'께 감사드린다.

힘든 환경에 처한 사람에게 위로와 기쁨이 되고 용기를 줄 수 있는 사랑의 마음을 더욱 본받아야겠다는 마음이 샘처럼 솟는다. 따뜻한 위로의 카드를 준비하는 일에 더 정성을 기울여야겠다. 충실히 살아야 하는 삶. '오늘은 오늘 하루뿐, 다시 오지 않는다.'는 말을 좌우명 삼으리라.

(2004.)

현실이 될 수 있는 미래의 꿈

산다는 것은 불확실한 미래를 전제로 한다.

인생은 끝없는 모험이기에 인간은 언제나 새로움을 잉태하고 새로운 것을 찾아 발걸음을 내딛는다. 굽이굽이 도는 인생 길이 있어야 사는 맛이 있고, 도전하고 싶은 의욕도 생기게 된다. 물질적 풍요는 얼마 동안 편안하고 만족할지 모르나 차츰 무료해지고 나태해져 마침내 권태를 몰고 온다.

미국에서 손꼽히는 관광지 콩코드(샌프란시스코 인근)는 부자들이 모여 사는 마을이다. 여기가 천국인가 싶을 정도로 주변이 아름답건만, 안일한 일상의 반복은 삶을 지루하게 하고 행복감이 사라져 자살이 많은 곳으로 알려졌다.

거친 물결이 바위를 때려 포말로 부서지는 짜릿한 아픔도 있고, 훈풍에 돛단 듯 잔잔한 흐름도 있어야 삶의 묘미가 있겠으나 변화 없이 평온키만 하면 매일 그날이 그날이다. 그들은 자극을 찾아 마약에 손을 대기도 하고, 도리에 어긋나는 변태의 생활을 즐기며 삶의 변화를 끊임없이 추구한다. 비정상적일수록 오래가지 않는 법, 영혼의 충족과 감사가 없는 생활은 삶의 흥미를 잃고 삶을 포기하게 된다. 가장 아름다운 도시에서 사는 부유한 사람 중에 자살하는 사람이 늘어난다는 것은 아이러니가 아닐 수 없다. 가진 사람 중 일부의 삶이 이렇건만, 그 이면이야 어떻든 그런 부자들의 삶을 꿈꾸는 것이 못 가진 사람들이 바라는 소망이다.

불로소득을 꿈꾸던 직장인들의 비정함의 한 예를 본다.

작년 가을 3억 1,500만 달러의 수퍼로또 당첨자들이 직장 동료의 제소로 법정에서 판결을 기다려야 했다. 오렌지카운티 슈피리어 법원은 가든 그로브의 어느 병원에 근무하던 조나단 라크루즈가 7명의 당첨자를 상대로 제기한 소송과 관련하여 추후 재판을 열기로 했다.

그들 동료 8명은 항상 함께 로또를 샀고, 당첨되면 상금을 똑같이 나누기로 약조했다. 문제는 조나단이 결근한 날 샀던 로또가 당첨된 것이다. 그날 조나단의 몫으로는 아무도 돈을 대체하지 않아 구성원에서 빠지게 되었다. 조나단은 본인이 직접 참여하지는 못했으나 늘 함께 로또를 샀기에 비록 결근했더라도 자신의 몫을 주어야 한다고 주장했다. 7명은 조나단의 주장에 동의하지 않았고, 그로 말미암아 다정했던 동료 사이에 법적 공방이 벌어지게 되었다.

현재 상태로 본다면 조나단은 권리가 없음이 분명하나 오랫동안 함께 정을 나눈 직장의 동료로 생각하여 성의 있는 분배를 했더라면

이 각박한 세상에 미담 한 조각을 남겼을 것이다.
  로또를 외면하는 청년이 있다. 그의 사무실에서는 재미 삼아 매주 로또를 사는데, 단 한 번도 동참한 적이 없단다. 그 이유는 '불행하게도 로또에 당첨될까 봐란다. 젊고 의욕적인 나이, 뜻을 품고 모험과 도전을 향해 달려야 하는 시기에 로또에 당첨된다면 자신의 인생은 맥없이 무너질 것이며 꿈과 도전과 성취는 사라지고 안일만 남을 터이니 이보다 더 큰 불운이 어디 있겠냐는 것이다. 수고와 땀 없이 얻은 열매는 감동도 성취의 만족도 느낄 수 없을 것이라는 주장을 피력한다. 청년의 생활 철학이 멋지다.
  최근 수퍼로또의 잭팟 당첨금이 6,100만 달러로 올라 또 한 번 도시 전체가 로또의 열기로 달아올랐다. 로또를 취급하는 상점마다 행운을 거머쥐려는 사람들로 길가까지 사람의 행렬이 길게 이어졌다. 대낮에 직장에 있어야 할 사람들이 일확천금의 꿈에 사로잡혀 모두 거리로 나온 것 같다.
  한 지인의 말이 재미있다. 로또를 사면 그 순간부터 가슴이 설렌다고. 행여 내게 올지 모를 행운을 기대하며 단 며칠간이라도 가능성을 꿈꿀 수 있기에 행복하다고. 깊숙이 넣어둔 종이 몇 장이 백만장자의 꿈을 가져다줄는지, 휴지인 채로 버려질는지는 아무도 모르기에 흥분으로 들뜰 수도 있겠다.
  많은 사람들이 아메리칸 드림을 꿈꾸며 모여드는 미국이다. 이곳에서는 땀 흘려 일한 만큼, 수고한 만큼 보람을 결실로 얻는 곳이다.

그렇게 사는 것이 정도이고 많은 사람의 삶의 방식이다.

거액의 로또에 당첨된 사람들은 행운의 여신이 찾아왔다는 말을 한다. 그들의 표정은 세상을 다 얻은 것처럼 만족스러운 모습이다. 그러나 질투의 여신도 함께 오는지, 부러움 속에 잘살 것 같은 사람들이 파경을 맞으며 심지어는 목숨까지도 잃는 것을 본다.

생활 철학이 없는 사람이라면 갑자기 주어진 거액에 정신 차리지 못하고 허둥댈 것이다. 관리할 능력도 없고, 절제와 자제력을 상실한 상태에서의 물질은 삶을 파멸로 이끌 뿐이다. 쉽게 들어 왔으니 쉽게 나간다. 욕심은 정신적인 것에 두어야지 물질적인 것에 두면 항상 화를 부르게 마련이다.

돈이 없는 사람들은 자기가 만일 부자가 된다면 가난한 사람의 이웃이 되어 돕는 일에 앞장서겠다고 흔히들 말한다. 그러나 일단 내 수중에 돈이 들어오면 생각이 달라지는 모양이다. 도전 없이 안일하게 주어지는 삶은 우리의 정신세계를 흐리고 무감각하게 만든다. 무위도식하며 사는 사람들의 가는 길은 뻔하지 않은가. '깨어 기도하라'는 말씀이 우리를 긴장케 한다.

내 생을 전부 알 수 있다면 그것이 장밋빛 삶이건 고난의 연속이건 살아갈 의욕이 없을 것이다. 현재가 미래를 향해 열려 있기에 어떠한 정황에서도 살게 되어 있고, 삶의 비전을 가질 수 있다. 여건이 맞지 않아 못하고 있는 그 많은 하고 싶은 일들과 보람을 가져다 주는 일들, 소망, 이런 것들을 찾아 헤쳐가고 하나하나 이루어질 때 삶의 묘미를 터득하게 되지 않겠는가.

  끝없이 펼쳐져 있는 대지를 향해 꾸준히 달려 나갈 때 귀하게 흘린 땀방울은 헛되지 않을 것이다. 의식 있는 행동과 절도 있는 삶을 추구할 때 현실이 될 수 있는 미래를 꿈꾸게 될 것이다.

(2007.)

명성과 찬사와 불멸성 이상의 것

    살아가는 동안 단 한 곡의 음악을 선택하라면 서슴없이 베토벤의 '장엄 미사(Missa Solemnis in D major Op. 123)'를 택하겠다고 말한 외국인 친구가 있다. 나는 구노의 '장엄 미사(Messe Solennelle de Sainte Cecile)'에 심취해 있었기에 그의 말을 관심 있게 듣지 않았다. 교회찬양대에서 여러 미사곡을 공연했고, 관람도 적잖이 했으나 나에게 큰 감명을 준 것은 구노의 '장엄 미사'다. 글로리아 첫 부분 솔로의 고음은 나를 매혹했다. 성악가인 친구가 택하겠다는 단 하나의 음악, 그 말의 무게에 마음이 움직여 베토벤의 '장엄 미사'를 관람했다.

    '장엄 미사'란 '성시 미사'라고도 하는 미사의 한 형식이다. 이것은 가톨릭교회의 정규 미사 이외에 성탄절이나 부활절, 혹은 교황, 추기경, 대주교의 취임과 같은 특별한 행사가 있을 때 사제가 부제와 복사 등을 거느리고 곡 연주 속에서 성가대가 답창하는 장엄한 규모의 노래 미사이다.

내가 처음 관람한 베토벤의 '장엄 미사'는 독일 드레스덴 프라우엔키르헤 콘서트였다. 성모교회의 낙성식 축하공연이다.

2005년 10월 30일, 드레스덴은 축제의 분위기로 가득 차 있었다. 제2차 세계대전 말기인 1945년 2월, 영국 공군의 공습으로 파괴되었던 잿더미에서 프라우엔키르헤가 새롭게 부활하여 재건 기념식을 했다. 비로소 드레스덴이 전쟁과 파괴의 상처를 딛고 완전히 재건되었다고 언론들이 평가하는 가운데 이를 기념하는 음악제가 성대하게 베풀어졌다.

2005년 11월 4일, 이 건물의 인상적인 돔 바로 아래서 첫 연주회가 열렸다. 입장권은 오래 전에 이미 매진되었고, 라디오 방송국에서 이 공연을 전 세계 14개국에 중계했다. '드레스덴 프라우엔키르헤 재건 콘서트(Concert for the Reopening of the Dresden Frauenkirche)' 성모교회가 재건되어 공식적으로 축성된 지 불과 일주일 뒤였다.

드레스덴 슈타츠카펠레의 음악감독인 파비오 루이지의 지휘 아래 드레스덴 국립오페라 합창단과 솔리스트 카밀라 닐룬드, 비르지트 렘머트, 크리스티앙 엘스너, 르네 파페가 전 세계의 이목을 받는 영광을 누렸다. 이 공연은 음향 조건이 검증되지 않은 장소에서 이루어진다는 어려움이 있었다. 새로 재건된 성모교회에서 열릴 첫 연주회에 이 작품이 선정된 것은 무엇보다도 곡에 내재된 상징적인 힘 때문이다. 이런 맥락에 비춰볼 때 이 자리에서 베토벤의 '장엄 미사'가

공연된 것은 참으로 사리에 맞는 일이었다.

많은 진통 속에서 태어난 이 미사곡은 베토벤의 어떤 작품보다도 훨씬 더 오랜 전통에 깊이 뿌리박고 있다. 소나타 양식에서 자라난 심포니즘의 웅대함과 다이나믹한 박진력을 지니고 있는, 고대와 현대적 스타일의 일대 혼합곡이다.

시작부터 강렬하다. 절규하듯 외치는 합창 키리에는 호소가 아닌 강조이다. 온몸에 전율이 인다. 처음부터 음악이 어찌 이리 웅장할 수 있을까. 합창이 시작되면서 테너를 시작으로 솔리스트들이 파도치듯 넘나드는 음악의 응답이 매우 감동적이고 엄숙하다.

각 파트의 독창이 이어지면서 '키리에 엘에이존 크리스테 엘에이존'을 강렬하게 반복한다. 간간이 클라리넷의 선율이 곡을 수려하게 이어간다. '하늘엔 하나님께 영광 땅엔 평화' 중후한 베이스의 열창이다. '전능하신 하나님을 찬미하며 흠모하나이다. 주의 영광이 크시기에 감사하나이다. 거룩하신 하나님을 찬양하나이다. 우리를 불쌍히 여기소서. 성부, 성자, 성령께 영광. 아멘.' 신앙 고백서이고 확신 있는 믿음의 고백이다. '세상 죄를 지고 가는 하나님의 어린양을 엄숙히 노래하고 내적 평안의 확신과 기도가 강렬하게 퍼져 흥분과 감흥을 자아낸다.

베토벤의 신앙은 어떤 특정한 교파와 무관했으나 장엄 미사를 창조할 수 있었던 것은 유일한 분이신 전능자에 대한 외경과 기도와 절규가 영혼 깊숙이 독백으로 토로하고 있었기 때문이다.

"이 장엄 미사는 연주자뿐만 아니라 감상자들에게까지 종교적 감정을 일깨움은 물론 영원한 믿음을 심어주려 했다."는 베토벤의 고백은 자신 속에 그러한 깊은 종교적 감정이 고여 있었음에 연유되었다. 눈물 흘리며 들을 수밖에 없었던 것은 작곡자의 음악이 나의 영혼 속에 내재해 있는 근원적 종교 감정을 일깨웠기 때문이다. 이것은 기쁨이나 슬픔에서 표현되는 감정과 다른, 전능자에게 감사하는 눈물이며 예술적 감동의 극치에서 저절로 우러나오는 흐름이다.

베토벤의 제1미사 'C장조(Missa Solemnis Mass in C Major Op.86)'는 1807년에 완성되었다. 종교음악 부분에서 높은 예술성을 보였으나 뜻밖에 평가가 낮아 만족스럽지 못했다. 언젠가는 또 하나의 미사곡을 써야겠다고 구상하고 있었는데 그 계획을 앞당기는 계기가 마련되었다.

베토벤이 제2미사곡인 장엄미사를 쓰기 시작한 것은 1818년, 친구이자 후원자이며 가장 고명한 제자인 루돌프 대공이 오르미츠 교구의 대주교가 된다는 소식을 듣고부터다. 취임 미사에서 연주할 미사곡을 쓰겠다는 계획으로 시작했으나 작곡의 진척은 뜻밖에 늦어졌고, 결과적으로 베토벤은 이 작품의 완성을 위해 무려 5년이라는 세월과 씨름해야 했다.

베토벤 자신이 최고작으로 평가한 '장엄 미사'는 종교적 교향곡으로 불릴 만큼, 성악가들이 기악적 성악 부분을 처리할 수 있어야 연주할 수 있었다. 베토벤은 교회 음악을 많이 쓰지 않았지만 이 '장엄 미사'에 관해서는 좋은 작품이라는 확신이 있었다.

베토벤은 첼터에게 보낸 편지에서 "이 작품은 오라토리오로도 연주할 수 있습니다."라고 썼다. 미사 'C장조'를 지금까지 쓰지 않았던 수법으로 작곡했지만, 이 장엄 미사도 단순한 미사곡 이상의 것으로 생각하고 있었던 것으로 본다. 그가 이 곡에서 헨델의 합창곡 오라토리오 메사이어 식의 영향을 많이 받은 것을 짐작할 수 있다. 예를 들면, 아뉴스 데이에서 '도나 노비스 파쳄'에 주어진 선율은 메사이어의 할렐루야 코러스 중 '또 그가 길이 다스리신다. 영원히'의 선율에서 영향을 받은 것으로 보인다.

파울 베커는 '장엄 미사에는 예배 의식에 대한 갖가지 직접적인 관여가 포기되고 있어 베토벤은 교회와 세속 사이에 장벽을 무너뜨렸다. 그의 눈이 가는 곳이 자기의 교회다. 그는 자신의 제단을 세속의 한가운데에 쌓았다. 종교적인 울타리를 그는 참지 못했다.'고 분석했다. 베토벤 친구이자 최초의 전기 작가 안톤 쉰들러에 의하면 베토벤이 이 작품을 착수했을 즈음 그는 마치 다른 사람 같았다 한다. '나는 이전에도 이후에도 이때처럼 완전히 세상을 초탈한 베토벤을 본 적이 없었다.'고 말했다.

베토벤이 뫼들링의 하프너 하우스에 살 때 쉰들러는 자주 그를 방문했다. 이때 베토벤의 상황은 최악이었다. 사흘이 멀다고 가정부가 교체되었고, 어떤 때는 돈이 없어 비스킷과 맥주 한 잔으로 끼니를 때워야 했다.

1819년 8월 말쯤 쉰들러는 빈에 사는 음악가 요한 호르칼차와 함께 베토벤의 집을 방문했다. 들어가자마자 하인들이 도망가 버렸다는 사실을 알 수 있었다. 전날 저녁, 두 하녀가 베토벤을 위해서 음식을 준비했지만, 식사하지 않아 기다리다가 잠이 들었다. 뒤늦게 식사를 하려던 베토벤이 음식 맛이 먹을 수 없는 상태가 되자 한밤중에 모든 이웃이 잠이 깰 정도로 소리를 질렀다는 사실도.

"거실에서, 우리는 잠긴 문 뒤쪽에서 베토벤이 '크래도'의 푸가 부분을 노래하는 소리를 들었다. 노래하며 울부짖고 발을 구르며 절규하는 외경스러운 장면에 오래도록 귀를 기울이고 있었다. 장엄 미사는 이런 역경 속에서 쓰였고 탄생되었다. 그뿐 아니라 이 장엄 미사처럼 저주스런 환경에서 생긴 예술 작품은 없을 것이다."라고 쉰들러는 비참했던 상황을 표현했다.

예술가의 창조작업은 세속에서 벗어나 동떨어진 별세계에서 살아야만 이루어지는 것 같다. 위대한 작품의 창조행위에는 그것이 많은 예술가에게 본질적인 특징이 되어 있지 않나 싶다. 그들이 그렇게 엄청난 대가를 지불한 덕택에 우리가 편안히 음악을 감상하며 즐길 수 있으니 두고두고 감사할 일이다.

'장엄 미사'는 1820년 3월 9일에 거행된 루돌프 대공의 대주교 의식에 사용되지 못하고 베토벤이 52세가 되던 1823년에야 완성되었다. 이 곡이 초연된 것은 1823년 4월 18일, 페테르부르크에서 가리친 황태자의 공식방문 미사에서였다. 공중 앞에서 초연은 1824년 5월

7일, 케른트 에르토르 극장에서 그의 제9교향곡도 함께 초연하여 대단한 성공을 거두었다.

당시 황제가 들어올 때도 세 번 손뼉을 치는 것이 관습이었는데, 베토벤에게는 다섯 번이나 앙코르 되어 경찰이 제지하는 사태가 벌어졌다. 그건 미사곡 속에 영감과 종교적인 진정한 기쁨을, 인류에의 강한 사랑을 담고 있었기 때문일 것이다. 이렇게 창조된 음악을 통해 그는 인류에게 종교적 감정을 일깨우고 영원한 믿음을 심어 주려고 했다. 베토벤은 친구 칼 페테즈에게 "내가 이제껏 작곡한 곡 중 가장 위대한 작품"이라고 고백했다.

'장엄 미사'를 작곡하기 전, 베토벤은 신의 존재를 확신하지 않았다. "그리스도는 십자가에 매달린 유대인에 불과하다."는 외침 때문에 경관에게 미행을 당하기도 했다. 부패한 종교에 대한 강한 반감과 의분과 혁신적인 생각이 있었다. 그런 종교관에서 착상된 것이 '장엄 미사'이고, 어느 것에도 속하지 않은 범 종교성과 종교를 초월하는 독특한 베토벤적 신앙고백이 깃든 작품으로 만들었다.

가톨릭 음악의 권위자인 펠러도 "정신에 있어서나 형식에 있어서나 전례적이 아니다."라는 말을 했다. 이런 의미에서 이 미사곡은 헨델의 메사이어의 경우와 같다. 종파에 구애받지 않은 베토벤 개인의 열렬한 신앙고백이 이룩한 찬란한 구원의 미사라고 평가할 수 있다.

"명성과 찬사와 불멸성 이상으로 인간에게 주어지는 것이 무엇일까?"

완전히 세상을 초탈한 상태에서 만들어진 위대한 작품 '장엄 미사'. 베토벤은 영혼의 허기, 텅 빈 충만을 맛보았을 것이다. 세상에서 얻은 많은 것, 그 이상을 신에게서 찾고 싶었을 것이리라. 전능자에게 귀의한 사람만이 누리는 평안함이 그의 영혼을 충만케 했으리라.

마음에서 비롯되어 마음으로 돌아가는 길, 마침내 그의 입에서 나올 수 있는 신앙의 고백.

"아! 음악은 신이다."

(2010.)

5부

마음이 쉬는 의자

어린 병사
마음이 쉬는 의자
멋있는 사람
엘머
첫 번째 계명
엄마의 규격품
글을 쓰고 있을 테니까
감사하는 마음
자기야
감사로 영광을 돌려 드리나이다

어린 병사

휴전 협정을 맺은 지 10여 년이 지난 어느 날, 서울의 기자단과 외신 기자들이 휴전선 비무장지대 인근을 돌아보게 되었다. 격전지였던 그곳은 이름 모를 꽃과 새들, 인기척에 놀라 쏜살같이 달아나는 다람쥐, 구름이 잠시 머물다 가는 평화롭기 그지없는 곳으로 변해 있었다. 묵묵히 흐르는 한탄강만이 역사의 상처와 민족상잔의 비극을 알고 있을 뿐이다.

그때 근처를 둘러보던 한 기자는 총알이 관통한 철모가 엎어져 있는 것을 발견했다. 기자는 무심히 철모를 집어 들었다. 순간, 철모 속에 누렇게 바랜 종이쪽지가 들어 있는 것이 발견되었다. 기자단은 너무나 뜻밖의 일이라 놀람을 금치 못했다.

편지였다. 전쟁터에 나가 있는 아들에게 보낸 어머니의 애타는 사연이었다. 다행히 종이가 접혀 있어 흐릿하나마 글씨체가 손상되지 않아 쉽게 읽을 수 있었다. 그 편지가 어떻게 10여 년 풍상을 아랑곳

없이 세월을 삼키고 있었는지 모르겠으나 습기 때문에 면이 울퉁불퉁한 것 이외에는 마치 보관이라도 한 듯 곱게 간직되어 있었다.

어머니의 애절한 편지는 읽는 사람으로 하여금 눈시울이 붉어지지 않을 수 없게 만들었다. 그때 신문에 실렸던 전문을 더듬어 본다.

마마의 달링 로버트야.

소식 들은 지 오래되어 초조한 마음으로 네게 편지를 쓴다.

달이 밝고 전장이 너무 고요해 불안하다는 내용의 편지를 받은 지 7주가 지났구나.

어젯밤에는 네가 집안으로 들어서는 꿈을 꾸고 소스라쳐 놀랐어.

마음이 너무 허전하여 문을 열고 마당으로 나왔지. 높게 떠 있는 달이 무척 밝더구나. 한동안 마당을 서성거리다 들어 왔어.

이즈음 나의 생활은 너를 위한 기도 속에 잠들고, 다시 기도하기 위해 깨어난다.

많은 사람들이 너를 위해 기도하고 있다는 것을 늘 생각하거라.

마마의 달링 로버트야.

너는 조국도 아닌 낯선 나라 코리아에서 평화를 위해 싸우는 전사다. 하나님께서 너를 통해 의를 행하려 하시는 일에 온 힘을 다해야 한다. 두려워하지 마라. 네게 담대한 힘 주실 하나님을 굳게 의지하거라.

사랑하는 나의 아들 로버트야. 네가 엄마 품으로 돌아올 그날을 손꼽아

기다린다.

　하나님의 은총이 늘 너와 함께하시리라 믿는다.

— 너를 사랑하는 엄마.

　상세한 기억은 아니더라도 이런 내용의 편지였다. 이만큼이라도 기억할 수 있었던 것은 그 편지를 오랫동안 간직하며 가슴 아파했기 때문이다. 유엔군으로 타국에 와서 꽃다운 나이에 스러져간 어린 넋이기에 그 기사를 읽은 사람들은 숙연해지지 않을 수 없었다. 어머니의 애절한 모성과 절제된 감정이, 하나님께 전적으로 의지하며 의연한 모습으로 아들에게 용기를 주는 마음이 진한 감동과 아픔으로 와 닿았던 탓이다. 기자들이 확인해 본 결과 그는 21살 꽃다운 나이에 전사한 미국 병사였다.

　전쟁이 끝난 지 50여 년이 지났다.

　많은 피를 흘리고 간 유엔 병사들은 그들의 남편이, 아들이, 형이 죽어간 나라에서 점점 잊혀지고 있다. 계절이 지나면 스러지는 잡초처럼 시간은 우리 기억에서 그들을 잊게 한 것이다.

　우리의 우방인 미국이 지금 '양키 고 홈' 소리를 듣는다. 혹자는 미국이 참전한 것이 그들의 국익과도 무관하지 않다고 어느 한 면만을 꼬집는 사람들도 있다. 미국을 비롯한 유엔군들의 희생을 바탕으로 오늘의 한국이 존재할 수 있게 된 것은 엄연한 사실이다.

　6·25전쟁 당시에 참전했다는 종군 언론인 잭 로렌스는 종전 50년

후 한국 사람들에게 이런 대접을 받기 위해서 우리의 젊은이들이 그곳에서 죽어야 했는지 참으로 개탄스럽다 했다. 그리고 세월이 흘러 오늘에 이르렀다.

  한 번뿐인 인생. 하나밖에 없는 목숨. 이역만리 타국에 와서 '세계 평화를 위하여'라는 구호 아래 죽어간 병사들. 태양이 사라진 후에야 비로소 빛을 내는 별과 같이 포화 속에 스러져간 수많은 병사가 있었기에 평화의 꽃이 피었고, 분단된 조국이지만 이만큼의 안정이, 성장이 이루어졌다.

  그 감사를 잊지 못하기에 어느 능선에서 어느 골짜기에서 외롭게 죽어간 이름 모르는 어린 병사를 가슴속에 묻어 두고 있다. 나는.

(2004.)

마음이 쉬는 의자

아빠는 내가 힘들 때 앉아서 쉴 수 있는 의자.

남편의 생일에 아들이 그림 한 장을 그려 아빠에게 주었습니다. 하얀 종이에 의자 하나 동그마니 그려져 있는 그림. 그 그림에 아들은 아빠를 향한 사랑과 신뢰를 담았습니다. 백 마디의 말이나 어떤 표현보다도 짧고 굵직한 한마디에 남편은 세상을 얻은 것같이 가슴 벅찼을 겁니다.

한 지인으로부터 받은 메일의 첫머리다. 온갖 고된 삶을 잊게 해주는 글. 10대 초반 소년의 글이라 하기에는 심오하다. 아버지를 정신적 지주, 스승, 편안하게 쉴 수 있는 넓은 품으로 생각한 아들은 얼마나 행복할까. 현대를 사는 많은 아버지가 자녀로부터 이런 마음 한 자락 받는다면 하늘에 오르는 기분이리라.

급속도로 발전하는 첨단 시설물들. 손가락만으로 세상이 움직인다. 컴퓨터가 만물박사고, 스마트 폰이 요술 방망이처럼 척척 알아서 해결해 준다. 아이들이 부모와 대화 시간을 갖고 뭔가를 진지한 마음으로 의논하기보다는 언제나 손안에 있는 기계에서 먼저 해답을 찾으려 든다. 대가족이 함께 살던 시절의 며느리들은 단출한 핵가족을 얼마나 꿈꿨던가. 요즘은 서너 명 가족끼리도 서로 얼굴 보며 식사하는 것을 별러야 하는 시대다.

현대는 첨단 제품 덕택에 인력을 최소화하면서 최대의 효과를 얻을 수 있다. 급속도의 성장이 좋지만은 않은 것은, 세상 이치가 그렇듯 어느 것에나 장단점이 분명하게 따르게 마련이다. 한 직장에 평생을 몸담던 우리네 아버지와 달리 요즘은 직장에서 살아남기 위해 안간힘을 써도 명퇴, 조퇴라는 명목으로 타의에 의해 퇴직하게 되는 것이 이에 따른 부산물이다. 아버지의 권위도 전 같지 않다. 흔들리는 것이 가장의 권위다. 거기에는 여성도 얼마든지 어깨를 겨루며 직장생활을 할 수 있기에 수요 공급에 균형이 깨진다.

'아빠, 힘내세요. 우리가 있잖아요.' 하는 노래를 이따금 TV에서 듣는다. 어린아이의 재롱으로 보기에는 현실적인 서글픔이 짙다. 누구나 잘사는 삶을 바라고 원할 것이다. 한 번밖에 살 수 없는 인생을 잘살고 싶지 않은 사람이 있을까마는 마음먹은 대로 되는 것이 아니지 않은가. 주변이나 타의에 의해서 내 뜻대로 살 수 없는 경우도, 노력해도 별 성과를 얻지 못할 경우도 있다. 자녀만 해도 그렇다. 편히 쉴 의자가 되어 주어도 자녀가 쉬려 들지 않을 수 있겠고 지친 다리를 끌고 와서 쉬려 해도 품을 열지 않는 부모도 있을 것이다.

흔히 농사 중에 으뜸이 자식 농사라 한다. 사회적으로 명성이 높은 사람이라 해도 자녀가 제 몫을 다하지 못한다면 부모의 어깨는 처지고, 자녀 이야기가 화두에 오를 때면 시선이 아래로 향할 것이다. 자녀에게 신뢰와 존경을 받는 부모, 잘 자라 주어 번듯한 일가를 이룬 자녀를 바라보는 부모가 인생 성공자가 아닐까.

우리 아들에게 나는 어떤 엄마였을까.

나이 들어가는 아들을 보면서 이따금 드는 생각이다. 아이들이 어릴 때 나는 편안한 엄마가 아니었다. 지나치게 예민하고 감상적이어서 감정의 기복이 심했다. 더구나 아이들 초등학교 시절, 남편과 오래 떨어져 살았기에 아빠의 빈자리를 메꾸어 주려고 예체능에 이르기까지 전인교육을 염두에 두었다. 내가 처한 상황보다 좀 더 나은 교육 방법을 택하려 애썼고, 정성을 쏟는 만큼 아이들이 잘 따라주기 바라는 보상 심리도 있었다. 당시에는 오로지 '아이들을 위하여'라는 마음이었으나 지금 생각해 보면 많이 피곤했을 것 같다.

오늘 지인의 메일을 받고 나니 내 아이들의 어린 시절이 새삼스럽게 떠오른다. 남편과 나는 과연 어떤 의자였을까. 부모를 필요로 하는 초등학교 시절에 아빠에 대한 그리움을 안고 살아가게 한 것이 한없이 미안했다. 어린 나이에 엄마의 보호자라며 든든하게 지켜주고, 착하고 바르게 잘 자라준 두 아들. 긴 세월이 지났건만 이따금 가족 모임이 있을 때면 곧잘 어린 시절의 이야기를 즐겨 꺼낸다.

'난 엄마가 계모인 줄 알았어, 어찌나 무섭게 굴었던지.'' 하고 말하는 작은아들. "엄마의 꾸중이 아빠 몫까지라고 생각했다."는 큰아들. 사랑하는 두 아들에게 늦게나마 고마운 마음을 전한다.

겨울이면 연탄난로 가에서 고구마를 구워 먹던 일, 따끈한 차를 마시며 아빠가 보내 준 그림엽서 속으로 들어가 함께 여행하는 듯 밤을 새워가며 이야기꽃을 피우던 그 시절이 그립단다.

이미 불혹을 넘긴 아들이지만 언제나 와서 편하게 쉴 수 있는 의자가 되고 싶다. 세월이 눈처럼 쌓이고 녹아도 삶 속에서 뿌리내리고 피어난 신뢰를 연주하는 부모, 그런 부모가 되고 싶다.

(2012.)

멋있는 사람

　선친께서는 우리 형제들에게 많은 고사를 들려주셨다. 삼국시대에서 조선왕조에 이르기까지 다양한 역사와 인물, 전쟁사에 대해 말씀하셨고, 우리가 받아들여야 하는 교훈을 일러 주셨다. 삼국지를 쉽고 재미있게 이야기하시며 삼국지를 알면 세상이 보인다 하셨다. '요' '순' 임금 시대의 이야기, 진나라 시황에 관한 이야기 등, 그때가 중국의 고전을 가장 많이 듣지 않았나 싶다.
　고사를 들려주실 때면 언제나 '정직이 생명'이라는 말씀에 곁들여 '과불급' '중용' '인내'라는 단어를 많이 쓰셨다. 당시에는 무심히 들었으나 세월이 지나며 그때의 말씀이 교훈으로 남아, 살아오는 동안 많은 도움이 되었다. 장성하여 스스로 취사 선택하여 읽을 때보다 선친께서 들려주셨던 이야기가 더 가슴 깊이 남아 있다. 신중하고 조심스러운 언행을 하게 만들고 자신을 돌아보는 계기를 주었다.
　얼마 전 신문에서 '보통사람 클린턴'이라는 제하로 55회 생일을 위싱턴에서 조촐하게 보냈다는 기사를 읽었다.

'백악관을 떠나 평범한 시민으로 첫 생일을 맞는 클린턴은 부인 힐러리 클린턴 상원의원, 딸 첼시와 함께 8월 19일 워싱턴의 번화가 듀퐁서클에 있는 '라 토마테 식당'에서 식사했다. 식당 측은 클린턴 가족을 알아봤지만, 전임 대통령 예우 대신 일반 손님과 똑같이 대접했고, 클린턴 측도 특별대우를 요청하지 않은 채 손님들 속에 섞여서 식사를 마쳤다. 저녁식사 후에는 '시네플렉스 오데옹 극장'에서 마지막 심야프로를 관람했다. 영화를 관람하는 동안 대부분의 다른 관객들이 클린턴 가족과 함께 영화를 보고 있는 줄 몰랐으며, 극장 측도 특별 대접을 하지 않았다.'

이 기사를 읽으며 클린턴이 멋있는 사람임을 새삼 확인했다. 인상에서 풍기는 노련함, 불가능도 가능으로 이끌만한 여유로움을 평소 좋아했다. 거기에 맞추기라도 하듯 미국사람들의 의식이 신선하게 다가왔다. 살아오면서 흔히 보아온 것은 권력층 사람들은 권위주의에 젖어 남이 알아주고 특별히 대우해 주기를 바라지 않던가. 때로 친척 중에 높은 어른만 계셔도 권력자보다 더 목에 힘주는 것을 왕왕 봐 왔다. 현재의 위치보다 나았던 예전을 들먹이는 사람은 또 얼마나 많던가. 평범한 시민으로 물러앉아 보통 사람 속에 섞여 자축하는 클린턴의 인간적인 모습이 멋있었다. 현재의 모습 그대로 삶을 즐길 줄 아는 사람이 멋을 아는 사람이고, 자신과 주변을 풍요롭게 만들어 주는 사람이라고 본다.

몇 년 전 한국 대통령이 코리아타운에 있는 한 식당에서 식사했다. 대통령이 떠난 뒤 이상한 진풍경이 벌어졌다. 일종의 상술이었는지 몰라도 선반 위에 '대통령이 식사하신 그릇'이라고 진열해 놓고 '대통령이 식사하던 자리'라고 팻말을 붙여 놓았다. 그것을 구경하러 모여드는 사람들 또한 적지 않았다는 말을 들으며 아연실색했던 기억이 난다.

국가적 대외 행사 때, 아전인수 격으로 해석하여 듣는 이들을 몹시 민망하게 만드는 경우도 있었다. 외국에 나간 우리 정상이 이례적인 대우를 받았다느니, 우리나라 정상이 외국 사람으로는 처음으로 앞에서 몇 번째로 섰다느니, 다른 나라 사람들은 신경조차 쓰지 않는 지극히 사소한 일에 큰 의미를 두는 것을 본다. 여론매체에 종사하는 사람들이 그렇게 말하는 것인지 어느 사회 계층에서 원하는 것인지는 모르겠으나, 그런 좁은 국면에 연연하지 말고 대국적인 면으로 보고 냉정하게 판단했으면 한다. 우리나라가 선진국 대열에 섰다고 한 지 이미 오래되었어도 어느 부분은 아주 낙후된 면이 있음을 본다.

나는 평범한 가정에서 자랐고 지금도 소시민으로 살고 있고 권력과 깊이 연결되었던 적도 없다. 그러나 권력이란 것에 한 번 맛을 들이면 커피맛보다도 향기롭고 매혹적이라는 것을 경험했다.

1988년, 서울올림픽을 관람했다. 그때 친구의 권유로 제주도를 여행하는데 친구가 잘 아는 분이 그곳에서 꽤 유명한 유지였다. 그분은 국내 35단체에 직함이 올라 있었다. 함께 움직이면 어디를 가나 칙사 대접이다. 길에서도, 식당에서도 많은 사람과 인사를 나누느라 제대로 식사를 할 수 없을 정도였다. 잠깐이었지만 살아오면서 타인에 의해 덩달아 주위의 시선을 받으며 거한 대접을 받은 것은 그때가 처음이 아니었나 싶다.

 기내에도 다른 사람들보다 먼저 들어갔다. 나중에 승무원이 뭔가를 한 보따리 가져다주었는데, 건어물과 함께 제주도에서 육지로 반입이 금지된 난 화분이었다. 친구가 난을 좋아해 무리하게 부탁한 모양인데, 함께 왔으니 나도 어부지리로 얻게 되었다.

 김포에 도착한 후 귀빈실을 거쳐 나왔고, 공항청사 밖에까지 물건을 들어다 주었다. 잠시 친구와 함께한 여행에서 받은 대접이 놀라웠기에 참으로 묘한 감정이 일었다. 이것을 공권이나 권력의 남용으로 보기에는 하찮은 것이었으나 특별대우의 달콤함이 오래도록 남아 있었다. 그래서 권력을 잡은 사람들이 그 맛에 취하는 것인가보다. 특히 자기 성찰이나 뚜렷한 철학 없이 권력만 추구하는 많은 권력자들은 더욱 그런 것이 아닐까. 잠시 받은 혜택의 야릇한 맛이 오래 남는 것을 보면, 권력과 재력을 겸비했을 때의 몸가짐이 얼마나 조심스러워야 할까 새삼스럽게 큰 이슈로 대두하였다.

 오래 전 몰락한 이멜다 여사의 구두가 화제가 되었다. 그때 모두 입을 모아 그녀의 사치벽을 개탄했으나 눈에 보이던 구두보다 눈에 보이지 않은 부정 축재가 얼마나 많았는가. 권력을 잡으면 그만큼 더 불안해지는 것이 인간의 심리여서 축재에 정신을 쏟는 것 같다.

정직이 생명을 좌우한다는 것, '과불급' '중용' '인내' 이 단어들이 새삼 깊게 들어온다. 선친께서 하고많은 말 중에 유독 이 말씀을 강조하신 뜻을 살아가며 자주 일깨우게 된다.

신념을 갖고 자신 있게 삶에 임한다면 구태여 나를 드러내려 하지 않을 것이다. 마음을 비우고, 있는 그대로의 삶에 만족한다면 세상이 모두 내 안에 있을 것이다. 인정받고 대접받기보다는 의연하게 보통 사람으로 살아갈 때 더 멋있는 사람이 되고, 값지고 아름다운 삶을 영위하지 않겠는가? 그것을 얻고 얻지 못하는 것은 우리 각자의 몫으로 남겠지만.

(2001.)

엘머

 그날 종일토록 분 바람은 해가 지자 더욱 기세가 등등했다. 낙엽 구르는 소리, 세찬 바람에 이리저리 쏠리며 울부짖는 나뭇가지들의 부딪침이 파도 소리처럼 크게 들려 잠들기 어려웠다. 다음 날도 여전했다. 이제껏 살아오면서 이처럼 심한 바람은 처음 보았다. 창밖 자카란다의 몸부림이 나무의 혼을 송두리째 빼앗아가는 것 같다. 굵은 가지가 찢겨 나무 사이에 걸려 있고, 숱한 잔가지가 수북이 쌓였다. 생살 찢어지는 아픔이란 게 바로 저런 것이구나. 마음이 언짢았다. 부러진 나무들의 처참한 광경을 보고 있을 때 친구 K로부터 전화가 왔다.
 "우리 집 엘머가 간밤에 쓰러졌어요."
 "집은 괜찮은가요?"
 "마당 쪽으로 길게 누웠어요."
 엘머는 친구가 자식처럼 사랑하는 나무다. 우람한 것이 잘생기기도 했지만, 집 전체를 덮을 만큼 이파리를 많이 달고 있다. 친구가 엘머에 대해 써 놓은 감상기를 읽은 적이 있다.

　　잎이 무성한 여름에는 보름달도 그 사이를 뚫지 못한다. 8월이 되면 조금씩 마른 잎이 날리기 시작한다. 밤 10시경 엘머의 꼭대기에 보름달이 걸리면 그때 달을 보아야 한다.
　　엘머의 수많은 가지가 그림자를 만들며 마당에서 춤을 춘다. 파도 같기도 하고 호수의 수면 같기도 하다. 벽을 타고 올라가면서 화려하게 수놓는 달빛과 엘머의 가지 그림자를 숨 막히게 바라볼 때면 남쪽 창 모두가 보름달을 받아서 집안은 눈밭이 된다. 식당과 부엌 식탁 위에 햇빛이 고이기 시작하면, 그것은 겨울이 왔다는 신호다. 꽉 막고 빛을 차단하던 엘머의 나뭇잎들이 다 떨어져 나가고 줄기만 남아 있기에 엘머의 마른 가지 위에 다시 싹이 트는 날은, 그때는 내 삶도 움이 돋아나겠지 하며 설렌다.

　친구는 엘머와의 작별을 미리 알기라도 했던 듯 엘머가 쓰러지기 전날 뒤뜰에 나가 엘머를 안아주었단다. 오랫동안 엘머의 거친 거죽에 팔을 두르고 얼굴을 대고 기도했다. 작고한 남편과 아들과 친구는 엘머의 그늘이 그들의 기도처였다.
　불과 몇 주 전, 햇빛이 고이는 친구의 집 식탁에서 오찬을 나눴다. 가을 햇빛을 마구 흩뜨리는 바람과 다람쥐가 노니는 뒷마당은 한 폭의 수채화였다. 꽃무늬 커튼이 드리워진 창가에서 우리는 소녀처럼 깔깔대며 끝없이 대화를 이어갔다. 고요와 평안함이 깃든 그 공간이 어머니 품같이 아늑했다.

엘머를 잃은 친구는 너무 가슴이 아파 말을 잇지 못한다. 슬픔이 목젖을 누르는 것 같았다. 그 정원을 좋아했고 자주 들락거렸기에 나도 친구와 같은 마음이다.

친구의 슬픔을 충분히 알고 있는 아들이 그 거대한 엘머로 가구를 만들어 드리겠다는 말을 듣고서야 다소나마 위로를 받은 것 같다. 어쩌면 그렇게 좋은 아이디어를 낼 수 있었는지. 물론 나무를 켜야 하고, 말려야 하고, 장인의 손을 거쳐 가구로 완성되려면 오랜 시간이 걸리겠으나, 유일하게 엘머를 간직하는 방법이다. 엘머에 대한 사랑이 극진함을 알기에 내가 친구의 마음이 되어 본다.

나의 사랑 엘머여

듬직한 나무 한 그루 거기 있어 난 언제나 기댈 수 있었네

바람의 속삭임이나 빗줄기의 간지럽힘보다

그대, 내 기도와 노래와 이야기 듣기를 더 즐겼지.

내가 하나님 이외에 유일하게 마음을 열어 보일 수 있었던 너.

너는 묵묵히 나의 괴로움과 슬픔, 답답한 심정을 이해하고 위로해 주었지.

그러나 사랑하는 임이 떠나듯 너는 홀연히 내 곁에서, 삶에서 떠나 영원 속에 묻혔다.

그것은 네가 무수히 자랑하며 흐뭇해하던 너의 수많은 옷깃 때문이었다.

때 아닌 광풍이 몰아쳐 사랑스러운 너를 내 곁에서 빼앗아 갔다.

나는 믿는다. 네가 다시 새롭게 태어나 내 곁을 지켜 주리라는 것을.

비록 내 창가에 그림자를 드리워주지 못하더라도, 다람쥐가 오르락내리락 할 수는 없더라도 내 곁에 있어 향기와 추억을 간직할 수 있게 해주리라 믿는다.

훗날, 내가 이 집을 떠나 새로운 보금자리로 가게 되더라도

엘머, 너를 안고 갈 수 없기에 너를 다시 태어나게 하리라.

사랑하는 나의 엘머여, 그때까지 우리 잠시 떨어져 있자.

머지않아 함께 있을 그날을 꿈꾸며 묵묵히 기다리자.

그대, 나의 사랑 엘머여.

(2011.)

첫 번째 계명

　노인 문제가 날로 심각하게 대두되고 있다. 그것이 어제 오늘 드러난 새삼스런 일은 아니나 최근에 자녀가 있음에도 외롭게 살다가 숨진 지 며칠이 지나서 발견된 한 할머니의 주검을 보며 다시 한 번 노인 문제에 경각심을 불러일으키게 된다. 노인 아파트에 계신 분들은 이미 연세가 많은 분이다. 부모가 노인 아파트에 계신다면 적어도 2, 3일에 한 번씩 짧게나마 안부를 물어야 할 것이다. 예전 우리나라에는 '나이 드신 부모님을 두고 10리 밖에서 살지 말라'고 효에 근본을 둔 말도 있었다.
　주로 한인타운에 거주하는 노인들과 자녀는 지역적으로 떨어져 있어 자주 찾아뵙지 못한다 해도 안부만큼은 수시로 물었어야 했다. 늙어보지 않고는 나이 든 사람의 외로움을 모를 것이라는 말이 이 할머니의 죽음을 통해 새삼 가슴에 와 닿는다.
　사설 양로원에 계신 노인들을 몇 년간 지속해서 방문한 적이 있다.

매달 찾아뵈었으나 우리가 방문하는 때에 단 한 차례도 그분의 자녀와 맞닥뜨린 적이 없다. 자녀가 찾아오지 않는 것이다. 정부에서 노인들에게 나오는 생활 보조금이 양로원으로 자동 이체되기에 일상생활에는 문제가 없으나 노인들이 그리운 것은 피붙이들이다. 자녀가 보고 싶고, 손주가 보고 싶어 눈이 짓무른다. 노인들은 한결 같이 자신의 자녀가 효자 효녀라고 칭찬한다. 다만 생업이 바빠 찾아오지 못할 뿐이라고 스스로 최면을 건다. 1년에 한 번도 찾아오지 않는 자녀라도 좋은 쪽으로 생각하려 애쓴다.

내 친정어머니는 84세에 돌아가셨다. 정신이 젊은이 못지않게 또렷하셨으나 이따금 전에 하셨던 말씀을 처음 하시는 양 반복하셨다. 내가 어머니를 뵈러 서울을 방문할 때면 그 증상이 더 심하셨다. 모처럼 외국에서 딸이 왔으니 신이 나신 거다. 우리가 자랄 때 이야기를 재미있게 해주신다. 형제들이 약속했다. 언제나 처음 듣는 것처럼 들어 드리자고.

어느 날, 아침에 하신 말씀을 낮에 또 하시자 참다못한 언니가 '한 번만 더 들으면 백 번' 하며 일어났다. 그때 어머니 표정은 민망 반, 익살 반이셨다.

"너희가 하도 재미있게 들으니 엄마가 신이 난 거지." 우리는 모두 손뼉을 치며 웃었다. 어머니는 재치 있는 분이셨다. 아시면서 반복하셨는지 아니면 무안해 임기응변하셨는지는 모르겠으나 관심을 끌려고 그러시는 것만은 틀림없었다. 그때 젊었던 우리 형제들은 늙어보지 않았기에 어머니의 마음을 이해하지 못했다.

　여기 한 시인이 아버님의 고독한 노년을 헤아려 보는 회오의 마음이 있다.

　　아버님 돌아가신 후 남기신 일기장 한 권을 들고 왔다. 모년 모일 '종일 본가(終日 本家)', '종일 본가'가 하루 온종일 집에만 계셨다는 이야기다. 이 '종일 본가'가 전체의 팔 할이 훨씬 넘는 일기장을 뒤적이며 해 저문 저녁 침침한 눈으로 돋보기를 끼시고 그날도 어제처럼 '종일 본가'를 쓰셨을 아버님의 고독한 노년을 생각한다. 나는 오늘 일부터 '종일 본가'를 해보며 일기장의 빈칸에 이런 글귀를 채워 넣던 아버님의 그 말할 수 없이 적적하던 심정을 혼자 곰곰이 헤아려보고 있다.

　유한한 삶을 살고 가는 인생이기에 부모님 살아 계실 때에 효도해야 함을 잘 알면서도 늘 곁에 계실 것 같아서, 오래도록 사실 것 같아서 무심해지기 쉬운 게 효도이다. 물이 위에서 아래로 흐르는 것처럼 어른들이 본을 보여야 아이들도 자연스럽게 어른을 섬기게 될 것이다. 효심은 샘물 같은 것이어서 물의 근원이 마른 곳에선 절대 솟아나지 않는다. 내면에서 은은히 우러나오는 샘물 같은 정만이 인간의 근원적인 목마름을 풀 수 있는 가족 간의 사랑이고 향기일 것이다. 따뜻한 말 한마디, 넉넉한 사랑의 마음을 전할 때, 우리의 삶이 윤택해지고 보람과 인정을 맛보게 된다.

"네 부모를 공경하라, 그리하면 너의 하나님 나 여호와가 네게 준 땅에서 네 생명이 길리라." 이는 하나님께서 인간에게 주신 첫 번째 계명이자 살아가며 반드시 지켜야 할 인간의 도리이다. 가시고 난 다음의 후회는 사후 약방문이다. 살아 계실 때의 효도가 진정 자식된 도리일 것이다.

(2004.)

엄마의 규격품

　이른 아침 K가 예고도 없이 찾아왔다. 퉁퉁 부어 있는 눈의 상태가 예사롭지 않았다. 평소 입에 대지 않던 커피를 달라는 그의 표정은 반쯤 넋이 나가 있었다. 아들을 대학으로 떠나보내고 허탈함을 달랠 길 없어 달려온 것이려니 했는데, 마음의 평정을 잃은 모습이다.
　K의 아들이 대학으로 떠나며 엄마와의 동행을 거절한 게 원인이다. 당연히 셋이 함께 갈 것이라 생각했는데 갑자기 아침에 6시간의 주행거리가 엄마에겐 무리라며 한사코 아빠와 가겠다고 했다. 그런 아들이 괘씸하다 못해 분통이 터졌단다. 10학년 때까지만 해도 입버릇처럼 "대학은 주말마다 올 수 있는 가까운 데로 정하겠어요." 하던 아들의 변심에 이미 상처를 입었는데 K는 세상을 잃은 기분이었을 것 같다.
　7, 8월은 대학 신입생에게 황금 같은 여름이다. 평생을 통해 가장 부담 없이 지낼 수 있는 절호의 기회일 것이다. 부모 그늘에서 벗어나는 홀가분함은 그들만이 알 수 있는 기쁨이다. 미지의 세계로 향하

는 발걸음이 두렵기도 하고, 기대도 되고, 자유를 향유할 수 있어 좋고, 새로운 도전에 설렌다.

남은 자는 쓸쓸하다. 누군가 빼앗아 가버린 것같이 텅 빈 가슴에 휑하니 찬바람이 인다. 가슴 저미는 그리움이 일렁인다. 더 사랑해 주고 관심 둬 줄 걸. 후회가 줄을 잇는데 시간을 돌릴 수 없다. 자녀는 대학으로 진학하면서부터 부모 곁을 떠난다 해도 과언이 아니다. 졸업 후 그곳에서 직업을 갖고 배우자를 만나기도 한다. 부모가 보살펴야 하는 시기는 이미 지났다.

K는 유학생으로 이곳에 왔다. 전문직을 가졌으나 결혼 후 아들의 교육을 위해 전업주부로 살았다. 폭넓은 전인교육에 치중한 보람이 있어 아들이 잘 자라 주었다. 그런 아들이 학년이 높아지면서 엄마와 대립이 잦았다. 그녀는 외로웠다. 삶이 서글프고 허무했다.

빠르게 성장하는 아들이 더할 수 없이 대견스러웠지만 그에 따른 의사 존중과 이해의 폭을 넓혀야 함을 고려하지 못했다. 언제까지나 어린아이로 생각했다. 매사를 명령하고 간섭하고 규제하는 것을 아들 장래를 위한 정성으로 생각했다. 이해와 배려를 함께해야 하는 그 부분이 약했다. 드디어 어느 날, "나는 엄마의 규격품이 아니에요." 하는 아들의 절규를 들었을 때 비로소 정신이 번쩍 들더란다.

프로스트는 "우리에게 무엇이 잘못되었을 때, 그것은 갑자기 일어난 일이 아니고 이미 우리가 걸어온 과거 속에 씨앗이 뿌려졌던 것"이라 했다. 아들은 11학년이 되면서부터 집에서 거리가 먼 대학을 생각하고 있었다. 아빠에게 그 뜻을 비쳤다. 엄마의 그늘에서 벗어나고 싶다고. 자신의 의지가 전혀 존중되지 않고 엄마의 뜻대로 선택되는 것에서 자유로워지고 싶었다. 엄마를 의식하지 않은 것은 아니나 멀리 떨어져 있어야 그리움을 키우고 자신에 대한 지나친 집착에서 벗어날 수 있을 것으로 생각했다. 아들은 자신의 장래 문제도 고려했다. 신중하게 생각하고 결정한 아들에게 아빠가 용기를 주었다.

대부분 부모는 자신이 원하는 대로 자녀가 자라주기 소망한다. 마찬가지로 자녀도 자신이 바라고 원하는 만큼의 삶을 살고 싶어 한다. 자녀를 바라보는 눈이 관대하고 현명해져야 자유로운 대화가 가능하다. 일방적 강요는 마음을 닫게 한다는 것을 경험을 통해 알고 있다. 자녀에 대해 정성을 쏟되 집착하지 않는 삶을 살아야 서로가 편안하다. 하나의 인격체로 잘 키워서 사회로 진출할 때까지 보호막의 역할을 할 뿐이라는 마음가짐일 때 내적 평안함이 이루어진다. 어느 모임에서 큰아들이 발표한 말을 함께 참석했던 친구가 전해주었다.

"나의 부모님은 나와 동생의 의견을 존중해 주었다. 몇 가지 규칙이 있었으나 비교적 자유롭게 행동하게 두었다. 대학 진학도, 직장과 배우자 선택도 본인이 스스로 알아서 선택하게 맡겼다. 부모님은 우리가 조언을 구할 때 함께 의논하고 방향을 제시해 주었다. 우리를 전적으로 신뢰해 주는 부모님의 사랑이 있었기에 매사를 더 신중하게 생각하고 결정했으며, 책임감 있는 행동을 하게 되었다. 학부 4년 동안 어머니가 자주 보내 주신 메일과 카드가 힘이 되었다. 부모님의 배려에 감사하다. 지금의 나는 부모님의 믿음에 부응하려는 노력이 있었기에 가능했다."

아들은 이렇게 말했지만, 우리도 다른 부모와 다를 것이 없었다. 다만 의견이 엇갈릴 때 정면충돌을 피했고, 최대한으로 아이 편에 서서 생각했다. 의견을 충분히 들어 주고 이해해 주었으나 아니다 싶을 때는 표 나지 않게 살짝 빗겨서 방향을 제시했다. 아이들은 신중하게 받아들였고, 부모님 말씀에 순종하는 편이었다. 우리 내외보다 더 이 사회를, 미국을 바로 알고 있기에 관망하는 쪽이었다. 자신들의 의사에 맡겨도 비교적 잘해 나갔다.

성탄절 즈음에 다니러 온 아들을 만난 후 K는 다시 활기를 찾았다. 처음으로 부모 곁을 떠난 아들. 아들을 떠나보내고 말할 수 없이 힘들었던 시간을 잘 견뎌내고 있던 K가 전과 다름없이 아들을 반갑게 맞았다. 흔한 말로 마음을 비웠다고나 할까. 그보다도 아들이 K의 마음을 한없이 부드럽게 보듬어 주고 떠났다는 후문에 아직 어린 나이인데도 치사랑을 보여준 그녀의 아들이 멋져 보였다.

자녀 교육만큼 힘들고 어려운 것은 없다. 마음대로 되지 않는 게 자식 농사라고 하지 않던가. 떠나고 난 다음에 후회하고 우울해 할 것이 아니라 함께 지낼 때 사랑과 이해와 관용으로 좋은 관계를 유지하는 것이 바람직하다. 자녀가 한 계단씩 성장할 때마다 교량 역할을 해주는 게 바로 부모가 해야 할 일이다. 그래야 기대와 섭섭함이 적어지고, 그리움만 산처럼 쌓이게 될 테니까. (2005.)

글을 쓰고 있을 테니까

배려라는 말에는 향기가 있다.

상대방을 이해하고 보살펴 주려고 마음 써줌이 아름답다. 은밀히, 되도록 조용하게 이루어지는 배려는 관계를 풍요롭게 윤기 돌게 한다. 인간은 사회적 동물이기에 개인을 벗어나야 살기 편하다. 너무 강하게 자기를 내세우면 주변이나 사회생활을 할 때 경원의 대상이 된다.

살아가면서 많은 사람들을 만나고 관계를 맺는다. 서로 다른 개성끼리의 만남이기에 조심스럽다. 인간 관계는 수학적 공식에 의해 이뤄지는 것이 아니기에 상식이 통하지 않을 때가 많다. 자신의 내부에 이상적인 정답 하나를 만들어 놓고 거기에 맞추어 주기 원할 때 불협화음이 생긴다.

주변에서 크고 작은 대립을 목도할 때가 있다. 그것은 아주 사소한 일에서 시작하여 엄청난 결과를 가져온다. 근간에는 가까운 친지 두 분이 이념이나 사상의 양립이 아닌 지극히 사소한 일로 이견을 보여

소원해지더니, 급기야 불변의 진리를 하나씩 붙들고 결별했다. 부부나 친구의 관계도 성격이 같으면 팽팽히 맞서게 되고, 수평일 때가 무난하다. 한쪽에서 이해의 폭을 넓히는 아량을 보이게 될 때 좋은 관계가 유지된다.

'지는 사람이 이기는 사람'이라는 말을 좋아한다. 표면적으로 지는 것 같은 사람은 상대를 알기에 지는 척할 뿐이다. 이런 현명함을 보이는 사람의 삶은 편안하다. 나의 존재가 주위에 어떠한 영향을 끼칠까, 가끔 생각해 볼 일이다.

선친께서 생전에 '자아는 부지'란 말씀을 자주 하셨다. 모든 어긋나는 관계는 나를 알지 못하는 데서 비롯된다 강조하셨다. 내가 하는 일은 바른 것이고, 남이 하는 일은 하찮아 보여 상대의 의견을 존중하지 않는 데서 기인한다 하셨다. 남이 나와 같지 않다고 무리하게 자기의 주장을 편다든지 지나치게 간섭을 하는 것은 현명한 처사가 아니다. 나와 다르다고 해서 그릇되거나 틀린 것이 아니다. 한편 살짝 빗겨서 생각한다면, 나를 향한 간섭이나 주장이라고 하더라도 배려 내지는 사랑으로 받아들여 보면 어떨까. 나를 휘젓는다고 불쾌하게 생각하기 전에 조언으로 수용한다면 결별까지 가지는 않을 것이다.

'물건은 새것이 좋고 사람은 옛사람이 좋다.'는 말들을 한다. 관계는 곰삭은 젓갈 같은 경지까지 익어야 편하다. 나이 든 부부나 오래된 친구 사이에 별반 오해가 생기지 않는 것은 상대의 의중을 알고 이해하며 품어주기 때문이다. 그래서 연륜을 두고 쌓아 가는 정이 귀하다.

자신의 마음만 믿고 상대에게 쉽게 대하다가 뜻밖에 거부당하여 상처를 받는 경우를 가끔 보게 되는데, 오래되지 않은 관계에서 흔히 일어난다. 가까운 사이일수록 예의를 지키라는 말은 아무리 많이 사용해도 무리가 없을 듯싶다. 아집과 고집이 나이와 정비례하지 않아야 환영받으며, 나이가 들수록 겸손, 과묵, 너그러움과 친해질 때, 잘살고 있는 자신의 모습을 보게 된다.

이스라엘 작가 슈무엘 아그논이 노벨상을 탈 무렵의 이야기이다. 예루살렘에서 손님을 태우고 달리던 택시가 있었다. 어느 골목으로 접어들자 경적을 울리지 않고 조심스럽게 가다가 한 집에서 멀찍이 떨어져 멈추었다. 이때 운전기사가 손님에게 속삭이듯 말했다.

"저 집 앞을 지나갈 수 없어요. 까닭이 궁금하시죠. 지금쯤 저 집에선 작가 아그논 씨가 글을 쓰고 있을 거예요."

유명한 작가가 되는 것은 본인의 재능과 노력 여하도 있겠으나 때로는 보이지 않는 주변의 배려도 한몫을 한다는 좋은 예이다. 지나가는 사람들까지 집필을 방해할까 봐 마음 써주는 아그논은 분명히 행복한 작가이다.

배려는 인간관계의 꽃이다. 요란하게 드러내지 않고 조용히, 상대방이 알고 모름에 상관없이 기쁜 마음으로 베풀기에 받아들이는 처지에서는 두고두고 가슴에 맑은 향기로 남을 것이다. 가슴이 따뜻한 사람만이 할 수 있는 폭넓은 사랑의 다른 표현이 배려다.

(2005.)

감사하는 마음

'가을엔 기도하게 하소서.'

참으로 가슴에 와 닿는 글귀다. 자연 속에 살아 있는 것들이 살찌고 열매 맺으며 마음이 풍성해지기에 저절로 기도하고 싶은 마음이 된다. 결실의 계절에 느끼는 풍요는 곧 전능자를 향한 감사의 마음이다.

가을을 맞아 감사할 일들을 찾아본다. 종이에 적는다면 몇 장을 다 메우고도 남을 것 같다. 일반적으로 감사는 평소에 자신이 원하고 갈구하던 것이 이루어져야 생기는 마음이다. 숨을 쉴 수 있는 것, 발을 디뎌 움직일 수 있는, 무상으로 주어지는 것의 감사를 나는 실감하지 못했다. 평소 무심하게 지냈던 그것들로 어려움 겪고 난 후에 비로소 살아가며 얼마나 감사할 조건이 많은가를 새삼 깨닫게 되었다. 여름 내내 땀 흘리며 일한 농부가 그 땀의 대가로 거두어들이는 수확의 기쁨처럼, 수고와 인고를 통해 얻는 감사가 진정 값진 것이리라.

밀레의 '만종'을 보고 있으면 진지한 종교적 심상을 느끼게 된다. 하루의 일과를 마치는 때에 멀리서 울리는 교회의 저녁 종소리를 들으며 머리 숙여 두 손을 모으고 드리는 감사의 기도. 그들의 소박하고 진지한 모습은 전능자를 향한 외경인 동시에 경건이다. 그 그림을 대하고 있으면 신선한 노동과 평화로운 휴식과 고요로움, 수고하는 사람의 모습이 얼마나 가치 있고 아름다운가를 깨닫는다(그림 속에 숨어 있는 슬픈 이야기가 알려지기 전까지는). 무심히 하루를 지나 잠자리에 들 무렵, 벽에 걸린 '만종'을 보며 아차 싶어 잊었던 기도를 드린 적이 많았다. 그림은 보면 볼수록 감사가 새록새록 움트게 하는 묘한 분위기가 있다. 경건과 감사를 한데 묶어 놓은 그 이상을 상상할 수 없을 것 같다.

어느 때인가 서울을 방문했을 때 친지 한 분이 입원하여 병원을 찾았다. 그분이 입원해 있는 병실 복도에 기도문이 걸려 있었다. 그 글은 죽음이 임박해 있던 어느 여인이 써 놓은 글이라 한다. 건강한 사람에게는 감사의 조건으로 내세울 만한 것이 아니나 하루하루 힘들게 투병하며 살아가는 그 여인에게는 내일을 향한 외경이며 진정한 감사였다. 글을 읽으며 얼마나 가슴이 저리던지. 받은 것이 많건만 감사할 줄 모르고 살아온 내 삶이 한없이 부끄러웠다.

"아침에 눈을 떠 밝은 빛을 볼 수 있게 해주심을 감사드립니다. 맑고 청아한 새들의 노랫소리를 들을 수 있게 해주심을 감사드립니다. 내 속에 있는 생각을 말로 표현할 수 있게 해주심을 감사드립니다. 아직은 걸을 수 있게 다리에 힘 주심을 감사드립니다. 오늘 하루를 온전히 살 수 있도록 생명 주심을 감사드립니다."

삶이란 얼마나 신비롭고 아름다운 것일까. 여인은 남들이 전혀 실감할 수 없는 일상 속에서 일상을 초월한 의미와 기쁨을 찾아냈다. 괴로움을 통해서 삶을 충만하게 체험했다. 가장 작은 것에 감사와 애정을 기울이고 오늘 하루를 온전히 사는 것만으로 충분히 만족한다. 단 하루뿐인 오늘을 살고 있기에.

뚜루게네프의 산문시 '거지'에 보면 동냥을 구하는 늙은 거지에게 무엇인가 주기 위하여 주머니를 뒤졌으나 지갑도 안 가지고 나왔고, 시계도 손수건조차도 없었다. 너무나 미안해진 주인공은 늙은 거지의 더럽고 파리한 손을 꼭 잡으며 아무것도 지닌 것이 없음을 사과했다. 그러자 거지는 "돈보다 더 고마운 마음에 감사한다."고 했다. 주인공은 "나 역시 그에게서 선물을 받은 것을 알 수 있었다."고 표현했다. 거지는 뭔가를 알고 있는 사람이었다. 비록 가진 것이 없어 동냥할망정 인간의 가치를 정신적인 것에 두었다. 아름다운 마음을 감각할 수 있는 능력을 지녔다.

어느덧 인생의 가을에 있는 나를 본다.

뿌린 씨앗 풍성히 채워주셨기에 받은 은혜에 감사하는 마음으로 살아야겠다. 감사야말로 축복이 임하는 길이기에 감사를 떠나서는 능력 있는 삶을 살 수 없다. 구하여 얻기 이전에 이미 가지고 있는 것에 감사하는 마음은 축복받을 성숙한 사람의 자세라고 생각한다.

인간의 향기가 묻어나는 생동감 넘치는 삶, 마음에 행복이 깃드는 삶은 감사할 줄 아는 사람만이 가질 수 있을 것이다. 감사의 계절이 무르익어간다.

(2004.)

자기야

젊은 사람들이 상대방을 부를 때에 '자기야' 하고 부르는 것을 본다. 결혼한 사람들은 일반적으로 '여보'라는 호칭을 쓰지만, 그것이 나오지 않는 사람도 있다. 아이 아빠를 자신의 아버지인 양 '아빠'라고 부르는가 하면, 결혼 전의 호칭 '오빠'라고 불러 아이로 하여금 촌수를 헷갈리게 한다. 예전 우리 부모님은 '여보'라는 호칭을 쓰셨고, 연세 드신 후에는 남편이 아내에게 '임자'라고도 했다. 일반적으로 아무개 아버지, 아무개 아빠, 이렇게 자연스럽게 부르는 것이 보통이었다.

어느 날 TV에서 '스타 부부 쇼 자기야' 란 방송을 보았다. 제목에서 주는 느낌은 가벼운 예능 프로그램인 줄 알았는데, 그게 아니었다. 출연진은 진행에 도움을 주는 고정 출연자와 초대 손님으로 구성원을 이루었다. 연예인, 방송인, 의사, 운동선수 등 다양하게 출연하여 허심탄회하게 살아가는 이야기를 털어놓는다. 평범한 일상사에서 얽히고설키는 삶의 이야기, 부부간의 지극히 사소한 일로 벌어지는 갈등이 이슈가 되다 보니 사람 사는 일이 거기서 거기라는 느낌이다.

　다른 사람이 하는 말이 자신이 당한 것에 비하면 아무것도 아니라는 생각이 들 때는 그림 약과를 집어 들고 말할 기회를 잡는다. 부부 쌍방의 입에서 무슨 말이, 어떻게 나올지 모르기에 팽팽한 긴장이 감돌고, 과장이나 허식 없이 솔직하게 의중을 털기에 공감 가는 부분이 많다.

　'자기야'는 생방송이기에 때로 부부가 판이한 감정의 대립으로 언성을 높이기도 하고, 상대에게 섭섭함을 토로하기도 한다. 서로 다른 관점에서 자기중심적으로 생각했기에 생기는 견해의 차이나 서운함이다. 배려 이전에 당면한 상황에서 펼쳐지는 감정의 대립이기에 결과적으로 양쪽 말이 모두 타당성 있다.

　성격에 따라 이해의 폭이 넓고 좁음은 있어도 어느 계층의 사람도 인간 본성에 충실하다는 것이다. 대중 앞에서 자신을 노출시키는 특정인이나 일반인이 살아가는 방법은 다르지만 추구하는 바는 모두 같다. 관심, 배려, 사랑의 부족이다. 내가 상대를 이해하기보다 상대가 무조건 나를 이해해 주기 원하는 그것이다.

　여자 출연자 중에는 남편의 야속했던 순간을 생각하며 눈물을 글썽이는 사람도 있고 아내의 말에 어처구니가 없다는 듯 멍한 표정을 짓는 남편도 있다. 남편의 엄청난 엔터테이먼트 버릇 때문에 놀라고, 아내의 지나친 씀씀이에 자제를 당부한다. 상대방 의중을 전혀 모르는 상태에서 평소 품었던 불만을 터뜨리기에 때에 따라서는 기상천외할 말들이 튀어나와 시청자들의 마음을 조마조마하게 한다. 이것이 '자기야'가 누리는 효과이고 현실감이다.

얼마 전에 아주 재미있게 시청한 '자기야'는 '의사 부부 특집'이었다. 일반적으로 의사라는 직업은 선호하는 배우자 조건에 드는 것 같은데, 의사 부인이 무슨 불평이 있을까가 시청자들의 궁금증이었다. 의사들이 흰 가운을 입고 앉아 있으니 의료학술회처럼 보였다. 그날의 주제는 '잘났다고 생각하는 남편 흉보기' 였다.

첫 번째 하소연은, '댁의 남편도 밖에서는 명의, 집에서는 돌팔이입니까'였다. 아기가 열이 심한데 처치를 소홀히 하고 병원엘 조속히 데리고 가지 않았기에 화가 난 엄마의 마음을 하소연했다.

두 번째는 아기를 낳으려고 입원했는데, 산과의사인 남편이 아내에게 전혀 도움을 주지 않았고 분만 후에도 다른 산모에게는 지극 정성이면서 막상 아내에게는 눈길조차 주지 않더라는 섭섭함이다. 그 외에 크고 작은 불만, 의사 아내로서 받아야 할 배려와는 거리가 있는 불평이 폭포처럼 쏟아졌다.

우리가 익히 알기로도 밤에 병원을 찾을 때 당직이 있을 뿐, 촌각을 다투는 응급환자가 아니고서는 날이 밝아야 전문의를 볼 수 있다. 그걸 잘 아는 남편이기에 적절한 처방을 내렸으나 엄마 마음은 안타깝기에 보리차만 먹이라는 남편이 야속했다. 결국, 남편 처방이 옳았다.

산과의사도 일부러 아내에게 섭섭함을 주려 했을까. 아마도 멋쩍어서, 누구보다도 아내의 상태를 잘 아는 남편으로서 쑥스러워서 그랬을 것 같다. 보면 답이 빤히 나오는데, 아내는 조금이라도 더 관심과 사랑을 받고 싶은 것이다. 이것은 배움의 많고 적음에서 오는 것도 아니고 빈부의 격차에 상관없이 성품에 해당하는 것 같다.

사랑한다는 말은 어찌 보면 이기적인 냄새를 풍긴다. 내가 당신을 좋아하기에, 나를 위해서 사랑하는 것이리라. 그를 위해서 내가 사랑하는 것이 아니기에 "서로 사랑하라. 내가 너희를 사랑한 것같이 너희도 서로 사랑하라."라는 말씀을 우리가 가슴에 새겨야 할 것이다. 사랑이란 그 자체가 끊임없이 생산적 행위이므로 자신은 물론 주위 사람까지 풍요하게 만들어 준다. 사람들이 살아가는 이야기가 곧 내 이야기고 우리의 이야기이다. 모든 이들이 공통으로 안고 있는 고민도 문제도 될 수 있기에 살며 생각하게 되는 '자기야'를 보면서 간접 경험의 효과를 누리게 된다.

근래에는 전문 분야별로 의사, 약사, 한의사가 출연하여 가려야 할 병원이나 의사, 응급상황 대처법, 평소 알아 두어야 할 의학 상식 등을 자세히 설명한다. 의사에게 진료를 받아도 많은 환자 탓에 시간에 쫓겨 자세하게 들을 수 없는 설명을 전문의들에게 자세히 듣게 되고, 평소에 일었던 궁금증을 풀어 주기에 그 재미가 배가 된다. 오락 프로그램이면서 오락에만 치중하지 않고 건강한 사회의 보탬이 되는 '자기야'에 힘찬 응원의 박수를 보낸다.

'자기야~!' 상대방에게 이런 호칭을 쓸 때가, 그렇게 부를 수 있을 때가 인생에서 가장 풋풋한 시기가 아닐까 싶다.

(2012.)

감사로 영광을 돌려 드리나이다

하루가 시작되는 순결의 첫 시간, 감사의 마음에서 우러나오는 눈물이 있다. 긴 어둠을 거쳐야 참다운 빛에 도달할 수 있게 하시려고 하나님께서는 나에게 고통과 기쁨을 함께 주셨다.

2006년은 내 생애의 전환점을 가져다준 해이다. 37년 동안 아프던 허리가 깨끗이 나았다. 삶이 무한한 가능성으로 열려 있는 경이로움이었다. 삶의 무게가 내 머리 위로 무자비하게 짓누르고, 깊은 밤 검은 숲 속에서 길을 잃고 절망하며 울부짖을 때 하나님께서 내 고통의 부르짖음을 들으시고 긍휼히 여기셔서 은혜를 베풀어 주셨다. 그 감사와 기쁨을 어떻게 말로 다 표현할 수 있을까. 내 삶을 온통 바꿔 놓은 이 기적. 흐르는 눈물 속에 계속되는 기도, "감사로 영광을 돌려 드리나이다."

나는 첫아이 출산 직후부터 원인을 알 수 없는 허리 통증에 시달렸다. 당시 나의 주치의는 부인과만 취급하여 산과 분만은 다른 병원에서 행해졌다. 6주 만에 주치의를 찾아갔을 때, 체내에 태반이 남아 있다며 당장 수술이 필요하다 했다. 그 수술은 단지 내 몸에서 불순물을 제거했을 뿐, 아픈 허리와는 상관없었다. 둘째 아기를 낳고 산후 조리를 잘하면 낫는다 하여 서울에서 가장 권위 있는 J병원 N박사의 정기검진을 받고 출산했으나 바라고 원하던 일은 일어나지 않았다. 심하게 고통스러울 때는 나도 모르게 다리를 절었고, 꼼짝 못하고 누워 지낼 때도 있었다. 다만 좀 더하고 덜한 차이뿐 통증은 여전했다. 그 탓에 쉽게 잠이 들지 못했다. 몸이 아프니 잠이 오지 않고, 잠을 자지 못하니 더욱 고통을 느끼는 악순환의 연속이었다. 그런 날의 연속은 나를 절망케 했고 심각한 불면증과 우울 증세를 보였다.

우리 가족이 영국에서 살 때, 클레멘타인 처칠 병원에서 디스크 권위자에게 정밀검사를 받았다. 담당의사는 수술한다 해도 확률은 50%라 했다. 상태에 비해서 걷는 데 무리가 없으니 수술을 권하고 싶지 않다고. 1985년 LA로 이주해서 다시 검진받았을 때 의사가 절망적인 말을 했다.

"당신은 어쩌면 누워서 생활하게 될지도 모릅니다."

참담했다. 설움이 차올랐다. 눈을 감는다. 대학생인 두 아들이 떠오른다. 밝게 잘 자라 주었으니 걱정 안 해도 될 것 같다. 밥을 어떻게 짓는지, 라면에 물을 얼마나 부어야 하는지도 모르는 남편은 어쩌나. 80이 넘은 어머니는. 멀리 있는 딸의 건강을 위해 늘 기도해 주시고 전화와 편지로 용기 주시는 어머니. 눈물이 줄줄 흐른다. 벼랑 끝에 있는 것 같은 막막함. 중병을 앓고 난 사람처럼 탈진되어 손끝 하나 움직일 수 없다. 어머니가 보고 싶다.

다시 10여 년이 흘렀다. 진통제도 듣지 않는다. MRI가 아니더라도, 일반 X-Ray로도 척추뼈가 내려앉고 휘어져 있는 것이 보였다. 뼈가 움직인다 했다. 수많은 검진 결과 점차 나빠지고 있는 상태란다. 의사가 통증을 줄여주는 코디숀 주사를 권했다. 첫 번에 3대, 2주 후에 4대를 맞았다. 별로 효과가 없었다.

강산이 세 번 이상 변하고 나의 오랜 아픔과 영혼의 외침이 뜨거운 맥박처럼 요동쳤지만, 내 외모에서는 지병을 읽을 수 없다니 감사요 은혜였다. 전신마비로 펜을 입에 물고 시를 쓰는 S시인은 "하나님이 나를 너무 사랑하시는 것 같다."고 고백을 하여 내게 충격과 위로를 주었다.

"보옵소서. 내게 큰 고통을 더하신 것은 내게 평안을 주려 하심이라. 주께서 나의 영혼을 사랑하사 멸망의 구덩이에서 건지셨고 나의 모든 죄는 주의 등 뒤에 던지셨나이다."(이사야 38:17)

이 말씀을 굳게 잡고, 주께서 긍휼 베푸시기를 간절히 소망했다.

한껏 물이 오른 갈맷빛 이파리들이 맑은 하늘 사이에서 보기 좋게 흔들린다. 푸른 빛을 잃지 않는 저 청청함을 내 영혼의 빛깔로 삼고 싶다. 아직 밝게 보였으니 나머지 삶도 그런 모습을 잃지 않아야겠다. 설혹 더 큰 고통이 온다고 해도 밝게 흔들림 없이, 늘 푸른 소나무 같이 의연하게 살리라. 감사하는 마음에서 감사의 열매가 주렁주렁

열리는 튼실한 나무로 뿌리를 깊게 내리리라. 나보다 더 힘든 이들에게 사랑의 전화, 정성이 담겨 있는 한 장의 카드를 준비하는 데 더 많은 시간을 할애해야겠다. 삶은 누구에게나 소중하고 아름다운 것, 어떠한 상태에 놓여 있든 살아 있는 것만으로도 행복하다.

2006년 새해. 그 해는 하나님께서 미리 예비해 놓으신 해였다. 항상 내 아픔을 보며 안타깝게 생각하던 P장로님 내외분께서 신유 은사가 특별하신 C목사님께 나를 안내했다. 그 교회는 교인의 60%가 불치병을 앓았다가 나은 성도들이고, 병을 고치기 위해 각지에서 모여든 환자가 많았다. 체험 신앙인이 많은 교회였다.

수요일, 기도원에서 내려오신 목사님께서 내게 안수 기도를 해주셨다. 기도가 끝나자마자 목사님께서는 분명한 어조로 "하나님께서 나았다고 하십니다." 하셨다. 예배에 세 번 참석했는데 마지막 금요 기도회 때 나는 성령 체험을 했다. 37년 동안 나를 끈질기게 괴롭혔던 허리디스크가 씻은 듯 낫는 순간을 맞았다.

세상이 밝았다. 눈에 보이는 모든 것이 어제의 그 빛깔이 아니고 더욱 선명하고 아름답고 푸르렀다. 모든 것이 사랑스럽다. 삶을 살게 되는 것이 아니라 살아가고 있었다. 말로 다 표현할 수 없는 기쁨과 감사가 넘쳤다. 고통이 사라지니 아, 이렇게 평안하고 좋은 세상이 있었구나 싶었다. 밤새 잠들지 못하고 온 방을 헤매며 울며 드리던 기도가 얼마였던가. 나를 위해 금식도 마다하지 않고 한결같은 마음으로 정성을 다해 기도의 제단을 쌓았던 사랑하는 친구 K권사, 많은 중보 기도자들의 끊임없는 기도와 가족의 기도, 나의 간절한 소망이 합력하여 선을 이루게 하셨다.

근원적인 목마름을 풀 수 있었던 기쁨. 내 삶에 연둣빛 새싹이 힘차게 돋아난다. 무성한 잎을 달고 꽃을 피우며 튼실한 사랑의 열매를 맺기 간절히 소망한다. 어려움과 고통을 기도로 바꾸어 나갈 때 우리가 지향하고 꿈꿀 수 있는 영원에 도달할 수 있으리라 확신한다.

살아 있는 동안, 고통 받는 사람의 위로자가 되고, 아픈 사람을 위한 중보 기도자가 되게 하소서. 단절과 상실, 좌절과 소외의식 속에 사는 이들을 위해 기도를 쉬지 않는 자가 되게 하소서. 모든 영광을 하나님께, 오직 감사로 영광을 돌려 드리나이다.

(2007.)

유숙자의 진정성을 바탕으로 한 수필세계

대상에서 찾아낸 도발적 은유, 그 창조적 삶의 기술

윤 재 천
(전 중앙대 교수, 한국수필학회 회장)

문학은 작가가 대상을 용해시켜 최대한으로 철학화 시켜가는 마음의 예술이다.

비평의 중요한 과제는 이론가 '르네 웰랙'의 말처럼, 외재적 요소와 내재적 구조 사이의 끊을 수 없는 연결고리를 작품손상 없이 어떤 관점에서 분석하는 가에 따라 자리매김될 때가 있다. 문학 작품은 어떤 장르도 그 작품에 대한 면밀하면서도 편견 없는 분석이 없을 수가 없다.

수필문학은 비교적 평이하게 글을 쓰다 보니 다른 장르 작가들이 중요시 여기는 아니러니 기법이 부족한 장르라고 할 수 있다. 많은 이론가들은 아이러니를 내포한 문학이 그렇지 않은 문학보다 우수하다고 믿는 경우가 많다. 그것은 아이러니 그 자체가 인생체험의 한 면만 보지 않고 정반대의 면도 동시에 표현하고 비평하는 방법이라고 보고 있는 까닭이다.

수필문학은 세속적인 사회와 적당한 거리를 마음에 두고 초연하게 인생을 응시하며 관조하는 문학이므로, '내가 누구인가'라는 화두를 내놓고 존재감을 점검, 심경의 소용돌이를 수면 위로 끌어올리며 예술적으로 전환시켜 갈 때 작품이 나올 수 있다.

궁극적으로 수필문학은 인간의 영혼을 그려내는 대표적 장르로서 인간내면의 심적 나상(裸像)을 자신만의 감정으로 표출할 때, 그 진가를 가늠하게 된다는 의미이다.

한 편의 수필에는 작가의 철학적 사유, 현재와 과거의 행적, 미래에 대한 비전을 그려낼 때 메시지 전달이 가능하고 독자와 공감대가 형성되며 언어예술로서의 제 몫을 하는 데 부족함이 없다.

산문에 비해 운문에는 언어를 심도 있게 조탁하는 과정이 중요시되지만, 산문인 수필은 그에 비해 평이하게 생각하는 경향이 있으므로, 보석 같은 사고(思考)로 영혼의 출렁임을 드러내기 위해 감정을 조심스럽게 조율시키고 나름대로 기법이나 구성이 문학적으로 형상화 될 때 작품으로서 생명력이 존재한다.

작가 유숙자의 작품세계도 사물에 대한 적극적인 탐구로 수필 특유의 창조성을 보여주고 있으며, 심도 있는 관찰로 특유의 개성과 은유를 드러내고 있어 독자에게 의미 있게 다가가고 있다.

유숙자의 작품세계를 살펴보기로 한다.

일찍이 발레를 공부했으나 포기할 수밖에 없었던 나. 놓쳐버린 대상이었기에 더욱 큰 미련에서 벗어나지 못했으나 지금 생각해 보면 어쩌면 그것은 축복이 아니었을까. 발레가 황무지나 다름없던 시절이었으니 열정과 야망으로만 될 수 없는 부분이 너무 많았다. 내 자질을 미리 아셨던 전능자께서 평생 바라보며 그리워하는 쪽을 택하게 해주신 것 같다. '장미의 정'을 내 꿈속의 발레로 남게 해주시려고.

- 「장미의 정(精)」중에서

사람의 두뇌는 추억을 먹으며 존재하는 광장이다.

주관적 자아는 만물의 배후에 존재하는 본연의 조화 원리를 반영해 공통선을 위해 작용하고 있으므로, 그 자체의 의지를 지닌 채 무난하게 살아간다.

인간은 누구나 과거에 몰입했던 순간을 갈망하여 내면에 반응을 일으키며 과거의 시간과 합류한다.

몰입되는 정도에 따라 언어나 이미지, 걸음걸이, 표정까지도 일체감을 이루며 살아가게 한다. 무의식 속에 잠재된 모든 것이 시공을 초월하며 소유하지 않은 상태에서도 모든 것을 지닌 채 살아가게 한다.

작품「장미의 정(精)」을 보면 유숙자는 젊은 시절 발레를 공부했으나 포기했음을 알 수 있다. 이루지 못한 것에 대한 아쉬움이 많아 아직도 그 열기가 사라지지 않고 있다.

정복하지 못한 목적지에 대해서는 아쉬움이 남게 마련이다. 예술가의 길도 다를 바 없어 프로스트의 시(詩)처럼 가지 않은 길을 가야 하는 것이 그들의 실체이다.

작가 유숙자에게도 발레에 대한 미련과 그리움이 강하게 내재되고 있어 간간히 몽환의 시간과 마주하고 있으며, 베버의 '무도회의 권유'와 '장미의 정(精)'에 몰입하며 발레 속에 갇힌 채 살아간다.

이런 현상을 볼 때 완주하지 못한 것에 대한 세계 – 발레를 향한 영감의 세계는 환상보다 깊어 때론 가을 매처럼 하늘로 치솟는 기상까지 느끼게 한다.

「장미의 정(精)」은 발레의 역사와 그 자취에 대해서도 자세하게 소개되고 있어 독자에게 그 상식까지 익혀가게 한다.

많은 내용들이 소개되고 있지만, 1911년 몬테카를로에서 디아 길레프 발레단에 의해 초연된 '장미의 정(精)'을 볼 때 융합의 미학을 보여주고 있어, 미하엘 포킨의 안무와 코티에의 시(詩), 니진스키와 까르사비나의 춤으로 승화되며 인간의 한계를 초월한 작품임을 증명한다.

작가의 성향과 진면목을 훔쳐보게 하는 작품이다.

농사 중에 으뜸이 자식 농사라 한다. 사회적으로 명성이 높은 사람이라 해도 자녀가 제 몫을 다하지 못한다면 부모의 어깨는 처지고, 자녀 이야기가 화두에 오를 때면 시선이 아래로 향할 것이다. 자녀에게 신뢰와 존경을 받는 부모, 잘 자라 주어 번듯한 일가를 이룬 자녀를 바라보는 부모가 인생 성공자가 아닐까.

─「마음이 쉬는 의자」중에서

'아빠는 내가 힘들 때 앉아서 쉴 수 있는 의자.'

지인으로부터 받은 작가의 메일 첫머리가 이 시대 삶을 살아가는 아버지에게 힐링제가 되어준다.

가장 가까운 관계가 부모자식 사이지만 나이 들어 갈수록 아버지란 존재는 남루하게 변해갈 때가 많고, 자식은 삶에 휘둘려 양심까지 저당 잡힌 세상 속에서 살아간다.

유숙자는 이런 시대를 한탄하고 있다. 아버지라는 이름이 생각보다 추락하여 그 무게와 울림이 크지 않은 시대지만, '아버지의 자리'는 근본적으로 무서운 애정을 함축하고 있다.

한 가정의 삶을 해결해가는 가장으로 그 수고만큼 자식에게 존재의식을 느낄 수 있다면 헌신과 희생은 눈 녹듯 녹아 치유되겠지만, 그와 다르다면 그들의 삶은 황폐하여 공원에서 노숙원이 되거나, 이 시대 '고려장'이라고 할 수 있는 요양원에서 생을 마감하거나, 고향 지키기란 이름으로 그곳에서 칩거하다가 독거노인이 되어 자식들과 임종의 순간도 함께하지 못한 채, 생(生)을 마감한다.

참으로 이 시대 아버지 모습은 다양해서 그런지 작가가 서두에 제시한 '아빠는 내가 힘들 때 앉아서 쉴 수 있는 의자' 라는 메시지는 낯선 얘기처럼 들리기도 한다.

얼마 전 고인이 된 황수관 교수의 '에피소드'에서 세상에서 가장 아름다운 단어는 1위가 '어머니', 2위가 열정, 3위가 스마일…. 77위에도 들지 않은 것이 아버지의 존재라고 했지만, 그림자만 드리운 아버지의 존재는 그 정체성에 무슨 문제가 있는 것은 아니다.

그러나 이 글의 제목처럼 '마음이 쉬는 의자'가 아버지의 자리라면 아버지의 초상은 위대하지 않을 수 없다.

그 결과 작가는 '농사 중에 으뜸은 자식농사'라고 하고 있다. 자식을 바라보는 부모의 눈빛만큼 위대한 것은 없다. 그러나 유숙자는 물질문명의 범람으로 아버지의 자리가 흔들리는 것을 염려하고 있다. 뿐만 아니라 '우리 아들에게 나는 어떤 엄마였을까'라며 어릴 적 자녀에게 아버지와 떨어져 지내게 했던 시간들을 회고하고 있다.

다행인 것은, 여건이 불리했음에도 두 아들이 잘 자라 준 것으로 보아 작가는 자식농사에 성공했음을 알 수 있다. 두 아들이 결혼해 독립했음에도 작가 부부는 그 아들에게 언제라도 편하게 쉴 수 있는 의자가 되고 싶다고 선언하고 있으니, 자식을 향한 마음을 짐작하게 한다.

어떤 작가는 아버지의 소재로 일곱 편 정도의 작품을 쓴 후에 그 샘이 마르더라고 했다. 이것으로 볼 때 부모 자식 간에도 사랑을 바탕으로 한 소통이 이루어진다면 그들의 사랑은 끝이 없음은 물론, 가족의 사랑은 끝이 없는 애정의 강임을 증명해 준다.

하지만 가정의 행복은 '지금 그들은 어디에 있는가, 그들은 가족을 위해 행복과 절망 사이의 균형을 적절하게 유지하려고 노력했는가'라는 문제에 달려 있다.

부모로서, 자식으로서 그 존재감에 대해 진지하게 생각을 끌어가게 하는 작품이다.

> 이따금 실수도 해가면서 사는 동안 차츰 그 문화에 동화되어 갔고 길들어 편안해졌다. 한국인의 정체성을 잃지 않으며 외국인과 스스럼없이 살아가게 될 때쯤 되니 영국을 떠날 날이 임박했다. (중략) 영국의 전통에서, 문화에서 풍겨 나오는 정서가 나와 잘 맞아 삶이 보람되고 즐거웠으며 행복했기에 5년의 세월에 아쉬움을 남겼다. 내 인생의 여정에서 유럽이 없었다면 삶이 사뭇 달라졌을 것이다.
>
> ―「그리움이라 부를 수 있는 것」중에서

1980년, 유럽에서의 생활을 유머를 섞어서 풀어가는 작품이다.

그곳에서의 생활은 작가에게 생소했지만 불행하진 않았다. 어릴 적부터 열망했던 영국으로 떠났으니 '그리움이라 부를 수 있는 것'들이 한두 가지가 아닐 것이다. 잠시 언어 문제로 소통의 장벽이 있었지만 꿈을 안고 입국한 나라―그곳에서는 설레는 마음만이 우선이었음을 알 수 있다.

영국은 그 당시 국제적인 문화와 현대적인 사고가 잘 어우러져 주체성과 전통을 독특하게 유지하는 나라였다. 최초로 근대민주주의를 실현한 국가로서 산업혁명을 일으켜 자본주의를 도입했음은 물론, 풍부한 문화를 가진 나라로서 유럽에 속하면서도 유럽인임을 꺼리는 – 자존심이 강한 나라였다.

발레와 오페라는 대부분 외국에서 수입했기 때문에 다른 유럽국가에 비해 비교적 역사가 짧지만, 셰익스피어와 토마스 모어 같은 작가, 1970년대에 등장한 비틀즈 같은 예술인들이 있어 문학과 연극, 뮤지컬과 팝음악은 영국문화의 앞자리를 차지했다.

유숙자는 문화의 나라에서 젊은 시절을 지낸 사람이다. 지금에야 외국나들이가 자유스럽지만, 당시만 해도 누구나 열망하던 무릉도원이 아닐 수 없었다. 작가는 그곳에서의 생활을 실감 있게 풀어내고 있다. 특히 다른 가정에 초대되었을 때나 손님을 초대했을 때 선물바구니로 오인한 그곳의 문화는 웃음을 자아내게 한다. 그러나 이방인에겐 배타적 성향이 강한 타국에서 의사소통이 원활하지 않은 채 적응한다는 것은 쉬운 일이 아니다. 기대에 부푼 마음과는 달리, 언어와 문화의 간극을 극복하기 위한 장벽들이 만만치 않은 것이 당연한 시절이다.

유숙자는 그때 그 시절 여러 가지 실수와 흔적들이 부끄럽지만 '지나간 것은 아름답다'며 '그리움이라 부를 수 있는 것'의 대상으로 떠올리며 작품의 원천으로 삼고 있다.

　반기는 사람 없어도 묵묵히 피고 지고 열매 맺는 자연의 순리를 보면서 주어진 환경에 순응함이 얼마나 아름다운 감동인가를 새기게 된다.
　눈에 보이는 모든 것이 감사요, 평범한 일상이 감동일 때, 마음에 평안과 안정이 주어짐을 체험한다. 잘사는 삶이란 특별한 삶이 아니라 작은 일에 의미를 두고 보람을 느낄 때 주어지는 기쁨이 아니겠는가.
　　　　　　　　　　　　　　　　　　　　　－「살아있는 감동」 중에서

　작품은 작가에 따라 독자를 불안에 떨게 하는 문장이 있거나 그 세계관이 존재한다. 그러나 유숙자의 영혼은 꿈과 감동으로 출렁이며 춤을 춘다. 예술에 온전히 심취되어 있는 사람은 잉태를 꿈꾸고 있음을 보여준다.
　작가는 영혼의 근육이 단단하면서도 유연해, 글을 읽는 독자에게 샘물이 샘솟는 파장을 던져준다.
　그의 영혼은 꿈을 꾸며 흘러간 명화나 클래식에 몰입하기도 하고, 그가 젊은 시절 춤을 추었던 발레음악에 심취하여 살아있는 감동을 누리기도 한다.
　늘 푸른 나무처럼 영혼의 나무가 되어 서두르지 않게 걷기도 하고, 행복의 호르몬을 발산하며 꿈의 영토를 기름지게 하며 마음의 영토를 넓혀 가기도 한다.
　꿈을 가진 사람은 늘 고독하다.
　『떠도는 그림자』에서 파스칼 키냐르가 제시한 것처럼, 고독 없이,

시련 없이 침묵을 인내하는 열정 없이, 온몸으로 흥분과 절제를 느껴 본 적 없이, 두려움에 떨며 비틀거려 본 적 없이, 보이지 않는 그 무엇 때문에 방황해 본 경험 없이, 우울해서 참으로 우울해서 온전한 외톨이가 된 느낌 없이, 참신한 기쁨은 존재하지 않기 때문이다.

유숙자는 그 기쁨을 음미하기 위해 세븐틴 마일즈의 해변가 노천 카페에서 카푸아의 '오 솔레 미오'를 듣기도 하고, 한줄기 소나기와 땀방울을 식혀주는 산들바람, 비가 멈춘 뒤 내비친 햇살에서 삶의 환희를 느끼기도 한다.

아름다워서 슬퍼 보이는 저녁노을, 유숙자는 그 노을을 사랑하고 있으니 어느 예술이 그보다 고혹적으로 다가올까.

무엇보다 여행을 좋아하는 유숙자, 그는 여행지에서 지는 해를 향하여 손을 흔드는 젊은이들을 바라보며 감사함을 느끼기도 하고, 태양과 바다가 열정적인 사랑을 나누며 장렬하게 임종을 맞이하는 광경을 바라보며 자신의 존재감을 점검해 보기도 한다.

작품의 제목처럼 늘 '살아있는 감동'으로 범사에 감사하며 밸런타인스 데이에 큰 아들이 놓고 간 꽃바구니를 바라보며 가슴 떨림을 경험하곤 한다.

작품을 감상해 볼 때, 유숙자는 '자연의 순리에 거역하지 않으며 살아가리라'는 일념으로 타인에게 기쁨이 되고 향기가 되어주며, 아름다운 기억만을 남기려고 노력하는 사람이다. 범사에 감사하는 사람이다.

언젠가 아들은 내게 이런 말을 했다. 세상에서 돈으로 해결할 수 있는 일이 가장 쉬운 것이라고. 살아가며 인간의 힘으로 해결할 수 없는 것이 얼마나 많으냐고. 생명을 돈으로 살 수 없고 진실과 희망에 값을 지급할 수 없다고. 그런 신념으로 살아가기에 주어진 현실을 그대로 받아들이며 더 나쁜 상황으로 치닫지 않은 것을 다행으로 여기는 것 같다. 허탈함이야 이루 말할 수 없겠으나 잃어버린 물건에 대한 애착을 드러내지 않았다.
-「인생은 불공평한 것」 중에서

아들과 며느리에 대한 사랑이 숙연하게 담겨있는 작품이다.
그들과 함께 기거하지 않지만, 언제나 그들 곁에 서 있는 어머니의 모습이 아닐 수 없다.
작가는 큰 아들의 결혼 5주년 기념을 축하해주기 위해 그들의 나이를 합산한 것 만큼 장미꽃을 준비하고 '미션비에호'에 있는 아들집으로 향하고 있으니 멋스러운 시어머니가 아니고서는 엄두도 못 낼 일이 아닌가. 음악을 좋아하는 아들이 작가의 정서를 담고 있어, 그들 모자간은 말없음 속에서도 무수한 대화를 나누고 있다.
문제는, 몇 년 전 신혼여행을 떠난 아들집에 도둑이 들어 수백 개의 (6~70년대 앨범) 싱글 앨범과 LP를 도난당하고 말았으니, 그때의 허탈함을 무엇으로도 대신할 수 없는 것은 당연하다.
아들의 말처럼, 돈으로는 절대 환산될 수 없는 영혼의 자산이라, 잃어버린 것에 대한 아쉬움이 하늘을 찔렀겠지만, 그 아들은 어머니에게 무례함을 드러내고 싶지 않아 도난당한 것에 대해 애착을 드러내지 않았다.
유숙자는 신혼여행 기간 동안 아들 집을 간간이 둘러보지 못한 미안함 때문에 결론적으로 '인생은 불공평한 것에 익숙해져라'며 이 글의 포인트를 맞춰가고 있다.

이것으로 볼 때, 삶은 예측불허의 과정과 다르지 않아 다가오지 않은 시간들은 안개 속을 항해하는 여객선과 같다.

가족 간의 관계형성이 아름다운 모습으로 나타나고 있어, 이런 가정이 지상에 존재하는 한 고부간의 갈등은 옛말이 되고도 남음이 있다.

'결혼 5주년을 맞는 이 가정, 감사하게 보낸 시간이 꿈과 기도로 잘 가꾸도록'이라는 어느 시인의 염원을 빌려 축복하고 있는 어머니가 되고 있으니, 무엇을 더 바라겠는가.

그러나 이 글은 '세상에서 돈으로 해결할 수 있는 것이 가장 쉬운 것'이라고 했던 아들이라, 잃어버린 것들에 대한 적지 않은 아쉬움이 그의 진중함 속에 내장되어 있다.

> 외형의 변화보다는 이상과 열정, 삶에 대한 경이감을 잃지 않고 정신적인 것에 충실할 것을 염두에 두고 있었으면서도 잠시 실상보다 좀 더 나은 허상을 좇았다. '하나님의 형상대로 만든 우리'라는 말은 성경에 꼭꼭 숨겨두고, 사진 한 장에 갈대처럼 흔들렸던 일이 부끄러웠다.
> ─「낯선 얼굴」중에서

유숙자는「낯선 얼굴」에서 자신 안에 자리 잡은 얼굴이 낯익은 얼굴이 아니라 낯선 얼굴이 존재하고 있음을 고백한다.

'화장했을 때와 민얼굴일 때의 엄청난 차이'를 유머러스하게 풀어

간다. 그러나 그의 글 속에는 철학이 깊게 내재되어 있다.

　온갖 사물과 생명 있는 것들에겐 이중성이 존재한다. 인간은 누구나 내가 나를 실제보다 괜찮은 사람으로 착각하며 살아갈 때가 많다. 양파껍질처럼 양배추껍질처럼 벗길수록 아무것도 없을 때도 있지만, 허물벗기 과정을 통해 애벌레에서 나방이 되기까지의 오묘한 과정들도 있다.

　인간에겐 선과 악이 공존하고 있어 지킬박사도 '나도 몰랐던 내 속엔 또 다른 내가 도사리고 있다'며 인간의 이중성을 실험하지 않았는가. 인간 내면에 숨어있는 또 하나의 자기 – 하이드의 실체를 추적하며 선과 악을 분리해 내는 데 성공하지 않았는가. 선만 존재할 줄 알았는데 악이라는 실체가 가면을 쓰고 도사리고 있어 그 실상을 파헤쳤던 것이다.

　사람의 형체도 모든 것을 의상으로 가리고 완성을 달성하는 것처럼, 화장한 얼굴과 민얼굴의 개념은 화장을 했을 때 독립된 객체로서의 출발점이 시작된다. 세상은 그만큼 가면축제의 현장이라 진솔함이나 진정성은 숭고하면서도 겸손한 가운데서만 성립된다.

　유숙자의 말처럼 이것은 '삶에 대한 경이감을 잃지 않고 정신적인 것에 충실한 것을 염두에 두고 있으면서도 잠시 실상보다도 좀 더 나은 허상만을 쫓았을 때 드러나는 현상이다.

　그런 면에서 작품「낯선 얼굴」은 진성한 삶을 깨닫게 해주고 있어 작가도 맑은 영혼을 지닌 사람임을 알 수 있다.

　　31세의 짧은 생애 동안 많은 명곡을 남긴 슈베르트.

"음악은 여기에 풍려한 보배와 그보다 훨씬 귀한 희망을 묻었노라. 프란츠 슈베르트, 여기 잠들다."

그의 묘비처럼 그는 희망을 묻고 떠났다.

그는 들에 핀 한 송이 꽃과 같은 생애를 보냈다. 오로지 예술에만 정진하다가 자연의 냉엄한 운명에 쓸쓸히 지는 들꽃처럼 세상을 떠났다. 꽃은 덧없이 졌지만, 그 향기는 남아 세인들의 가슴 속에 영원히 살아 숨 쉰다.

― 「보파드에서 만난 슈베르트2012」 중에서

'밤이 흐른다. '노투르노'와 함께 나도 흐른다'로 마무리 되고 있는 작품이다.

음악을 사랑하는 화자가 비운의 음악가 슈베르트, 그의 음악에 대해서 공감하고 감동하는 마음으로 써내려가는 작품이다.

여행지 '보파드(Boppard)'에서 신비의 정기가 감돌던 그곳에 둘러싸여 불멸의 명작으로 평가되는 슈베르트의 '피아노 트리오 아다지오'에 심취하여 시공을 초월한 채 그의 영혼과 합일되는 모습이다.

필연처럼 그의 곡을 감상하기 적합한 곳, 다른 여행지와는 사뭇 다른 ― 보랏빛 여명이 깃들어 미묘한 소리가 비밀스럽게 수근 대는 장소, '로렐라이 언덕과 모젤 강이 라인 강에 합류하는 지점의 도시 ― 코플렌츠 중간에 위치'한 '보파드'에서 우울함이 짙게 투영된 곡을 듣고 있다.

'내 모든 행복은 산산이 흩어졌다. 한때나마 내가 지녔던 모든 것이 사라졌다. 오직 찌터(Zither) 하나만 내 곁에 있을 뿐, 그러나 아직도 나는 즐겁게 부유하는구나!' 라는 속삭임과 함께 슈베르트의 음악의 절대성에 감탄한다.

　세상을 떠나는 순간까지 악보를 그려 넣을 오선지가 없어 "형님, 제발 오선지를 보내주십시오"라고 했던 그의 절규를 회상하며 하나가 되고 있다.

　유숙자는 음악을 처절하게 사랑하여, 슈베르트의 슬픔 그 자체를 사랑하여 짧은 생애동안 불멸의 명곡을 남긴 슈베르트를 경배하며, 우울과 광기로 얼룩진 그 향기를 독자들의 가슴속에 전해주고 있다.

　그런 점에서 작품「보파드에서 만난 슈베르트」는 음악을 사랑하는 유숙자의 정신세계, 그 세계를 선호하는 사람임을 느끼게 하는 작품이다.

　　결혼 전부터 나는 향수를 애용했다. 그 중에도 오리지널이라는 일본 향수를 좋아했다. 어떤 형태이건 자연스러운 것이 가장 아름다운 것이겠지만 여인은 자신의 향기 하나쯤 가지고 있어도 괜찮을 것 같아 즐겨 애용했다. 몇 년 후, 그 향수가 품귀를 빚어 안타까워하고 있을 때 남편이 생일 선물로 '샤넬 NO. 5'를 사다 주었다.

　　　　　　　　　　　　　　　　　　　　　-「샤넬의 향기」중에서

　선인장과 샤넬향기, 그 연결고리를 만들어가며 연출하는 작품이다.

　선인장은 실내가 건조한 계절에 키우게 되면 삭막한 우리들의 정서에 많은 도움이 된다. 다른 화초와는 달리, 괴기하면서도 환상적인 분위기가 잠재되어 있어 이국적 정취를 풍기기도 한다. 다른 꽃들에

비해 그 꽃은 요염하리만큼 아름다워 삭막한 도시인들에게 정신적으로 청량제 역할을 하는 데 그만이다. 호기심이 많은 유숙자는 그런 선인장이 어떤 꽃을 피워낼까 궁금해 하며 정성을 기울이는 동안 노란색의 꽃을 피워내는 것을 목격한다.

말의 표현까지도 거부할 듯한 선인장은 작가에겐 더욱 환상적으로 다가가 그 꽃에서 '샤넬의 향기'를 탐색하게 한다. 남들은 꽃송이를 코에 대고 냄새 맞는 것 자체가 야만적 행동이라 했지만, 유숙자는 선인장의 정체불명의 향기에서 그만이 감지할 수 있는 냄새를 찾아낸다.

결혼 전부터 향수를 좋아했던 유숙자는 그 꽃에서 남편이 생일선물로 전해준 향수 '샤넬 NO.5'를 추적하며 이 글을 썼음을 알 수 있다. 자녀들이 그 냄새를 엄마의 향기로 여길 만큼 인식되고 있었으니 작가의 '샤넬 NO.5'에 대한 사랑은 대단하다. 화자 특유의 개성과 남편의 애정, 자녀들의 사랑을 증명할 수 있는 향수임을 느끼게 한다.

유숙자는 결국 자신이 사랑하는 이 향수를 통해 '날카로운 가시나무에 가슴을 찔리고 처절한 고통 속에서 죽어가며 가장 아름다운 목소리로 노래를 부른다는 가시나무새'를 선인장 꽃의 피고 짐에 접목시키며 숙연한 마음으로 자신의 존재감까지도 확인한다.

'멀리 있기에 더욱 그리운 친구의 모습'이라며 글을 마무리 하고 있지만, 세부적으로 분석해 보면 작가의 영적 세계가 보이고 있어 의미가 많은 작품이다.

나는, 결혼한 지 5년이 지나도 아기가 없자 넌지시 아들에게 물어보았다. 더구나 며느리가 아들보다 3년 연상이고 초산이 늦어지면 힘들 것 같아 배려

하는 마음으로 조심스럽게 속내를 떠봤다. 그때 아들은 분명한 어조로 '그런 물음은 실례'라 하여 입을 다물게 했다. 부모가 자식의 2세를 기다리며 묻는 것이 실례라 하니, 다시는 아기에 대한 말을 꺼내지 않았다.
- 「하나밖에 없는 사랑(입양 손자 윌리엄Ⅱ)」 중에서

이 글은 둘째 아들과 입양손자 '윌리엄'에 대해서 쓴 작품이다.
며느리의 태내에서 태어나진 않았지만, 아들며느리 가슴으로 낳은 자식이라 작가도 그들과 함께 감사해 하는 작품이다.
이젠 어느 나라이든 입양이 보편화 되었지만, 미국에서의 아들부부 입양모습은 그 사랑이 더욱 순수하고 인간적이라 감동적으로 다가온다.
그동안 한국사회에서는 혈연관계를 중시하는 전통적인 사고방식 때문에 입양을 바라보는 시선이 곱진 않았지만 이젠 늦은 결혼과 불임 부부의 증가, 핵가족화로 입양들이 점차 증가하고 있어 입양을 바라보는 시선도 새롭게 바뀌고 있다.
유숙자도 다를 바 없이 아들의 입양통보를 받은 당시 갈등하며 고심했지만, 한 가족이 되도록 끌어주신 하나님께 감사하며 행복한 삶을 누리기를 소망한다. 입양부모가 되는 것이 쉽지 않음을 알고 있던 작가는 그 당시 고민을 많이 했으나 아들부부의 마음가짐에 놀라고, 그들이 가족으로 유대관계와 애착을 형성해가는 과정과 방법이 생각보다 진솔하게 생각되어 흐뭇해하는 할머니로 변했음을 알 수 있다.
아들내외는 인종에 대한 편견도 전혀 없어 '윌리엄'이라는 이름을 가진 '리틀 오바마' 같은 남자아이를 입양했으며, 몇 년 후에는 '빅토

리아'라는 백인 공주를 입양한 아들내외다.

유숙자의 아들은 어릴 적부터 영국에서 자라서 한국말이 서툰데다 아내마저 미국인을 맞으니 작가 유숙자에겐 사고방식이 완전히 미국화 된 아들이 때론 낯설 때도 있었음을 알 수 있다.

'세상에 태어난 아이들은 누구나 보호와 사랑을 받으며 자랄 권리가 있다는 박애정신이 철저한 아들내외'의 마음가짐에 '부모가 될 아들내외의 뜻에 따라야 했기에 찬반을 논한 여지도 권한도 없었다'고 말하기에 이른다.

문제는, 제사를 잘 받들며 조상에 대한 예의를 최고로 아는 '한국에 계신 시어른들을 어떻게 이해시킬 것인가' 하고 고민했으나, 이제는 '내 아들 며느리가 낳아도 이보다 더 만족스러울 수 없을 정도로 귀엽고 사랑스럽게 자란다'고 말하고 있다.

쉽지 않은 일이기에 더욱 감동적인 작품이다.

선친께서 몸소 실천하며 보여주신 정직성은 금쪽같은 막내아들시신을 관뚜껑도 제대로 덮지 못한 채 떠나보내야 했다. 하늘을 향해 반쯤 열려 있던 관, 세 살배기 동생이 너울너울 사라져가는 모습을 보는 내 눈에서 피가 펑펑 솟아 가슴을 흥건히 적시었다. 긴 세월을 살아오며 무엇보다도 정직을 염두에 둔 것은 선친의 살아 있는 교훈이 가슴 깊이 각인되어 있었기에 가능했다.
―「정직이 생명」 중에서

군자지덕풍(君子之德風)이라는 고사성어가 있다.

그 성어는 '정직'의 대표적 의미로 군자의 덕은 바람과 같아 바람이 불면 풀이 그 방향으로 눕듯, 윗사람의 행동은 곧 아랫사람이 행동하는데 표본이 된다고 했다.

A. 포우프(Alexander Pope)도 정직한 인간은 신이 창조한 가장 기품이 높은 작품이라고 했으며, 화가인 셰퍼도 정직하게 시중들고 가만히 있는 자는 요구하는 바도 크다고 하였다.

「정직의 생명」은 그 모든 것을 대변해 준다. 작가 유숙자가 실개울처럼 영혼이 맑은 것도 선친인 아버지의 영향을 받았음을 알 수 있다. 작가의 부친은 '정직이 생명'이라는 가훈을 내걸고 자녀들을 양육했다. 어린 시절에는 이솝 우화에 나오는 '늑대이야기'를 인용하기도 하고, 장성한 후에는 '정직을 중요하게 여겨서 생명을 부지한 인물들'을 내세우며 정직의 중요성을 강조하기도 하였다.

그 정직성은 상식을 초월할 정도였다. 자식이 병으로 세상을 떠나게 되자 하인이 송판으로 관을 만들다가 송판이 모자라 선친에게 주워오겠다고 여쭙게 된다. 그러나 선친은 '평생 살아오면서 부끄러운 행동을 한 적이 없거늘 보는 이가 없다 해도 엄연히 주인이 있는 남의 물건을 마음대로 집어다가 쓸 수는 없다'며 거절하고 뚜껑을 반만 덮은 채 어린 아들을 남산 양지바른 곳에 묻었다 하니, 선친의 올곧음과 그 정직성은 짐작하고도 남을 만하다.

유숙자는 그런 선친을 아버지로 두었으니 그 자신의 삶은 말할 것도 없고 작품에서도 정직에 대한 중요성을 당당하게 강조한다. 지식보다 우선인 게 정직이라며 그것은 남을 의식하며 지키는 것이 아니라, 자신의 인품에서 우러나와야 한다며 혼탁한 세상을 지탄한다.

「정직이 생명」은 윗물이 맑아야 아랫물이 맑다는 속담과 일치되는 작품이고, 작가의 정신세계가 청청하게 반사되는 글이다.

> 영화 '등에(Gadfly)'에 삽입되어 우리에게 더욱 가까이 다가온 곡, 고독의 슬픔이 잦아드는 낮고 깊은 멜로디가 온몸으로 스며들어 비 오는 날 들으면 제격이다. 가슴을 에이는 음악이 차 안에 늪처럼 고인다. 허밍으로 따라 부르며 아들을 쳐다본다.
> "아들, 쇼스타코비치의 로망스다." 아들은 이미 알고 있었다는 듯 얼굴에 미소가 번진다. 그 미소의 의미를 나는 안다. 엄마의 옛 버릇이 도진 것을 알아차렸다는 무언의 표현이라는 것을.
> ―「시간의 선물」중에서

미소가 번지는 보기 드문 모자(母子) 간의 모습이 작품으로 형상화되고 있다. 자녀들은 어릴 적 무심코 흘려보냈던 어머니의 지혜와 교육방법을 학습하게 된다. 온갖 어려움 가운데서도 자식이 잘 자라주기를 고대하는 부모의 마음에는 전혀 가식이 없다. 신사임당은 율곡이 어려서 종아리 맞을 일을 하였을 때 아들의 종아리를 치고 나서 아들에게 자신의 종아리를 때리도록 했다. 아들의 그릇됨이 아들에게만 있는 것이 아니라 원인제공은 부모에게 있다고 생각하였다.

그것으로 볼 때, 작가와 아들과의 관계는 '관계의 아우라'가 잘 형성되었음을 알 수 있다. 작가의 아들은 결혼 후에도 1년에 한번은 어머니와 시간을 온전히 함께 하기 위해 '시간'이라는 선물을 준비했다. 1년이 365일이라 시간상으로는 무수히 많은 순간이지만, 아들이 어머니를 위해 할애하는 1년 중 '단 하루'는 그 정성으로 볼 때 364일과 다름없는 시간이다.

　이것은 작가와 아들이 어릴 적부터 함께 한 시간과 공감하는 순간이 많았기 때문이고, 어머니의 정서를 물려받아 아들도 음악을 좋아하고 책을 좋아하며 같은 시간 속에 머물렀기 때문이다.

　그 결과, 그들 모자는 헨리 데이빗 소로의 '월든(Walden)'이나, 제이 알 알 톨킨의 '반지의 제왕(The Load of tte Ring)'을 토론하기도 하고, 쇼스타코비치의 '로망스'나, 베토벤의 '엘리제를 위하여', 또는 드보르자크의 '유머레스크'를 공감하며 시간을 함께 하는 모자(母子) 사이가 되었음을 알 수 있다.

　음악은 시대의 흔적으로 시대가 압축되어 있는 '역사의 광장'이다. 클래식을 듣는다는 것은 그 음악이 입체적으로 펼쳐내고 있는 ― '시공간을 넘어선 그 어떤 환영, 비밀'을 경험한다고 할 수 있다. 그 조화로움 속에는 당대의 가치관과 풍토, 열망, 문화, 그 시대에 치열하게 노력했던 음악가의 희로애락이 고스란히 담겨 있다. 그래서 모자(母子)는 시간을 할애하여 과거를 추억하고 클래식을 통해 시대를 감상하는 반면, 지난 날 작가와 아들 간의 삶의 역사까지도 더듬고 있다.

　작가의 성향이 잘 드러나는 작품이다.

　　어느 날이었나, 처음으로 강변길 '서나 가든(Sunna Gardens)'을 따라 걷다가 우연히 창가에서 식사하는 노부부를 보았다. 자주색 우단과 흰색 레이스가 겹쳐진 커튼이 보기 좋게 드리워진 창가였다. 촛불이 식탁을 밝혀 주어서인지 실내가 아늑해 보였다. 이야기를 주고받으며 식사하는 표정이 무척 평화로웠다.
　　　　　　　　　　　　　　― 「서나 가든의 촛불」 중에서

유숙자는 영국에 거주할 때 강변길 서나 가든(Sunna Gardens)을 따라 걷다가 노부부의 식사광경을 보고 발걸음을 멈추게 된다.
　자주색 우단과 흰색 레이스가 겹쳐진 분위기에서 촛불을 켠 채 평화로운 모습으로 식사하는 모습을 보고 '경이로움 그 차체'였다고 표현한다.
　촛불을 전기대용이라고만 생각했던 작가가 노부부의 생활모습을 보고 '분위기를 연출하는 것으로는 이보다 더 좋은 장식품'은 없다면서 그때부터 양초를 수집하기 시작한다.
　작가는 그 후 남편 퇴근 시간에 맞춰 꽃과 촛불로 '분위기'를 연출하려고 노력했지만, 남편이 직장에서 비즈니스 활동으로 퇴근시간이 일정치 않게 되자 그 꿈은 무산되고 만다. 그러나 나이가 들어 식사시간이 묵상시간처럼 굳어진 환경과 다를 바 없음을 느끼게 되었으니, 서나 가든(Sunna Gardens)의 노부부를 떠올리게 되고, 그 당시 노부부의 삶의 철학을 그리워하게 된다.
　화자는 서나 가든의 노부부 흉내는 못 내고 있지만, 흐린 날이거나 음악과 빗소리가 어우러진 날, 또는 손님을 맞이하게 되는 날이면 촛불을 켜고 있다.
　촛불아래서 전통차를 마실 때면 차향기와 촛불의 향기가 멋있게 어우러져 먼 옛날 노부부와 같은 행복감을 느끼게 된다. 유숙자는 빛과 어둠이 교차되는 시간 – 땅거미가 서서히 내려앉을 때면 지체 없이 산책을 한다.
　이 글은 작가의 섬세함이 주변을 밝히는 촛불과 다를 바 없어 특유의 침묵들이 고요하게 드러나는 작품이다.

    늦은 봄, 갸름한 꽃 한 개 피어나서 여름 동안 작열하는 태양과 바람과 노닐더니 그 속에서 알알이 영그는 꿈이 되어 수많은 보석을 탄생시켰다. 얼마나 경탄스런 생명의 신비인가. 한 개의 씨앗 속에 들어 있는 잎과 꽃과 열매. 꽃 한 송이가 변해서 세상을 펼쳤다.
                                                                          - 「보석의 집」 중에서

    붉고 윤기 나는 석류를 접목해 인간의 진정성을 그려가는 작품이다.
    세상에는 겉보다 속이 근사한 사람이 얼마나 될까. 세상에는 위선적인 사람도 많지만, 붉은 석류 알처럼 영혼이 탱탱한 사람도 적지 않다. 그렇지 않으면 세상이 영위될 수가 없다. 선과 악의 조건이 6:4의 비율이 될지라도 긍정적인 각도에서 삶을 바라보며 정도(正道)를 가는 사람이 많은 세상이다.
    유숙자는 영혼이 맑은 사람이다. 다른 작품을 통해서도 알 수 있지만, 작가의 영혼은 투명하고 따뜻하여 평화로운 사람이다. 군락을 이룬 석류 알처럼 타인과 의지하고 소통하며 영혼을 평온하게, 주변을 사랑으로 안내하는 사람이다.
    작가는 본인의 모든 것을 '진정 내가 아니라 가식의 누더기였던 것'이라고 말하지만, 인생을 진지하게 살아가기 위해 부정적인 누더기 옷을 과감하게 벗어 던진 사람이다. 영혼까지도 진솔함을 드러내고 있어 고유의 품성으로 나타나고 있다. 이 자체가 유숙자의 개성임을 보여주고 있으므로 독자에게도 향기를 지닌 사람으로 각인되고 있다.
　유숙자가 존경하고 있는 J시인처럼, 맑은 영혼으로 남을 이해하고 배려하는 사람으로 삶에서 들이닥친 영혼의 고통과 육신의 고통을 잘 조율하며 작품을 진정성 있게 뽑아내고 있다.
　이 글은 촘촘하게 박힌 석류알들이 작가의 영혼으로 환원되고 있어 진중하면서도 투명하게 승화되는 작품이다.

　　고다이바 커피를 처음 대했을 때 이제까지 봐왔던 어느 브렌드의 커피보다 향기롭고 감미로워 향기가 몸에 배어드는 듯한 환각조차 일으켰다. (중략) 황금색 두꺼운 알루미늄 포일로 만든 용기 앞면에 벌거벗은 여인의 그림이 새겨 있는 것도 특이했다. 고개를 갸울인 채 금발을 길게 늘이고 말 위에 앉아 있는 로고. 유심히 살펴야 눈에 들어오는 상단의 작은 그림이 '레이디 고다이바'이다. 첫 잔을 내릴 때 남편이 고다이바의 전설을 얘기해 주었다.
　　　　　　　　　　　　　　　　　　　　 -「코번트리의 전설」 중에서

　커피의 종류는 무수히 많지만 먼저 그 기본은 원두커피라고 할 수 있다. 그 중에 가장 우수한 커피가 아라비카 커피로 남미 '과대말라'라는 곳 – 해발 600m 고지에서 재배되고 있어 세계에서 우선적으로 선호되고 있다.
　우리나라는 언제부터 커피를 처음으로 접하게 되었을까.
　영화 '가비'를 보면 고종황제가 아관파천으로 머물 당시 커피를 처음으로 접하게 된 데서 비롯된다. 고종황제는 환궁 후 서양식 2층 건물을 세워 손탁에게 정동구락부를 운영하게 했으며, 부대시설로는 커피숍까지 오픈하게 했으니 우리나라 최초의 커피숍이 탄생된 셈이다.

시간이 흘러도 커피문화는 식을 줄 몰라 이제는 세계 각국만이 아니라 대한민국강릉과 제주도에서도 재배되는 실정이다.

커피는 마약처럼 매혹적이라 악마의 음료라 여기면서도 커피 마니아들이 참으로 많다. 로마 교황 클레멘스 8세를 비롯해 계몽주의를 반대했던 프랑스 사상가 루소, 독일에서 태어나 음악의 아버지가 된 바흐, 그 외에도 시인 이상, 소설가 이봉구는 커피에 젖어 살든 사람들이 예상 외로 많다.

'커피가 독약이라면 그것은 천천히 퍼지는 독약이라고 철학자 볼테르가 경고하기도 했지만, 이 시대 사람들도 커피의 마력에 빠져 음료처럼 마약처럼 마시고 있어 커피의 오묘한 맛을 잠재울 길이 없다. 그 어떤 향기도 과잉으로 넘쳐날 때 파열의 순간이 다가오긴 하지만, 작가 유숙자의 커피사랑 – 특히 영혼에 환각증까지 일으킬 것 같은 로고를 지닌 '고다이바 커피' 사랑은 선택하게 된 동기까지 내재되어 있어, 그 의미가 크다.

코번트리(Coventry)의 전설을 지닌 고다이바는 청순하면서도 영혼이 살아있는 순례자적 여인의 모습이 로고가 되고 있어, 그 카페인의 향기는 여느 커피와는 다른 마력을 지니고 있다.

유숙자는 이 커피를 마시며 창가 앞으로 다가갔을 때 머리가 맑아지며 삶의 열정을 느끼게 되고, 꽃잎이 벙그는 소리, 바람이 속삭이는 소리까지 들을 수 있어 마시지 않으면 안 될 커피로 자리매김 되고 있다.

고다이바 커피의 전설은 본문에도 나타나 있지만, 어린 여인이 백성을 생각하며 순교자적 모습으로 시위를 하고 있어, 그 자세는 훌륭한 것을 뛰어넘어 측은하기까지 하다. 16세밖에 안 된 고다이바 부인에게 그 남편 – 70세가 넘은 영국의 코번트리의 레오프릭 영주는 그 아내에게 그토록 백성의 세금을 감면해 주길 원한다면, "당신이 옷을 벗고 이 성을 한 바퀴 돈다면 나에게 부탁한 청을 들어 주겠다"며 엽기적인 행동을 했으니, 작가 유숙자는 커피의 향에도 취하고 있지만 그보다 향기로운 고다이바의 영혼이 애잔하게 찻잔에 머물고 있기 때문이다.

예전부터 커피의 향기가 묘하여 어떤 끌림이 있었기에 아침마다 필터를 통해 걸러지는 커피를 보고 유숙자의 남편은 고다이바에 대해 다음과 같이 소개한다.

"코번트리의 '트리니티' 대성당 앞에는 근엄한 분위기와 어울리지 않는 나체의 여인이 말을 타고 있는 동상이 있다"며 그곳 전설을 전해 주게 되고, 이것은 그들 부부의 애정수위도 가늠할 수 있는 대화가 되고 있어 작품을 아름답게 환기시키고 있다.

백성의 세금감면을 위해 남편 – 코번트리 영주에게 나신(裸身)의 순례자로서 무언의 항거를 하게 된 고다이바의 희생정신은 아직까지 꺼지지 않는 불씨로 남아 세상을 끌어안고 있다.

고다이바의 야심과 청순함, 그리고 커피의 매력을 다시 한 번 실감하게 하는 작품이다.

바람도 없는데 여전히 자카란다 꽃비가 내리고 있다. 왜 싱싱한 채로 서둘러 떨어지고 있는지. 30여 년 전에도 눈송이처럼 내리던 등꽃을 안타깝게 바라보지 않았던가. 누가 그 아름다움에 낙화란 말을 할 수 있을까. 흩날리며 떨어지는 자카란다도 등꽃도 지기 위해 피는 것 같아 애처롭다.
- 「시간이 부서지는 소리」 중에서

글의 제목처럼 '시간이 부서지는 소리'가 들리는 작품이다.
꽃의 아름다움과 잔잔한 미풍에도 마음이 흔들리던 작가가 2012년 '꽃을 줍는다. 잊고 지냈던 젊은 날의 기억을 줍는다'로 작품을 마무리 하고 있다.
유숙자는 가을의 정서를 갖고 있는 사람이지만 그 정신세계가 보랏빛 잔치가 한창인 - 봄까지도 좋아하던 사람이다. 그것은 지는 꽃의 느긋함을 사모했던 것이 아니라, 피는 꽃의 열정을 사모하던 사람임을 증명한다. 그것은 다름 아닌 작가의 열정이고 삶 그 자체가 예술과 함께하는 삶임을 보여준다.
'먼 기억 속 두고 온 옛집의 등나무'가 떠오를 때면, 삶 속에서 삶의 사계절을 느끼며 시간의 절규에 가슴을 쓸어내리던 작가, 머나먼 타향에서 남편도 부재중인데 두 아들을 키우는 과정에서 섬뜩한 순간까지 맞이하곤 했으니, 작가의 삶은 미풍인 듯, 보이지 않는 풍랑이 만만치 않았음을 느끼게 한다.
모든 것 - 햇살도 서산으로 지기 위해 중천에 떠오르고 사계절 중 가장 싱그러운 봄도 그 정점은 겨울이다.
작가가 30대 등나무 집에서의 추억과 영국에서의 40대 생활, 지금 미국에서의 생활, 이제 시간이 지체된 듯 그 시간은 움직임을 모르지 않고 있어 작가에게도 '시간이 부서지는 소리'가 요란할 뿐이다.

그러나 겨울이 지나면 봄이 오듯, 인간의 육신 뒤에는 영원을 추구하는 영혼이 존재하듯, 우주 속의 모든 것은 어떤 한계점에서도 멸하지 않는 걸작 품으로 탈바꿈 되지 않겠는가. 내일까지 모레까지 자라란다 꽃비가 내린다 해도, 보랏빛 꽃으로 장식될 여름이 작가 유숙자의 삶을 지배하는 불멸의 터전이 되리라 믿는다.

시간의 순리를 철학적으로 조율하며 풍요롭게 살아가는 사람임을 실감케 하는 작품이다.

수필은 그 사람의 교양이고 인격이다.

작가의 내성을 떠나 작품 위주로 풀어가는 글도 없진 않지만, '유숙자의 글'은 자연스러운 문맥의 흐름을 통해 읽고 나서도 여운을 남겨주는 작품이 많다.

삶에서 빚어지는 고독감과 그 성향을 작가자신의 체험을 통해 잔잔하게 그려내고 있어 작가의 정체성을 파악하게 한다. 심신을 닦는 훈련이 비교적 잘되어 있어 남다른 창의성과 정화장치를 통해 예술적 자양분으로 넘쳐나는 작품이 대부분이다. 심안(心眼)을 열어 관조하는 자세로 다듬어진 수필이 대부분이므로 독자들에게 색다른 감흥을 주고 있다.

그런 면에서 유숙자의 글은 어디론가 퍼져 나가는 메아리와 다를 바가 없다. 그리움과 추억을 등에 싣고 유랑을 떠나는 보헤미안의 성향을 지니고 있다.

작가의 가슴속엔 그리움이라 부를 수 있는 것이 많아 이상(理想)이 충만하게 가득 차 있어 지나간 시간에 대해서, 실현하지 못하고 놓쳐버린 것들에 대해서, 청순한 신부의 모습으로 그 감성을 잘 그려가고 있다.

 한국을 떠난 지 30여 년이 지난 지금, 그 시간들로 인한 외로움 속에서 음악을 사랑하고 글을 사랑하며 삶 자체를 예술로 승화시킨 사람이다.

 무엇보다 영혼이 맑아 마음이 쉬는 의자를 만들어 아이들에게 가정교육의 실마리를 풀어주기도 하고, 범사에 감사하는 마음으로 지난 삶에 감사함과 미래를 설정하기도 하는 작가의 작품은 살아있는 감동으로 독자 곁으로 다가가고 있다.

 현실적으로 들이닥친 이해하지 못할 장벽 앞에서도 무리 없이 용해시키는가 하면, 빙판을 뚫고 피어난 복수꽃처럼 인내력을 내보이는 작품이 적지 않다. 더욱 중요한 것은 선친의 가르침을 이어받아 '정직'을 생명으로 삼아 삶의 화두로 삼고 있으니 유숙자의 삶은 향기로 가득 차지 않을 수 없다.

 앞으로도 좋은 작품으로 사회의 등불이 되길 바라고 대성하는 작가로서 그 자리를 가꿔가길 고대한다.